उत्तर प्रदेश का स्वतंत्रता संग्राम

प्रतापगढ़

संरक्षण
योगी आदित्यनाथ
माननीय मुख्यमंत्री, उत्तर प्रदेश

मार्गदर्शन
श्री जयवीर सिंह
माननीय मंत्री, संस्कृति एवं पर्यटन विभाग, उत्तर प्रदेश

निर्देशन
श्री मुकेश कुमार मेश्राम
प्रमुख सचिव, संस्कृति एवं पर्यटन विभाग, उत्तर प्रदेश
अध्यक्ष-संस्थान

श्री शिशिर
निदेशक, संस्कृति निदेशालय, उत्तर प्रदेश
उपाध्यक्ष-संस्थान

उत्तर प्रदेश का स्वतंत्रता संग्राम

प्रतापगढ़

डॉ. नीतू सिंह

कार्यकारी संपादक

डॉ. लवकुश द्विवेदी

वाणी प्रकाशन

ESTD.-1986

वाणी प्रकाशन

4695, 21-ए, दरियागंज, नयी दिल्ली 110 002

फ़ोन : +91 11 23273167 फ़ैक्स : +91 11 23275710

शाखाएँ

अशोक राजपथ, पटना 800 004, बिहार

कॉफ़ी हाउस कैम्पस, महात्मा गांधी मार्ग, इलाहाबाद 211 001, उत्तर प्रदेश

महात्मा गांधी अन्तरराष्ट्रीय हिंदी विश्वविद्यालय, वर्धा 442 001, महाराष्ट्र

www.vaniprakashan.com
marketing@vaniprakashan.in
sales@vaniprakashan.in

In Association with

ESTD.-1986

Ayodhya Shodh Sansthan

presents

Uttar Pradesh Ka Swatantrata Sangram : Pratapgarh
by Dr. Neetu Singh
Executive Editor : Dr. Lavkush Dwivedi

ISBN : 978-93-5518-839-7
History

प्रथम संस्करण 2023

मूल्य : ₹ 495

इस पुस्तक में प्रकाशित तथ्य एवं छायाचित्र लेखक/संपादक/तथ्य संकलनकर्ता द्वारा उपलब्ध कराये गये हैं। यदि किसी स्तर पर कोई तथ्यात्मक अशुद्धि संज्ञान में आती है तो उसे आगामी संस्करण में शुद्ध कर मुद्रित किया जायेगा।

आर.के. ऑफ़सेट, शाहदरा, दिल्ली-110 032 में मुद्रित

वाणी प्रकाशन का लोगो मक़बूल फ़िदा हुसेन की कूची से

प्राक्कथन

प्रस्तुत पुस्तक प्रतापगढ़ जनपद में ईस्ट इंडिया कंपनी, ब्रिटिश शासन और स्वतंत्रता आंदोलन के दौरान घटित घटनाओं पर आधारित है। यह वर्ष आजादी का पचहत्तरवाँ वर्ष है, जिसे भारत सरकार द्वारा पूरे देश में आजादी के अमृत महोत्सव के रूप में मनाया जा रहा है। अमृत महोत्सव वर्ष में जनपदीय इतिहास लेखन परियोजना के अंतर्गत यह पुस्तक प्रतापगढ़ जनपद पर आधारित है। आजादी के बहुत सारे संघर्षों, नायकों एवं घटनाओं को लिपिबद्ध नहीं किया जा सका है। इस पुस्तक के माध्यम से ऐसे संघर्षों, नायकों के योगदान व घटनाओं को संग्रहित करने का प्रयास किया गया है।

तेरहवीं शताब्दी में खिलजी काल (1290-1305) से ही यह क्षेत्र विभिन्न गतिविधियों का केंद्र रहा है। हुमायूँ के समय (1530-1540) तक यह (वर्तमान प्रतापगढ़) कड़ा मानिकपुर एक सूबा था तथा कड़ा मानिकपुर के गर्वनर के अधीन था। अकबर (1556-1605) ने मानिकपुर सूबे को समाप्त कर अपने पूरे साम्राज्य को 15 सूबे में विभाजित कर दिया। प्रत्येक सूबे को सिरकार, परगना व महाल (गाँवों का समूह) में विभाजित कर दिया। अकबर के काल से यह क्षेत्र (वर्तमान प्रतापगढ़) इलाहाबाद सूबे के अंतर्गत आ गया तथा इलाहाबाद का सूबेदार यहाँ का संरक्षक हो गया।

अकबर के पुत्र जहाँगीर (1605-1627 ई.) के दरबार में ईस्ट इंडिया कंपनी के नुमाइंदे कैप्टन हाकिंस व टामसरो व्यापार करने की अनुमति के लिए पहुँचे और यहीं से भारत भूमि का इतिहास अंग्रेजों के शोषण, अत्याचार व कुटिलता की घटनाओं से भरा हुआ है। देश में लागू होने वाली विभिन्न भू-राजस्व व्यवस्थाओं तथा ईस्ट इंडिया कंपनी और मुगल शासकों के आपसी समझौतों से यह क्षेत्र भी अछूता नहीं रहा। परिणामस्वरूप, 1857 के प्रथम स्वतंत्रता संग्राम में स्थानीय ताल्लुकेदारों ने पूरी वीरता से अंग्रेजों से लोहा लिया। कालाकाँकर के युवराज लाल प्रताप सिंह व विजयीमऊ के इलाक़ेदार लाल माधव सिंह 1857 के संग्राम में चाँदा के पास लड़ते हुए शहीद हो गये।

1858 में महारानी विक्टोरिया ने ईस्ट इंडिया कंपनी से देश का शासन स्वयं ले लिया और हिंदुस्तान पर ब्रिटिश हुकूमत चलने लगी। यहीं से भू-राजस्व की विभिन्न प्रथाएँ जैसे इस्तमरारी, रैयतबाड़ी व महालवाड़ी व्यवस्थाएँ लागू हुई। इन भू-राजस्व व्यवस्थाओं का प्रभाव स्थानीय किसानों पर पड़ा। जनपद में नील की खेती करने के लिए किसानों

पर दबाव बनाया जाता था। हारी-बेगारी, सवाक प्रथा, बेदखली, नज़राना, मुर्दाफरोशी, घोड़ावन, हथियावन जैसे कर जनता को प्रतिदिन उत्पीड़ित करते थे। प्रतापगढ़ के तत्काली डिप्टी कमिश्नर श्री वी.एन. मेहता ने अपनी रिपोर्ट में प्रतापगढ़ में कन्या-विक्रय के मामलों का भी ज़िक्र किया है। इन घटनाओं से पीड़ित स्थानीय जनता का आक्रोश 1917 में ठाकुर झिंगुरी सिंह व ठाकुर सहदेव सिंह की अगुवाई में स्थापित किसान सभा के बैनर तले उबल पड़ा। 1920 में बाबा रामचंद्र ने किसान सभा को मजबूत नेतृत्व प्रदान किया। लोग ब्रिटिश शासन व स्थानीय तालुकेदारों के खिलाफ मुखर हो उठे। आंदोलन हुए, गिरफ्तारियाँ हुईं।

जनपद प्रतापगढ़ की भूमि पर उपजे 'किसान आन्दोलन' ने ही भारत की राजनीति में पंडित जवाहर लाल नेहरू की राजनीतिक दिशा व भविष्य तय किया। आगे के पृष्ठों में यह स्पष्ट हो जाएगा कि किस प्रकार प्रतापगढ़ की 'किसान सभा' का विलय कांग्रेसियों ने 'अवध किसान सभा' में करा लिया तथा गांधी जी की उपस्थिति में बाबा रामचन्दर को आनन्द भवन से गिरफ्तार कर लिया गया इसके बाद किसान आन्दोलन का नेतृत्व पूरी तरह से इलाहाबाद के आनन्द भवन से संचालित कांग्रेस के हाथों में आ गया। यही कारण था कि नेहरू परिवार के सदस्यों ने अपने लोकसभा क्षेत्र के रूप में प्रतापगढ़ से लगे हुए जनपदों को चुना। रायबरेली, अमेठी, व सुल्तानपुर से इन्दिरा गांधी, राजीव गांधी, सोनिया गांधी, राहुल गांधी ने लोकसभा के विभिन्न चुनाव लड़ें।

1921 में विदेशी कपड़ों की होली जली। बहुत से लोग गिरफ्तार हुए। जनवरी 1922 में शराब के दुकानों पर धरने के आरोप में 25 लोग आरोपित किए गए। जिनमें 11 लोगों को जेल हुई। 1930 के सविनय अवज्ञा आंदोलन में भाग लेने पर 131 लोगों को जेल हुई (वरुण, 1980:53)। पट्टी तहसील के कहला में 1931 में हुए गोली कांड में 3 लोग शहीद हुए तथा अनेकों घायल हुए। 1940-41 के व्यक्तिगत सत्याग्रह में जनपद से 600 लोग गिरफ्तार कर लिए गए। 1942 के भारत छोड़ो आंदोलन में पूरा जनपद उद्वेलित था। आंदोलन को दबाने के लिए 112 लोग जेल भेजे गए।

उपर्युक्त सभी गिरफ्तारियाँ स्थानीय थाने की डायरी नं. 8 में दर्ज है। इन डायरियों में दर्ज नाम उर्दू में लिखे हैं और आज भी थानों में उपलब्ध हैं। इस पुस्तक पर कार्य करते समय मैंने आसपुर देवसरा थाने पर डायरी संख्या-8 का अवलोकन भी किया। यह अत्यंत जर्जर स्थिति में है। साथ ही इन डायरियों के अध्ययन के लिए पर्याप्त समय तथा उर्दू भाषा की जानकारी आवश्यक है। आगे के शोधों पर इस पर प्रकाश डाला जाएगा।

स्वतंत्रता से पूर्व कालाकाँकर से प्रकाशित होने वाले समाचार पत्र 'हिन्दोस्थान' में पंडित मदन मोहन मालवीय और बालकृष्ण भट्ट जैसे विद्वानों ने अपनी अविस्मरणीय सेवाएं दीं। जनपद के मतुई नमकशायर गांव में काकोरी बम घटना की योजना चन्द्रशेखर

आजाद की उपस्थिति में बनाई गई। इस प्रकार स्वतंत्रता संग्राम में जनपद की भूमिका का विस्तृत विवरण पुस्तक में दिया गया है।

इस परियोजना के आशय का पत्र 29 अप्रैल 2022 को संस्कृति मंत्रालय के निदेशालय अयोध्या शोध संस्थान से प्रेषित किया गया। साथ ही यह भी आग्रह था कि 30 जून 2022 तक अंतिम प्रतिवेदन विभाग में जमा कर दिया जाय। किसी भी गुणवत्तापरक कार्य के लिये दो माह का समय बहुत ही चुनौती भरी अवधि है। प्राथमिक तथ्यों के संकलन हेतु क्षेत्रीय कार्य अपरिहार्य है। क्षेत्रीय कार्य की अपनी सीमायें होती हैं। स्थानीय लोगों से मिलना, सर्वेक्षण करना, कार्यपरक संपर्क स्थापित करना, साक्षात्कार एवं रिकार्डिंग इत्यादि में समय लगता है, किंतु यह प्रयास किया गया है कि कार्य समय पर हो और उसकी मौलिकता व गुणवत्ता बनी रहें।

बहुत से स्वंतत्रता संग्राम सेनानी प्रतापगढ जनपद में है जिन्हे स्वतंत्रता के पश्चात सरकार से पेंशन प्राप्त होती रही। स्वतंत्रता संग्राम सेनानियों की सूची के लिये जनपद के कोषाधिकारी कार्यालय से संपर्क किया गया। अंततः एक सेवानिवृत्त कार्यालय सहायक ने उन 204 स्वतंत्रता संग्राम सेनानियों की सूची व उनका पीसीसी नंबर (पेंशनर कन्शेशन कार्ड नम्बर) उपलब्ध कराया गया जिन्हें पेंशन प्राप्त होती थीं। यह सूची इतनी जर्जर अवस्था में थी कि मात्र 192 नाम ही पठनीय रहे। सभी के नाम परिशिष्ट में दिए गए हैं।

स्वतंत्रता सेनानियों का विवरण उनके गाँवों के ग्राम सभा रजिस्टर में भी कुछ जगहों पर उर्दू में अंकित है। इन तथ्यों को एकत्र करना समयसाध्य भी है और श्रमसाध्य भी है। जिलाधिकारी कार्यालय के स्वतंत्रता प्रकोष्ठ से भी संपर्क किया गया इतने कम समय में जानकारी एकत्र करना, लिपिबद्ध करना व प्रतिवेदन प्रस्तुत करना एक दुरूह कार्य है। रामलीलाओं की भूमिका भी क्रांतिकारी संदेशों को फैलाने में महत्त्वपूर्ण रही है। इस प्रकार के शोध किए जाने की आवश्यकता है।

1973 स्वतंत्रता की 25वीं वर्षगांठ पर तत्कालीन प्रधानमन्त्री श्रीमती इन्दिरा गांधी ने स्वतंत्रता संग्राम सेनानियों के नाम शिलाओं पर उत्कीर्ण क़रा कर ब्लाक मुख्यालय पर लगाए गए। यद्यपि ये बस्तर के शिलालेख कुछ ब्लाक मुख्यालयों पर आज भी लगे हैं किन्तु उन पर उत्कीर्ण नाम अपठनीय है।

यह पुस्तक आठ अध्यायों में विभाजित है, जिसमें पहले के चार अध्याय अधिकांशतः द्वितीयक स्रोतों पर आधारित है, जबकि अध्याय पाँच, छः सात व आठ को क्षेत्रीय कार्य से एकत्रित तथ्यों पर प्रस्तुत करने का प्रयास किया गया है। क्षेत्रीय कार्य करते हुए शहीद स्मारकों, स्वतंत्रता संग्राम सेनानियों के विवरण गाँव में जाकर संकलित किए गए। बुजुर्गों से मिलकर संस्मरण पूछे गए। इसी क्रम में सामूहिक साक्षात्कार, व व्यक्तिगत साक्षात्कार लिए गए। जनपद के पत्रकारों, लेखकों व महाविद्‌यालय के वरिष्ठ शिक्षकों से मिलकर तथ्यों को संकलित किया गया। पट्टी, उड़ैयाडीह, सैफाबाद,

भयहरणधाम, बिल्खरकोट, रूरे, भदरी, कालाकाँकर, मधुपुर काँपा, लोहंगपुर, पूरबगाँव में क्षेत्रीय कार्य किया गया तथा स्वतंत्रता आंदोलन से संबंधित तथ्य संकलित किए गए।

यह पुस्तक, उस परियोजना की परिणति है, जो आजादी के 75वें वर्ष के उपलक्ष्य में संस्कृति मंत्रालय, उत्तर प्रदेश सरकार द्वारा संचालित की जा रही है। इस परियोजना के अंतर्गत उत्तर प्रदेश के सभी 75 जनपदों की स्वतंत्रता आंदोलन में भूमिका पर आधारित है। अनेकों क्रांतिकारी, जिनका स्वर्णिम योगदान पटल पर नहीं आ सका है, उनके योगदानों को इसके माध्यम से लिपिबद्ध करने का प्रयास किया गया है।

मैं उन सभी लोगों के प्रति आभार व्यक्त करती हूँ जिनका सहयोग मुझे पुस्तक लेखन के समय लगातार मिलता रहा। मैं पद्मश्री (डॉ.) विद्याबिंदु सिंह, श्री लवकुश द्विवेदी, श्री आलोक पराड़कर, डॉ. अयोध्यानाथ त्रिपाठी के प्रति उनके अमूल्य सुझाव व सहयोग के लिए हृदय से आभारी हूँ। अपने छात्र श्री ध्रुवचन्द को विशेष धन्यवाद व आशीर्वाद देती हूँ जिन्होंने क्षेत्रीय कार्य एवं लेखन में बहुत सहयोग किया।

जनपद के श्री हेमंत ओझा, श्री राजीव प्रताप सिंह ‘नंदन’, श्रीमती मीतू सिंह, श्रीमती प्रेरणा सिंह तथा श्री विनोद पांडेय को पुराने समाचार पत्र, स्मारिकाएँ व छायाचित्र प्रदान करने के लिए विशेष धन्यवाद ज्ञापित करती हूँ।

क्षेत्रीय कार्य में सहायता पहुँचाने के लिए बिल्खरकोट, पूरब गाँव, भदरी, कालाकाँकर, जनपदीय वाचनालय, मुनीश्वर दत्त स्नातकोत्तर महाविद्यालय, राजा प्रताप बहादुर सिंह महाविद्यालय, जिलाधिकारी कार्यालय तथा कोषाधिकारी कार्यालय के लोगों का विभिन्न तथ्यों के संकलन में सहयोग देने के लिए मैं आभारी हूँ।

श्रीमती राधा सिंह व श्री राजा बहादुर सिंह जी को प्रणाम करती हूँ। आप लोगों ने वरिष्ठ महिलाओं एवं पुरुषों के सामूहिक साक्षात्कार आयोजित करने में मुझे बहुत सहयोग प्रदान किया है। जिसमें स्वतंत्रता आंदोलन की घटनाओं, किसान आंदोलन की धुँधली स्मृतियाँ तथा स्वतंत्रता के समय गाए जाने वाले लोकगीतों और संस्मरणों को मेरे साथ साझा किया गया। उन सभी का उल्लेख पुस्तक में यथास्थान किया गया है।

उत्तर प्रदेश राज्य अभिलेखागार, महानगर की निदेशक डॉ. रूबीना बेग, राष्ट्रीय अभिलेखागार, नई दिल्ली के उप निदेशक श्री जगमोहन ज़ारीदा, नेशनल मेमोरियल म्यूजियम एवं लाइब्रेरी तीन मूर्ति भवन संग्रहालय के लोगों के प्रति भी आभारी हूँ जिन्होंने अभिलेखों को निकालने में मेरी सहायता की।

मैं अपने पूज्य माता-पिता श्रीमती उर्मिला सिंह एवं श्री राजेंद्र प्रताप सिंह ‘मोती सिंह’ (पूर्व कैबिनेट मंत्री, उ.प्र. सरकार) को प्रणाम करती हूँ। जिन्होंने मुझे इस पुस्तक को लिखने के योग्य बनाया। अपने पति श्री शिशिर सोमवंशी और पुत्रों चि. अदित व चि. आऋत को पुस्तक लेखन के कार्यों में सहयोग देने के लिए धन्यवाद देती हूँ।

संस्कृति विभाग, उ.प्र. सरकार के प्रति विशेष आभार, जिसकी सहायता से यह कार्य संभव हो सका।

मैं विशेष रूप से श्री दिनेश बहादुर सिंह जी के प्रति अनुगृहीत हूँ, जिन्होंने पुस्तक की पांडुलिपि पढ़कर उसमें आवश्यक सुधार किए तथा बहुमूल्य सुझाव दिए।

अन्त में माँ बेल्हा देवी के श्री चरणों में कोटि-कोटि प्रणाम करते हुए यह पुस्तक सुधी पाठकों को सौंपती हूँ। जो भी त्रुटियाँ रह गई हैं, आशा करती हूँ आप मुझे उससे अवगत कराएँगे। आपके बहुमूल्य सुझावों की प्रतीक्षा रहेगी।

डॉ. नीतू सिंह

आषाढ़, गुरु पूर्णिमा, 2022 ईमेल : somvanshineetu@gmail.com

अनुक्रम

जिले का महत्त्व, भौगोलिक स्थिति, नामकरण, पौराणिक/ऐतिहासिक/सांस्कृतिक पृष्ठभूमि

जिले का महत्त्व

अवधी भाषा में लोग प्रतापगढ़ को 'परताबगढ़' कहते हैं। परताब का अर्थ है—वीरता, साहस। अंग्रेजों ने इस जनपद को संक्षिप्तीकरण PBH के रूप किया। (लेथब्रिज 2005:1) जो राजपत्र व रेलवे सहित सभी समस्त सरकारी अभिलेखों में आज भी प्रचलित है। यहाँ हिंदी, अंग्रेजी व उर्दू भाषा बोली व लिखी जाती है। अवधी लोक भाषा के रूप में प्रचलित है।

इस धरती पर रीतिकाल के प्रसिद्ध कवि आचार्य भिखारीदास जी का जन्म हुआ। स्वामी करपात्री जी महाराज, अवधी के लोककवि आद्याप्रसाद 'उन्मत्त', जुमई खाँ 'आज़ाद' व नाज़िश प्रतापगढ़ी जहाँ इसी जनपद की माटी में जन्में, वही कविवर सुमित्रानन्दन पन्त ने अपनी कालजयी कविताओं की रचना इसी प्रतापगढ़ में की। यह जनपद पन्त की कर्मभूमि के रूप में प्रसिद्ध है।

जनपद प्रतापगढ़ से ही बाबा रामचन्द्र के 'किसान आन्दोलन' ने राष्ट्रीय स्तर पर स्वतन्त्रता संग्राम को अनुकरणीय एवं परिणामोन्मुख दिशा एवं गति प्रदान की। देश के प्रथम प्रधानमन्त्री पण्डित नेहरू ने अपनी राजनीतिक यात्रा यहीं से आरम्भ की। कालाकाँकर के राजा रामपाल सिंह से पण्डित मदनमोहन मालवीय को मिले सहयोग ने कालान्तर में मालवीय जी द्वारा अर्जित उपलब्धियों के लिए मार्ग प्रशस्त किया।

उत्तर प्रदेश सरकार की योजना 'एक जिला एक उत्पाद' के अंतर्गत प्रतापगढ़ में आँवला उत्पाद को वर्गीकृत किया गया है। यह जनपद 'आँवला' की पैदावार के लिए पूरे देश में प्रसिद्ध है। जनपद का गोड़े गाँव आँवला की पैदावार के केंद्र के रूप में विख्यात है। पतंजलि, हिमालय व डाबर जैसी कंपनियों का 50 प्रतिशत से अधिक आँवला प्रतापगढ़ से ही मँगाया जाता है। गोड़े गाँव के आस-पास आँवला का कुटीर उद्योग बहुतायत में देखने को मिलता है।

पौराणिक मान्यताएँ प्रतापगढ़ जनपद का संबंध रामायण और महाभारत के विभिन्न कथानकों से जोड़ती हैं। पाषाण काल से लेकर ऐतिहासिक काल तक विभिन्न युगों की

संस्कृतियाँ इस क्षेत्र में विद्यमान रही हैं। यह जनपद परंपराओं और पौराणिक आख्यानों के आवरण से आवृत्त रहा है। जहाँ एक ओर यह हंडौर, पंडवासी, रानीगंज, अजगरा, महदहा, बारडीह जैसे स्थलों को पांडवों से संबंधित माना जाता है वहीं दूसरी ओर राम वन गमन मार्ग भी इसी जनपद से होकर गुजरता है (पाल, 1980:2)। इस जनपद के सरायनाहरराय महदहा, दमदमा से 8000 वर्ष प्राचीन मध्यपाषाण कालीन अवशेष प्राप्त हुए हैं।

नामकरण से पूर्व यह जनपद बेल्हा के नाम से जाना जाता था। बेल्हा, सई नदी के तट पर स्थित देवी का एक मंदिर है। किंवदन्तियों के अनुसार जनपद में सई नदी के तट पर देवी सती की कमर (बेला) का भाग गिरा था। वन गमन के समय श्रीरामचन्द्र जी ने देवी बेला की पूजा अर्चना की। जो बाद में बेला या बेल्हा देवी के नाम से विख्यात हुई। यह क्षेत्र 'बेल्हा' कहा जाता था। प्रतापगढ़ नाम की उत्पत्ति 1628 में इस क्षेत्र में शासन करनेवाले राजा प्रताप बहादुर सिंह के नाम के आधार पर हुई (वरुन 1980:1)। स्थानीय राजा प्रताप बहादुर सिंह ने अपने शासन काल (1628-1682 ई.) में रामपुर के निकट एक पुराने कस्बे अरोर में अपना मुख्यालय स्थापित किया तथा वहीं पर एक किले का निर्माण व करवाया, जिसका नाम अपने ही नाम पर प्रतापगढ़ रखा (वरुन 1980:1)। कालांतर में इस किले के चारों तरफ का क्षेत्र प्रतापगढ़ के नाम से जाना जाने लगा। 1858 ई. में जब जिले का पुनर्गठन किया गया तब इसका मुख्यालय बेल्हा में स्थापित किया गया जो अब बेल्हा प्रतापगढ़ के नाम से प्रसिद्‌ध है। बेल्हा नाम वस्तुतः सई नदी के तट पर स्थित बेल्हा देवी के मंदिर से लिया गया है। सामान्यतः अब यह जनपद प्रतापगढ़ के नाम से जाना जाता है। पहले यह जनपद फैजाबाद मंडल में सम्मिलित था परंतु वर्ष 1988 ई. में इलाहाबाद मंडल का अंग बन गया।

जनपद प्रतापगढ़ उत्तर प्रदेश राज्य के दक्षिण-पूर्व में 25^0 34' से $26^0$11' उत्तरी अक्षांश के समानान्तर तथा $81^0$19' से 82^0 27' पूर्वी देशांतर के बीच स्थित है (वरुन 1980:1)। इस जनपद के उत्तर में सुल्तानपुर, दक्षिण में प्रयागराज (इलाहाबाद), पूर्व में जौनपुर, पश्चिम में फतेहपुर तथा उत्तर-पश्चिम में रायबरेली जिले इसकी सीमाओं का निर्धारण करते हैं। दक्षिण पश्चिम में गंगा नदी इस जनपद की लगभग 50 किमी लम्बी सीमा रेखा का निर्माण करती है, जो इसे प्रयागराज (इलाहाबाद) और फतेहपुर से जोड़ती है। उत्तर की तरफ करीब 6 किमी लम्बी सीमा रेखा का निर्माण गोमती नदी करती है। भौगोलिक दृष्टि से यह जनपद ऊपरी गंगा घाटी तथा मध्य गंगाघाटी के सीमा क्षेत्र में आता है। पट्टी तहसील मध्यगंगा घाटी तथा कुंडा, लालगंज अझारा और सदर तहसीलें ऊपरी गंगा घाटी के अंतर्गत आती है (सिंह 1971:184)।

मध्यगंगा घाटी में स्थित इस जनपद का भौगोलिक क्षेत्रफल 3717 वर्ग किमी है (वरुन 1980:1)। क्षेत्रफल की दृष्टि से इस जिले का राज्य में 48 वाँ स्थान हैं। पूर्व से पश्चिम इस जनपद की लंबाई 115 किलोमीटर तथा उत्तर से दक्षिण 40 किमी है (वरुन, 1980:1)।

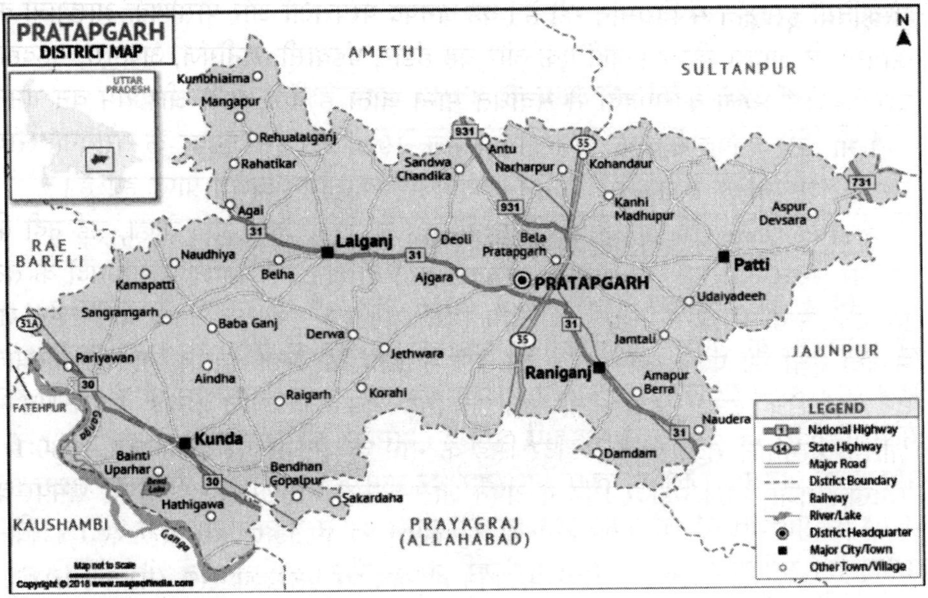

प्रतापगढ़ शहर में जल स्तर 2012 के अनुसार 80 फीट से लेकर 140 फीट तक है। यह जिला, प्रयागराज (इलाहाबाद), फैजाबाद के मुख्य सड़क पर, 61 किमी. प्रयागराज (इलाहाबाद) और 39 किमी. सुल्तानपुर से दूर पड़ता है।

समुद्र तल से इस जिले की ऊँचाई 137 मी. के लगभग है। यह पूर्व से पश्चिम की ओर 110 किमी. फैला हुआ है। इसके दक्षिण-पश्चिम में गंगा नदी 50 किमी. का घेरा बनाती हैं, जो इसे इलाहाबाद (इलाहाबाद) व कौशाम्बी से अलग करती है। गंगा, सई, बकुलाही इस जिले की प्रमुख नदियाँ हैं। लोनी तथा सकरनी नदी जनपद में बहती है। उत्तर-पूर्व में गोमती नदी लगभग 6 किमी. का घेरा बनाते हुए प्रवाहित होती है।

प्रतापगढ़ में पहले तीन तहसीलें, पूर्व में पट्टी, दक्षिण-पश्चिम में कुंडा तथा जिले के मध्य भाग में सदर (प्रतापगढ़) तहसील थी, किंतु अब दो नई तहसील लालगंज अझारा और रानीगंज की स्थापना के साथ जिले में तहसीलों की संख्या पाँच हो गई है। इस प्रकार वर्तमान में जनपद में कुल पाँच तहसीलें—सदर, पट्टी, कुंडा, लालगंज तथा रानीगंज और 17 विकास खंड—कुंडा, कालाकाँकर, रामपुर संग्रामगढ़, बाबागंज, बिहार, मान्धाता, लक्ष्मणपुर, सांगीपुर, लालगंज, संडवा चंद्रिका, प्रतापगढ़ सदर, मंगरौरा, शिवगढ़, गौरा, बाबा बेलखरनाथ धाम, पट्टी और आसपुर देवसरा है। जनपद में सात विधानसभा क्षेत्र व दो संसदीय क्षेत्र हैं। जनपद में एक नगर पालिका परिषद, 6 नगर क्षेत्र समितियाँ, 171 न्याय पंचायत, 1133 ग्राम पंचायतें तथा 2219 ग्रामों की संख्या है। जनपद में कुल 20 पुलिस स्टेशन (15 ग्रामीण तथा 5 नगरीय), 109 बस स्टेशन, 15 रेलवे स्टेशन, 10 सिनेमाघर, 349 डाकघर तथा 57 राष्ट्रीयकृत बैंक शाखाएँ एवं 92 अन्य बैंक शाखाएँ हैं।

जनसंख्या व साक्षरता

वर्ष 2011 की जनगणना के अनुसार जनपद की कुल जनसंख्या

जिला	जनसंख्या			लिंगानुपात	साक्षरता		
	पुरुष	महिला	कुल		पुरुष	महिला	कुल
प्रतापगढ़	16,06,085	16,53,056	32,09,141	998	81.88%	58.88%	70.09%

जनपद का जनसंख्या घनत्व 594.8 व्यक्ति प्रति वर्ग किलोमीटर है। वर्ष 2011 की जनगणना के अनुसार प्रतापगढ़ का साक्षरता के क्षेत्र में प्रदेश में 31वाँ स्थान है। पुरुष साक्षरता में प्रतापगढ़ 32वें तथा महिला साक्षरता में 29वें पायदान पर है। जिले में साक्षरता वृद्धि दर के क्षेत्र में महिलाएँ आगे हैं। सरकार की ओर से जारी वर्ष 2011 के आँकड़ों के अनुसार जिले में पुरुष साक्षरतार दर कम है। वर्ष 2001 में पुरुष साक्षरता दर 64.27 प्रतिशत थी जो 5.86 प्रतिशत की वृद्धि दर से बढ़कर 2011 में 70.13 प्रति हो गई है। महिलाओं की साक्षरता दर वर्ष 2001 में 31.77 प्रतिशत थी, जो 10.63 प्रतिशत की वृद्धि से वर्ष 2011 में 42.40 प्रतिशत तक पहुँच गई। इस प्रकार पुरुषों की साक्षरता वृद्धि दर जहाँ 5.86 प्रतिशत रही, वहीं महिलाओं की साक्षरता दर 10.63 प्रतिशत रही जो पुरुषों के मुकाबले 4.77 प्रतिशत अधिक थी।

2011 की जनगणना के अनुसार जनपद की कुल जनसंख्या का 85.11 प्रतिशत हिंदू निवास करते हैं। हिंदुओं के अतिरिक्त मुस्लिम 14.10 प्रतिशत, सिक्ख 0.50 प्रतिशत, ईसाई 0.12 प्रतिशत व बौद्ध 0.24 प्रतिशत, जैन 0.02 प्रतिशत यहाँ निवास करते हैं। यहाँ ब्राह्मण, क्षत्रिय, वैश्य, श्रीवास्तव, कुर्मी, अहीर, कहार, धानुक, कोइरी, मौर्या, केवट, कसगर, कुंजड़ा, घोसी, बरई, तेली, दर्जी, माली, मनिहार, लोहार, लोनिया, नाई, हेला, धोबी, धुनिया, मिरासी, मोमिन, जुलाहा इत्यादि जातियाँ निवास करती हैं। (कुक, 1996;1-5) आदिम जातियों में बहेलिया, कंजड़, खुंटहरा, भाँट, खरवार, मुसहर, गुदनहर और बेड़िया प्रतापगढ़ में निवास करती हैं। (नागर और मिश्र, 1989;66-78) इन आदिम जातियों पर विस्तृत अध्ययन नीति आयोग के सहयोग से एंथ्रोपालजिकल सर्वे आफ इंडिया कर रहा है। (सिंह, 2018:15) वर्तमान में जनपद में गुदनहर, बहुरूपिया, लोनिया समुदायों पर अध्ययन चल रहा है।

प्रतापगढ़ में मानसून का आगमन जून के प्रथम या द्वितीय सप्ताह से प्रारंभ हो जाता है। हल्की-हल्की बूँदाबादी, ठंड हवाओं के तेज झोंके व हर ओर पेड़ों पर दिखने वाली हरियाली बहुत ही मन को अच्छी लगती है। गर्मी का मौसम यहाँ पर मार्च के आखिरी सप्ताह से प्रारंभ हो जाता है। मैदानी व समुद्र तल से अधिक ऊँचाई होने के कारण यह क्षेत्र बाढ़ से बचा हुआ है। जनवरी और फरवरी में कड़ाके की ठंड के साथ ही अधिक कोहरा व धुंध, सुबह के समय राजमार्गों पर वाहनों के लिए समस्या उत्पन्न कर देता

है। प्रतापगढ़ जिले का तापमान गर्मियों में लगभग 46°C व सर्दियों में न्यूनतम तापमान 3°C के आस-पास होता है।

पौराणिक इतिहास

पुरातात्विक दृष्टि से इस जनपद का इतिहास मानव जीवन के उस शैशवावस्था से जुड़ा दिखायी देता है जब वह असभ्य, खानाबदोश तथा पशु-पक्षियों के आखेट के सहारे जीवन यापन कर रहा था (शर्मा 1978:24)।

प्रतापगढ़ नाम से इस जिले की उत्पत्ति बहुत पुरानी नहीं है। इस नाम की उत्पत्ति 1628 ई. में इस क्षेत्र में निवास करनेवाले राजा प्रताप बहादुर सिंह के नाम के आधार पर हुई (वरुन 1980:1)। 1628 ई. के पहले यह क्षेत्र किस नाम से जाना जाता था यह एक विचारणीय प्रश्न है। साहित्यिक साक्ष्यों में इस क्षेत्र का अलग से कोई नाम नहीं मिलता है, यह बात जरूर है कि यह क्षेत्र कभी कोशल जनपद के अंतर्गत तो कभी अयोध्या और कभी अवध के एक छोटे हिस्से के रूप में जाना जाता रहा है। इस जनपद के दक्षिण-पश्चिम में स्थित गढ़ी मानिकपुर राजपूत काल से लेकर ब्रिटिश काल तक सत्ता का केंद्र बिंदु रहा है।

प्रारंभ से ही प्रतापगढ़ जनपद अयोध्या के सूर्यवंशी शासकों के अधीन था। पुराणों एवं महाकाव्यों के अनुसार वैवस्वत मनु ने सूर्य वंश की स्थापना की थी (पाजिटियर 1962:257)। मनु के पुत्र इक्ष्वाकु इस वंश के प्रथम शासक थे (पाठक 1964:47)। जिनके समय में इस वंश की प्रतिष्ठा में काफी वृद्धि हुई। इस राजवंश में अनेक महत्त्वपूर्ण शासक हुए। ऐसा माना जाता है कि इस वंश के 125 राजाओं ने अयोध्या पर शासन किया, जिनमें 91 राजा महाभारत युद्ध के पूर्व हो चुके थे और शेष बाद में हुए। इस राजवंश की मुख्य शाखा का अंत चतुर्थ शताब्दी ई.पू. में हुआ। महाभारत के समय यहाँ का राजा वृहदवल था, जो महाभारत युद्ध में अभिमन्यु द्वारा मारा गया था। कीथ के अनुसार महाकाव्यों के काल में अयोध्या के आस-पास मध्यगंगा घाटी में तैत्तरीय संहिता के रचनाकार (तैत्तरीय जन) पाये जाते थे (विंटरनित्ज, 1927)। ऐतरेय ब्राह्मण में भी अयोध्या का उल्लेख मिलता है (शर्मा, 1960)।

कहा जाता है कि इस वंश के छठे राजा पृथु के नाम पर इस धरती का नाम पृथ्वी पड़ा, जिन्होंने मैदानों को समतल किया। उनके पौत्र श्रावस्त ने श्रावस्ती नगर बसाया जो बाद में उत्तर कोशल की राजधानी बनी (मजूमदार और पुसालकर 1951:29)। कुछ पीढ़ियों बाद मांधाता इस वंश का पहला चक्रवर्ती शासक हुआ (पाठक 1964:47)। ऐसा कहा जाता है कि उसके शासन काल में सूर्य कभी नहीं डूबता था। उसने सैकड़ों अश्वमेध यज्ञ और राजसूय यज्ञ करवाये तथा भारत के एक विस्तृत भू-भाग पर अधिकार जमाया। उसके उत्तराधिकारी निर्बल थे जिस कारण इस वंश की प्रतिष्ठा को आँच आयी।

इस वंश के 31वें राजा महान सत्यवादी हरिश्चंद्र हुए। 37 वें राजा बाहु के शासन काल में शत्रुओं ने काफी उपद्रव किया जिसके कारण उन्हें राज्य छोड़ देने के लिए बाध्य होना पड़ा। उनके मरणोपरांत सगर ने शत्रु हैहयों और ताल जंघियों को परास्त किया तथा सीमांत में रहने वाली अनार्य जातियों को अपनी बहादुरी से प्रभावित किया। महाभारत के अनुसार सगर, 16 महान राजाओं में से एक था। उसके पुत्रों ने एक विशाल समुद्र का निर्माण किया, जिसका नाम उन लोगों ने सागर रखा। सगर के प्रपौत्र भगीरथ (पाठक 1964:148) अपनी तपस्या द्वारा गंगा को पृथ्वी पर लाने में सफल रहे। भगीरथ के प्रपौत्र अम्बरीश के समय अयोध्या, जिसके अंतर्गत आज के प्रतापगढ़ का क्षेत्र भी सम्मिलित था, को पुनः गौरव प्राप्त हुआ। वे महान दानी और विष्णु के महान भक्त थे। उनके प्रपौत्र ऋतुपर्ण के प्रपौत्र सुदास थे जिनकी पहचान प्रायः वैदिक काल के सुदास से की जाती है जिसने 'दशराज्ञ युद्ध' में विजय प्राप्त की (मजूमदार और पुसालकर 1951:289)। सुदास के कई पीढ़ियों के अन्तराल के बाद सभवतः दिलीप द्वितीय (पाठक 1964:149) इस वंश का महानतम् शासक हुआ जिसके शासन काल में ही इस क्षेत्र ने कोशल (पार्जिटर 1962:275, पाठक 1964:38) नाम ग्रहण किया और जिसका प्रतापगढ़ एक अभिन्न अंग था।

इसी वंश में आगे चलकर दिलीप द्वितीय के उत्तराधिकारी के रूप में महान राजा रघु का जन्म हुआ जिनके नाम पर इस वंश का नाम रघुवंश पड़ा। रघु को संपूर्ण पृथ्वी को जीतने का श्रेय प्राप्त हुआ। उन्होंने विश्वजित यज्ञ किया। रघु के पौत्र अयोध्या के राजा दशरथ थे (पाठक 1964:153-54)।

दशरथ के ज्येष्ठ पुत्र राजा राम कोशल के महान शासक थे और प्रतापगढ़ राजा राम के राज्य का अभिन्न अंग था (मजूमदार और पुसालकर 1951:295)। राजा राम के अतिरिक्त भरत, लक्ष्मण, तथा शत्रुघ्न भी उन्हीं के पुत्र थे। राजा राम ने अपने शासन काल में लंका तक आर्य सभ्यता का प्रसार किया। राज राम ने बहुत कुशलता पूर्वक शासन किया और कोशल राज्य अपने मर्यादा और वैभव के चरमोत्कर्ष पर पहुँच गया। इसके बाद राम-राज्य भारत वर्ष के लिए आदर्श बन गया। इस युग की कहानी को महर्षि वाल्मीकि द्वारा अमरत्व प्राप्त हुआ और रामकथा पर आधारित रामायण ने अत्यधिक ख्याति प्राप्त किया।

राजा राम के शासन काल के बाद विस्तृत कोशल राज्य राजा राम के पुत्रों और उनके भाइयों के मध्य विभाजित हो गया। राजा राम के ज्येष्ठ पुत्र कुश को अयोध्या की गद्दी का उत्तराधिकारी नियुक्त किया गया। कुश के राज्य के अधीन प्रतापगढ़ जनपद का क्षेत्र भी सम्मिलित था (पाठक 1964:201)।

राजा राम के कनिष्ठ पुत्र लव को कोशल राज्य के उत्तरी भाग, जिसकी राजधानी श्रावस्ती थी, का उत्तराधिकारी बनाया गया। कुश ने शीघ्र ही अपनी राजधानी कुशस्थली

में स्थानांतरित कर दिया जिसको उन्होंने स्वयं विन्ध्य श्रेणी के पास बसाया था। इससे अयोध्या उजड़ गया। यद्यपि कुश ने इसे सुधारने की कोशिश की किंतु यह नगर पुनः अपने अतीत के गौरव को न प्राप्त कर सका (ला 1943:49-50)।

इस वंश के 81 वें और कुश की पीढ़ी के 17 वें राजा हिरण्याभ कौशल्य प्रतापी राजा थे। इक्ष्वाकु वंश की 93 वीं पीढ़ी में वृहदबल अयोध्या के अंतिम प्रसिद्ध राजा थे, जो महाभारत युद्ध में मारे गए (पार्जिटर 1913: 60)। पाँचवीं पीढ़ी के बाद दिवाकर नामक एक राजा अयोध्या पर राज्य करते थे। इस वंश के अंतिम राजा सुमित्र थे, जिसके शासन काल में कलियुग का आगमन हुआ और इस वंश का अंत हो गया।

महाजनपद काल

छठी शताब्दी ई.पू. में कोशल 16 महाजनपदों में से एक था। बौद्ध स्रोतों के अनुसार काशी और कोशल के मध्य श्रेष्ठता स्थापित करने के लिए प्रायः युद्ध होते रहते थे। ईसा पूर्व छठी शताब्दी के प्रारंभ में कोशल के नरेश महाकोशल ने काशी को जीतकर अपने राज्य में मिला लिया। उत्तरी कोशल की राजधानी श्रावस्ती और दक्षिणी कोशल की राजधानी कुशावती थी। साकेत का भी राजधानी के रूप में प्रायः उल्लेख है जिसकी पहचान अयोध्या से की जाती है। किंतु बुद्ध के समय अयोध्या और साकेत का अलग अलग उल्लेख मिलता है जो इसमें सन्देह पैदा करता है। संभवतः इस काल तक अयोध्या का महत्त्व समाप्त हो चुका था जबकि साकेत और श्रावस्ती की गणना प्राचीन भारत के छः बड़े नगरों में की जाती थी। उल्लेखनीय है कि कर्नल वोस्ट ने प्रतापगढ़ जनपद के तुषारन विहार (वर्मा 2000:27) नामक स्थल से साकेत का तादात्म्य स्थापित किया जो कोशल देश में था।

महाकोशल के उत्तराधिकारी प्रसेनजित के बाद कोशल राज्य का पतन शुरू हो गया और चौथी शताब्दी ई.पू. में नंद शासक महापद्मनंद ने इसे अपने अधीन कर लिया। फलस्वरूप, प्रतापगढ़ सहित संपूर्ण कोशल मगध साम्राज्य का अभिन्न अंग बन गया (पाठक 1964:235, मजूमदार और पुसालकर 1951:33)।

नंद और मौर्य

नंदवंश के अंतिम शासक घनानंद को परास्त कर चंद्रगुप्त मौर्य ने मौर्य साम्राज्य की स्थापना की थी। चंद्रगुप्त मौर्य भारत के उन महानतम् सम्राटों में से एक था, जिसने अपने व्यक्तित्व तथा कृतियों से इतिहास के पृष्ठों में क्रांतिकारी परिवर्तन उत्पन्न किया। देश को मकदूनी दासता से मुक्त कराने तथा नन्दों के विशाल साम्राज्य पर अधिकार करने और देश को राजनीतिक एकता के सूत्र में संगठित करने का श्रेय इसी ख्यातनामा

मौर्य सम्राट को प्राप्त है। उसका साम्राज्य उत्तर-पश्चिम में फारस से लेकर पूर्व में बंगाल तक तथा उत्तर में कश्मीर से लेकर दक्षिण मे मैसूर तक फैला हुआ था (श्रीवास्तव 1991:172)। प्रतापगढ़ जनपद का क्षेत्र भी इसी परिधि के अंतर्गत आता है। जनपद के कुछ स्थलों जैसे कुंडा तहसील में स्थित विहार और पट्टी तहसील में स्थित बिल्खर से बौद्ध विहार, स्तूप आदि ऐसे साक्ष्य प्राप्त हुए हैं, जो इस बात की ओर संकेत करते हैं कि संभवतः यह क्षेत्र चंद्रगुप्त के पौत्र अशोक के सीधे नियंत्रण में रहा (फ्यूहरर 1969:318)। इसके अतिरिक्त अशोक ने विहार से दक्षिण पूर्व दिशा में गंगा के तट पर एक दो सौ फुट ऊँचा स्तूप बनवाया था (फ्यूहरर 1969:318)।

शुंग

अयोध्या से प्राप्त अभिलेख जिसके अनुसार शुंगवंश के छठे शासक ने केतन का निर्माण करवाया था जो इस बात का प्रमाण है कि कोशल प्रतापगढ़ सहित शुंगों के अधीन था (मजूमदार और पुसालकर 1951:95-96)। पुष्पमित्र शुंग के शासन काल में भारत वैक्ट्रिया के यवनों के आक्रमण का शिकार हुआ (मजूमदार और पुसालकर 1951:106), पहले डेमेट्रियस और बाद में मिनेण्डर (त्रिपाठी 1960:185, 204, 206) के द्वारा। दोनों यूनानी शासकों ने शुंगों के अधीन क्षेत्रों को, जिसमें प्रतापगढ़ का क्षेत्र भी सम्मिलित था, अपने अधिकार में कर लिया। प्रतापगढ़ जनपद हिंदु-यवन आक्रमणकारियों का शिकार हुआ इसका प्रमाण जनपद की लालगंज अझारा तहसील में स्थित स्थल राँकी से प्राप्त हिंदु-यवन मुद्राएँ हैं (वरुन 1980:334)।

शक

प्रतापगढ़ पर शकों का आधिपत्य था यह इस बात से प्रमाणित होता है कि इस जिले में हिंदु-शक मुद्राएँ और मूर्तियाँ प्राप्त हुई हैं (फ्यूहरर 1969: 314)। यह भी कहा जाता है कि तुषारन विहार तुषार राजाओं में से एक द्वारा निर्मित किया गया था (कनिंघम 1875-76 और 1977-78:63-66)। यह तुषार जिसका उल्लेख कल्हण की राजतरंगिणी में तुरुष्क के रूप में हुआ है संभवतः एक थे। कुषाणों को भी कहीं कहीं तुषार कहा जाता है क्योंकि अपने शुरुआती दौर में तुक्खर जो बैक्ट्रिया का उत्तरी क्षेत्र है वहाँ भी कुछ समय के लिए कुषाणों का आधिपत्य था (मजूमदार और पुसालकर 1951:149)।

कुषाण वंश

इस वंश का महान प्रतापी शासक कनिष्क था जिंसने 78 ई. से लेकर 102 ई. तक संपूर्ण पूर्वी भारत पर शासन किया (त्रिपाठी 1960:224), जिसमें प्रतापगढ़ जनपद भी

सम्मिलित था। प्रतापगढ़ जनपद से प्राप्त बहुसंख्यक कुषाण कालीन पुरास्थलों से भी इस बात की पुष्टि होती है। कौशाम्बी तथा श्रावस्ती से प्राप्त बुद्ध प्रतिमाओं की चरण पीठिका पर उत्कीर्ण अभिलेखों में कनिष्क के शासनकाल का उल्लेख मिलता है (श्रीवास्तव 1991:310)। कौशाम्बी से कनिष्क की मुहरें भी मिली हैं (शर्मा 1960)। हाल ही में प्रयागराज (इलाहाबाद) जिले में स्थित झूसी स्थल का उत्खनन किया गया जहाँ से कुषाण कालीन समृद्ध बस्ती का साक्ष्य और मुहरें मिली हैं (मिश्रा एवं अन्य 1998-99)। इन प्रमाणों के आधार पर यह निष्कर्ष निकाला जा सकता है कि उपयुक्त प्रदेशों में तो उसका राज्य था ही साथ ही साथ आस-पास के क्षेत्रों पर भी अधिकार रहा होगा।

गुप्त और गुप्तोत्तर शासक

आरंभिक गुप्त शासकों ने प्रतापगढ़ सहित कोशल को अपने अधीन कर लिया था (मजूमदार 1960:230)। पुराणों के अनुसार चंद्रगुप्त प्रथम के अधीन साकेत, मगध और अवध थे (मजूमदार और अल्तेकर 1967:134)। चंद्रगुप्त विकमादित्य और उसके उत्तराधिकारियों ने इस क्षेत्र पर 510 ई. तक राज्य किया। गुप्तों के पतन के बाद छठी शताब्दी ईस्वी के प्रारंभ में यह क्षेत्र कन्नौज के मौखरियों के अधीन हो गया। ये मौखरि शासक हर्ष से परास्त हुए (त्रिपाठी 1937: 22)। हयमुख, जहाँ से ह्वेनसांग गुजरा था, को रायबरेली और प्रतापगढ़ से जोड़ा जाता है (त्रिपाठी 1937:229)।

वर्धन वंश

647 ई. में हर्ष की मृत्यु के बाद लगभग 50 वर्षों तक इस क्षेत्र में अराजकता का माहौल व्याप्त रहा, जिसे कन्नौज के शासक यशोवर्मन ने समाप्त किया। इस क्षेत्र पर उसके वंशज अयुध शासक भी राज्य करते रहे। आठवीं शताब्दी के मध्य में अयुध वंश के शासक कन्नौज के शासक बने (त्रिपाठी 1937:192), और उन्होंने इस जिले को अपने अधीन कर लिया।

गुर्जर-प्रतिहार

नवीं शताब्दी में गुर्जर-प्रतिहार संपूर्ण उत्तर भारत के सबसे शक्तिशाली शासक थे और प्रतापगढ़ सहित संपूर्ण उत्तर भारत उनके अधीन था (मजूमदार और पुसालकर 1954:32-33)। इस जिले पर सीधा नियंत्रण संभवतः अरगल फतेहपुर के गौतम राजपूतों का था। ये गौतम राजपूत राजा उत्तर गुर्जर-प्रतिहार के सामंत थे जो दक्षिण अवध पर शासन करते थे।

भर

कन्नौज राज्य के समय प्रतापगढ़ जिले का भीतरी हिस्सा, जो गंगा से बहुत दूर है, भरों के अधीन था। भरों का मुख्यालय प्राचीन हंडौर में था। भर मुख्य रूप से पट्टी तहसील में विद्यमान थे। परंपराओं के अनुसार रैकवाड़ राजपूतों ने जिले के 1/3 भाग को भरों से छीन लिया। गुर्जर-प्रतिहार काल में मानिकपुर को छोड़कर पूरे क्षेत्र में राजपूतों का शासन था (नेविल 1904:134)। मानिकपुर के हिंदू शासक कन्नौज के राजवंश के अधीन थे। यह कहा जाता है कि 11 वीं शताब्दी के प्रारंभ में सैयद सालार मसूद ने, जिसने अवध पर आक्रमण किया था, मानिकपुर पर कब्जा कर कुतुब हैदर को सौंप दिया। हिंदू शासकों ने कुछ दिनों के लिए मानिकपुर को पुनः प्राप्त किया और सम्भवतः कुतुब हैदर को खत्म कर दिया, जिसका मकबरा ग्राम चौकपरपुर जो मानिकपुर का हिस्सा है में स्थित है (फोर्ब्स 1877:134)। यद्यपि सैयद सालार मसूद का आक्रमण इतिहासकारों द्वारा पुष्ट नहीं किया गया है, इसकी जानकारी 17 वीं शताब्दी की कृति मिरत-ई-मसौदी से प्राप्त होती है (इलियट और डाउसन 1962:513-541)।

11 वीं शताब्दी के प्रारंभ में गुर्जर-प्रतिहारों के पतन के बाद अराजकता का माहौल व्याप्त हो गया, जो 11 वीं शताब्दी के अंत में गहड़वाल वंश की स्थापना के साथ समाप्त हुआ। गहड़वाल वंश ने वर्तमान पूर्वी उत्तर प्रदेश, जिसमें प्रतापगढ़ जिला भी शामिल था, के समस्त क्षेत्र पर अपना अधिकार जमा लिया (त्रिपाठी 1937:302-324)।

1192 ई में जब सिहाबुद्दीन गोरी ने उत्तर भारत पर आक्रमण किया तब मानिकपुर का शासक मानिकचंद था और कड़ा उसके बड़े भाई जयचंद (गहड़वाल वंश) के अधीन था (नेविल 1904:146)। सिहाबुद्दीन गोरी ने इनको परास्त कर कड़ा-मानिकपुर नाम के एक नए सूबे का निर्माण किया जिसकी राजधानी कड़ा को बनाया (स्टील 1884:135)। इस नए सूबे में संपूर्ण प्रतापगढ़ का क्षेत्र भी शामिल था। कुतुबुद्दीन ऐबक इस नए सूबे का सूबेदार नियुक्त किया गया (हेग 1958:210-41)। कुतुबुद्दीन ऐबक ने मानिकपुर को दमधानी, जो एक लडाकू प्रजाति थी, को जागीर के रूप में दे दिया। इल्तुतमिश (1211-1226 ई.) के काल में मीर सैयद सहाबुद्दीन गरदेजी और मौलाना स्माइल कुरैसी जैसे मशहूर संत मानिकपुर आये और यहीं रहने लगे (गजेटियर आफ द प्राविंस आफ अवध 1878:465)। यह इस बात का प्रमाण है कि मानिकपुर तत्कालीन समय में काफी महत्त्वपूर्ण था।

सल्तनत काल

इल्तुतमिश के बाद अलाउद्दीन मसूद और उसके उत्तराधिकारी नसीरुद्दीन महमूद (1244-65) के समय मानिकपुर दिल्ली सल्तनत का एक महत्त्वपूर्ण सूबा था। नसीरुद्दीन

महमूद के काल में अलूध मुबारक ऐबक (बलवन का भाई) इस सूबे का गवर्नर नियुक्त किया गया (इलियट और डाउसन 1962ः 352)।

परंपराओं के अनुसार 1258 ई. में लखनसेन जो इलाहाबाद का एक सोमवंशी राजपूत था, ने पाँचों सिद्ध से भर और रैकवार को खदेड़कर अपने अधीन कर लिया। लखनसेन हन्डौर में रहता था और धीरे-धीरे उसने पूरे अरोर क्षेत्र (प्रतापगढ़ परगना का प्राचीन नाम) को अपने आधिपत्य में कर लिया (नेविल 1904:55, 79, 186; विंगले 1918:119)। 1290 ई. में जब बूढ़े जलालुद्दीन फिरोजशाह ने गद्दी संभाली तो मलिक छज्जू (पांडेय 1960:146-57) को मानिकपुर का गवर्नर नियुक्त किया। इसके पहले मलिक छज्जू को दिल्ली में सुल्तान का सहायक नियुक्त किया गया था, परंतु उसने इस पद को अस्वीकार कर दिया था। यह इस बात का प्रमाण है कि मानिकपुर का गवर्नर न केवल एक महत्त्वपूर्ण राजनैतिक महत्त्व रखता था बल्कि उसकी एक अपनी पहचान भी थी।

अगस्त-सितंबर 1290 ई. में मलिक छज्जू ने विद्रोह कर स्वंय को मानिकपुर का बादशाह घोषित कर दिया (लाल 1966:191)। उसने अपने नाम से सिक्के चलवाये तथा कुतुबा पढ़वाया। तत्पश्चात उसने एक सेना लेकर दिल्ली की तरफ कूच किया, परंतु वह अरकली खान (जलालुद्दीन खान का दूसरा बेटा) के हाथों पराजित हो गया (लाल 1966:191)।

1291 ई. में मानिकपुर जलालुद्दीन खिलजी के भतीजे तथा दामाद अलाउद्दीन खिलजी को सौंप दिया गया। अलाउद्दीन खिलजी तुरंत अपनी स्थिति मजबूत करने में लग गया और उसने मलिक छज्जू के कई समर्थकों को अपनी ओर मिला लिया। यहीं पर रहते हुए अलाउद्दीन खिलजी ने विदिशा, देवगिरि, इत्यादि पर आक्रमण कर अकूत संपत्ति अर्जित की। 1296 ई. में जब अलाउद्दीन ने जलालुद्दीन की हत्या कर स्वयं को दिल्ली का सुल्तान घोषित किया, तो मानिकपुर का गवर्नर अलाउल मुल्क को बनाया (नेविल 1904:149-59)। अलाउल मुल्क के बाद नुसरत खान को यहाँ का सूबेदार बनाया गया (रिजवी 1955:43-45)।

14 वीं शताब्दी के पूर्वाद्र्ध में मोहम्मद बिन तुगलक के कर वृद्धि के परिणामस्वरूप इस भू-भाग में एक भयानक जन आक्रोश फैल गया (हुसेन 1963:254)। 1377 ई. में सुल्तान फिरोज शाह ने मानिकपुर, जिसमें प्रतापगढ़ शामिल था, नसीरुल मुल्क को मानिकपुर का गवर्नर बना दिया (इलियट और डाउसन 1964:13)।

1394 ई. में ख्वाजा जहान, जो महमूद तुगलक का वजीर था, को कन्नौज से लेकर बिहार, जिसमें प्रतापगढ़ शामिल था, तक की शासन व्यवस्था चलाने की जिम्मेदारी सौंपी गई (हेग 1958:251)। ख्वाजा जहाँ ने जौनपुर को अपना मुख्यालय बनाया (जो आगे चलकर शर्की वंश का संस्थापक बना), परंतु मानिकपुर को भी सीधे अपने नियंत्रण में रखा (रिजवी 1958:4)। जौनपुर के शर्की शासक प्रतापगढ़ पर, हुसैन शाह शर्की के परास्त होने तक, शासन करते रहे।

1479 ई. में सुल्तान बहलोल लोदी ने अपने पुत्र आलम खान को मानिकपुर का सूबेदार नियुक्त किया (पांडेय 1960:106)। 1484 ई. में सिकन्दर लोदी के सुल्तान बनने तक मुबारक खान यहाँ का सूबेदार नियुक्त किया गया (पांडेय 1960:122)।

1517 ई. में जब इब्राहीम लोदी सुल्तान बना तो कड़ा मानिकपुर का सूबेदार मुबारकशाह के स्थान पर आजम हुमायूँ सरमानी को बनाया गया (लाल 1966:205)। कुछ समय बाद हुमायूँ सरमानी को ग्वालियर भेज दिया गया और मानिकपुर को उसके पुत्र इस्लाम खान को सौंप दिया गया। सुल्तान इब्राहीम लोदी के द्वारा आजम हुमायूँ को अपमानित किए जाने के बदले में इस्लाम खान ने 1526 ई. में खुला विद्रोह कर दिया, जो स्वयं सुल्तान इब्राहीम लोदी के द्वारा दबाया जा सका। परंतु 1526 ई. में ही बाबर के हाथों इब्राहिम लोदी की पराजय के बाद मानिकपुर एवं जौनपुर मुगलों के अधीन हो गया और यहाँ का सुल्तान जुनैद विरला को नियुक्त किया गया (हेग 1958:47)।

मुगलकाल

अफगान, जो कड़ा मानिकपुर के क्षेत्र में अभी भी सशक्त थे, को अपने अधीन करने के लिए बाबर और उसके बेटे हुमायूँ को कड़ा संघर्ष करना पड़ा। कड़े संघर्ष के बाद बाबर और हुमायूँ दोनों का इस क्षेत्र पर अधिकार हो गया और हुमायूँ ने भी सुल्तान जुनैद बिरला को ही अपना गवर्नर बनाये रखा (हेग 1958:20)।

कुछ वर्षों के पश्चात् सुल्तान जुनैद बिरला ने शेरशाहसूरी, जिसने हुमायूँ को चौंसा के युद्ध (1539 ई.) में परास्त किया था, के साथ हाथ मिला लिया। शेरशाह और उसके पुत्र इस्लाम शाह, जिसकी मृत्यु 1553 ई. में हुई थी, के पश्चात कड़ा मानिकपुर मोहम्मद आदिलशाह, जो अफगान सरदार, था के अधीन हो गया (इलियट और डाउसन 1965:56)।

1559 ई. में अकबर के शासन काल में वैरम खान ने आदिलशाह को परास्त अवश्य किया परंतु वहाँ पर शासन व्यवस्था स्थापित न कर सका। 1564 ई. में अकबर ने कड़ा को मानिकपुर से अलग करते हुए आसफ खाँ को कड़ा और मजून खान कच्छाल को मानिकपुर सौंप दिया (इलियट और डाउसन 1965:297)। 1564 ई. से लेकर 1566 ई. तक खान जमाल, जो जौनपुर का गवर्नर था, के नेतृत्व में अवध में कई विद्रोह हुए। इन विद्रोहों को दबाने के लिए स्वयं अकबर को हस्तक्षेप करना पड़ा। 9 जून 1567 ई. को पथपुर पसोकी में अकबर ने खान जमाल को परास्त किया जिसमें उसकी मृत्यु भी हो गई और तत्पश्चात् अकबर ने मुनीम खान को जौनपुर का सूबेदार बनाया।

अकबर ने जब इलाहाबाद को एक सूबा बनाया तो उसने पुरानी प्रशासनिक इकाइयों में व्यापक फेर बदल किया। उसने कड़ा मानिकपुर सूबे को समाप्त कर दिया। अब इलाहाबाद के सूबेदार को इस क्षेत्र का प्रशासक बनाया गया न कि कड़ा मानिकपुर का गवर्नर। अब मानिकपुर को एक सरकार का मुख्यालय बनाया गया जिसके अंतर्गत

रामपुर और विहार परगना थे, जहाँ पर बिसेन राजपूतों का शासन था। कुंडा तहसील का एक बड़ा भूभाग मानिकपुर के अधीन था और बाकी हिस्से को दो महलों के बीच बाँटा गया था जो करिपत गुजर और करिपत पैगा के नाम से जाने जाते थे। प्रतापगढ़ परगना जहाँ पर सोमवंशी थे इस समय अरोर (अरोल) का महल के नाम से जाना जाता था। पट्टी तहसील में विल्खर महल शामिल था और यहाँ पर बछगोती राजपूत और ब्राह्मणों का राज्य था (नेविल 1904:153)।

1628 ई. में एक सोमवंशी राजपूत राजा प्रताप बहादुर सिंह ने अपना मुख्यालय तेजगढ़ से हटाकर रामपुर में स्थापित किया, जहाँ पर उसने एक विशाल किले का निर्माण करवाया और इस स्थान को प्रतापगढ़ नाम दिया (वरुन 1980:1)। यह स्थान पुराने अरोर के पास स्थानीय राजपूत राजाओं के बीच संघर्ष की कहानी है। 1810 ई. में राजा जयसिंह ने, जो भदरी का बिसेन राजपूत सरदार था, अपने नए नवाब सादत अली खान को भूमिकर अदा करने से इंकार कर दिया। परिणामस्वरूप उसे बंदी बना कर लखनऊ ले जाया गया। उसकी अनुपस्थिति में उसकी पत्नी शिवराज कुवंरि ने इसका विरोध किया और अंत में उसने भदरी के किले पर अपना अधिकार कर लिया (नेविल 1904:95)। वाजिद अली शाह, जो अवध का आखिरी नबाव था, ने कालाकाँकर के राजा हनुमंत सिंह (1849) को राजा घोषित किया। राजा हनुमंत सिंह का सुल्तानपुर के नाजिम, जिन्हें नवाब ने प्रतापगढ़ जिले की जिम्मेदारी सौंपी थी, से लगातार संघर्ष होता रहा।

सांस्कृतिक पृष्ठभूमि

तीर्थराज प्रयाग के निकट पतित पावनी गंगा नदी के किनारे स्थित प्रतापगढ़ जिला ऐतिहासिक एवं धार्मिक दृष्टि से अत्यधिक महत्त्व रखता है। यह जिला रामायण तथा महाभारत के कई महत्त्वपूर्ण घटनाओं को देखा है। लोगों का मत है कि बेल्हा की पौराणिक दी सई के तट से होकर प्रभु श्रीराम वनगमन के समय अयोध्या से दक्षिण की ओर गए थे। उनके चरणों से यहाँ की नदियों के तट पवित्र हुए हैं। भगवान श्रीराम के वनवास यात्रा में उत्तर-प्रदेश के जिन प्रमुख नदियों का वर्णन है, उसमें से प्रतापगढ़ की सई नदी का वर्णन है। 'रामचरित मानस' में इस प्रकार वर्णन हैः—''सई उत्तर गोमती नहाए। चौथे दिवस अवधपुर आए।।''

ऐसी भी किंवदंती है कि लालगंज तहसील स्थित घुइसरनाथ धाम में भगवान श्रीराम ने पूजन पाठ कर दुर्लभ त्रेतायुगी करील वृक्ष की छाया में विश्राम किए थे, जिसका उल्लेख 'रामचरित मानस' में इस प्रकार है—''नव रसाल वन विहरन शीला। सोह है कोकिल विपिन करीला।।''

'रामायण' के चित्रण में प्रतापगढ़ की बकुलाही नदी का संक्षिप्त उल्लेख 'बाल्कुनी' नदी के नाम से हुआ है। महर्षि वाल्मीकि द्वारा रचित 'वाल्मीकि रामायण' में इसका

वर्णन इस प्रकार है—'सो अपश्यत राम तीर्थम् च नदी बालकुनी तथा बरूठी, गोमती चैव भीमशालम् वनम् तथा।'

महाभारत प्रतापगढ़ के रानीगंज अजगरा में राजा युधिष्ठिर व यक्ष संवाद हुआ था। जिले के ही भयहरणनाथ धाम में पांडवों ने बकासुर के आतंक से मुक्ति दिलाई थी। बाल्कुनी नदी के तट पर ही पूजा स्नान कर शिवलिंग की स्थापना महाबली भीमसेन ने की थी। महाभारत में हंडौर राक्षस हिडिंब का निवास क्षेत्र था और बाँका जलालपुर राक्षस बकासुर का क्षेत्र था। प्रतापगढ़ के चकवड़ का वर्णन महाभारत में चक्रनगरी से हुआ है। बौद्धकाल में प्रतापगढ़ की पवित्र भूमि महात्मा बुद्ध की तपोस्थली रह चुकी है। जिले के कोट में भगवान बुद्ध तीन माह तक रहे हैं। प्रतापगढ़ में कई स्थानों पर बौद्धकालीन भग्नावशेष प्राप्त हुए हैं।

इस प्रकार यह जनपद रामायण व महाभारत काल से ही सांस्कृतिक रूप से बहुत महत्त्वपूर्ण रहा है। स्थानीय बेल्हा माई मंदिर के विषय में किंवदंती है कि सती का अंग सई नदी के तट पर गिरा था। अतः 'बेल्हा माई' सती का रूप है और तट पर सती को बेल्हा देवी के रूप में पूजा जाता है। इस मंदिर की पूरे जनपद में विशिष्ट मान्यता है। यहाँ का अति प्राचीन बेल्हा मंदिर, शनिदेव मंदिर, घुईसरनाथ मंदिर, बेलखर नाथ मंदिर, भयहरण धाम, मनगढ़ का भक्ति धाम अष्ट भुजा देवी का मंदिर, ज्वाला देवी का मंदिर, दुर्गा जी का मंदिर, माँ बाराही देवी का मंदिर, चण्डिकन देवी का मंदिर विशेष प्रसिद्ध है। साथ ही रानीगंज अजगरा, कटरा मेदिनीगंज, बाबूगंज (भदरी का मेला), कटरा का मेला, दशहरा मेला, ईदगाह का मेला, पट्टी का दशहरा, जिले का भरत मिलाप, कालाकाँकर दुर्गा देवी पशु मेला सभी सांस्कृतिक रूप से विशेष महत्त्वपूर्ण हैं।

ईस्ट इंडिया कंपनी, ब्रिटिश शासन और स्वतंत्रता संघर्ष का प्रथम उद्घोष : 1857 में जनपद/ जनपदवासियों की भूमिका

23 जून सन् 1757 को प्लासी के युद्ध के साथ ही हिंदुस्तान की गुलामी की नींव पक्की हो गई। अंग्रेज इसी पक्की नींव पर हिंदुस्तान में अपना राजमहल बनाने के इरादे बाँध रहे थे। अंग्रेजों ने भारतीयों को एक-दूसरे के विरुद्ध लड़ाकर और हर एक के घर में विश्वासघातियों को बढ़ावा देकर जगे हुए खानदानों को, जो उस समय समाज व्यवस्था के मजबूत स्तंभ थे, उखाड़ फेंका था। इंग्लैंड के हितों के लिए हिंदुस्तान के उद्योग धंधे जो उस समय सारी दुनिया में सर्वश्रेष्ठ थे, बर्बाद कर दिए गए। सारे हिंदुस्तान को ईसाई बनने के लिए गहरे जाल फैला दिए गए और इस तरह संस्कृति-सभ्यता, व्यापार, व्यवसाय और शिक्षा में सर्वश्रेष्ठ देश को हमेशा के लिए गुलाम बनाये रखने के पक्के इरादे बाँध लिए गए।

16वीं सदी में अंग्रेज सौदागरों द्वारा धन और शक्ति प्राप्त करने का जो अभियान प्रारंभ हुआ था, उसको ईस्ट इंडिया कंपनी ने भारत में भी फैलाया। लखनऊ में अवध के असंतुष्ट जागीरदार, ताल्लुकेदार, आदि एकत्र होकर क्रांति में अपना सर्वस्व न्यौछावर करने के लिए तैयार थे। इतिहासकार लिखते हैं कि उस समय अवध की रियासत सबसे बड़ी थी और उसका अंग्रेजी राज में मिलाया जाना, क्रांति की आग में घी का काम कर गया। इससे नाना साहब को पूरे अवध राज्य के जागीरदारों, ज़मींदारों, ताल्लुक़ेदारों का समर्थन और सहयोग मिल गया।

अवध का यह क्षेत्र (वर्तमान प्रतापगढ़) 1800 से 1856 तक अवध के नवाबों द्वारा नियुक्त सुल्तानपुर के नाजिम के प्रशासन के अंतर्गत आता था। (वरुण, 1980:43)

1810 में भदरी के बिसेन राजपूत राय जालिम सिंह ने सादत अली खाँ के लोगों को भू-राजस्व देने से इंकार कर दिया। उसके बाद राय जालिम सिंह को बंदी बनाकर लखनऊ ले जाया गया और भदरी का तालुक़ा अवध प्रशासन के सीधे नियंत्रण में आ गया। उनकी अनपुस्थिति में पत्नी शिवराज कुँवरि ने कुछ धार्मिक अनुष्ठानों के करवाने के बहाने भदरी महल में प्रवेश कर लिया तथा किसानों से राजस्व एकत्र करवाया। उनके इस साहस को देखते हुए तत्कालीन चकलेदार ने उन्हें महल में बंदी बना लिया किंतु

लखनऊ से आदेश प्राप्त होने पर पुनः शिवराज कुँवरि का भदरी महल पर अधिकार हो गया। (वरुण, 1980:43)

1820 में रायपुर-बिछौर के बछगौती क्षत्रियों के राजा राय पिरथीपाल सिंह ने कानूनगों बहादुर लाल की हत्या कर दी। इसके बाद अवध के नवाब ने नाजिम मीर गुलाम हुसैन को राजा पिरथीपाल सिंह पर आक्रमण का आदेश दिया। 19 दिनों संघर्ष के बाद राय पिरथीपाल उस क्षेत्र से पलायन कर गए तथा यह क्षेत्र अवध शासकों के सीधे नियंत्रण में आ गया। यद्यपि 1825 में बछगोती शासकों ने अपनी खोयी जमीन पर पुनः अधिकार कर लिया। (वरुण, 1980:50)

लार्ड डलहौजी (1858-1856) ने गोद निषेध की नीति का सूत्रपात किया। जिसके अनुसार संतानहीन और अयोग्य राजाओं के राज्य कंपनी में मिला लिया जाएगा। संतानहीन राजाओं को दत्तक पुत्र का भी अधिकार नहीं था। यदि लार्ड डलहौजी के बाद सन् 1857 का स्वतंत्रता का महासमर नहीं हुआ होता तो बीस साल के अंदर भारत में शायद एक भी हिंदू या मुसलमान देशी रियासत न बची होती।

अवध के नवाब को कंपनी शासन तथा उसके रेजीडेंट ने बहुत कमज़ोर कर दिया था। अवध के नवाबों के अधिकांश बड़े-बड़े जमींदार और ताल्लुकेदार हिंदू थे। सुरक्षा के नाम पर कंपनी सेना के रख-रखाव के लिए काफी रूपया अवध के नवाब से जाता था, जिसके लिए नवाब को ज़मींदारों और ताल्लुकेदारों पर निर्भर रहना पड़ता था। कालाकाँकर के राजा हनुमंत सिंह मनमाने रूप से माँगी गई मालगुजारी कभी भी नहीं देते। इस कारण नाजिम एहसान अली ने धारूपुर पर चढ़ाई की लेकिन उसे मुंह की खानी पड़ी। मालगुजारी को ही लेकर राजा दर्शन सिंह ने चढ़ाई की जिसके बाद राजा हनुमंत सिंह, राजा दर्शन सिंह के संधि प्रस्ताव स्वीकार कर धारूपुर किले को छोड़ कालाकाँकर आ गए।

वाजिद अली शाह (1847-1856) ने राजा हनुमंत सिंह को राजा की उपाधि से नवाजा। जब वाजिद अली शाह अवध के तख्त पर बैठा, वह अवध पर आरोप लगा रहा था कि अवध का शासन प्रबंध अच्छा नहीं है। अंग्रेज इसके लिए प्रयत्नशील थे कि अवध को कंपनी राज्य में मिला लिया जाए। इसका कारण यह बताया गया कि नवाब अपने शासन में उचित सुधार नहीं कर रहा है या करने में अयोग्य है।

लार्ड डलहौजी की आज्ञा से लखनऊ का रेजीडेंट उटरम ने वाजिद अली शाह से इस प्रकार के कागज पर दस्तख़त करने के लिए कहा जिस पर लिखा था—'मैं (वाजिद अली शाह) खुशी से अपनी सल्तनत कंपनी को देने के लिए राजी हूँ।' किंतु लगातार तीन दिनों तक जब वाजिद अली शाह किसी प्रकार से दस्तखत करने को तैयार नहीं हुआ तो कंपनी की सेना ने संधियों की अनदेखी कर लखनऊ के महल में जबरदस्ती प्रवेश किया। महल को लूटा गया और अवध पर कंपनी का कब्जा हो गया।'

जहाँ तक अवध के ताल्लुकेदारों का संबंध था, उन्हें जमींदारी के अधिकार प्राप्त थे। वे पुराने खानदानी भूमि के अधिकारी वर्ग के थे। 1856 में अवध के नवाबों के अपहरण के समय अवध का दो तिहाई भाग उन्हीं के कब्जे में था, पर ब्रिटिश सरकार उन्हें केवल मालगुजारी वसूल करने में नियुक्त बिचवैया समझती थी। ताल्लुकेदारों को खत्म करना बंदोबस्त अधिकारियों के लिए उतना ही वीरता का काम बन गया था जैसे शेर का शिकार करना।

दूसरी कार्यवाही जिससे जमींदार व तालुकेदार वर्ग को हानि हुई वह थी जमीनों की बेदखली। ऐसी जमीनों में से अधिकांश ऐसे लोगों से प्राप्त हुई थी, जिन्होंने राज्य की कोई विशेष सेवा की थी। इसलिए हुक्म यह दिया गया कि पूरी जांच की जाए। जांच कैसे हुई इतिहासकार जान 'के' के शब्दों में–"इस प्रकार पुर्नग्रहण अधिकारी को खुला छोड़ दिया गया। लोगों से कहा गया कि अपने अधिकार के कागजात दिखलाओ जिससे हमें संतोष हो, जबकि एक मात्र प्रमाण जमीन पर कब्जा ही था। इससे आतंक छा गया। जो कुछ हुआ, उसे यदि पूरी जब्ती का नाम दिया जाए तो कोई अतिशयोक्ति न होगी।"

कंपनी की सत्ता जमते ही इनमें से अधिकांश की जमीनें छीनी जाने लगीं, उनके गाँव जब्त किए जाने लगे, उनके किले गिराये जाने लगे। सर जान 'के' लिखता है कि इन प्राचीन पैतृक ज़मींदारों के साथ घोर अन्याय किया गया।

इस प्रकार भारत में ब्रिटिश शासन की पहली शताब्दी बढ़ते हुए दुःख और असंतोष का युग प्रमाणित हुई। सचमुच भारतीयों के सामने बहुत ही भयंकर स्थिति थी। अपने ही घर में वे बिल्कुल उस गुलाम की तरह हो गए थे, जो बाहर, दरवाजे पर ठिठुरता है, जबकि उसका विदेशी मालिक उसके घर में आराम से रहता है।

फरवरी 1856 ई. में नवाब वाजिद अलीशाह को अंग्रेजों ने पदच्युत कर अवध को ब्रिटिश भारत में मिला लिया। तत्पश्चात् प्रतापगढ़ जिला ईस्ट इंडिया कंपनी के अधीन हो गया (डाडवेल 1963)। इस घटना के बाद 1858 में प्रतापगढ़ नाम से नए जिले की स्थापना हुई, जिसका मुख्यालय बेल्हा बनाया गया। यह घटना शांतिपूर्वक संपन्न हुई और न तो किसी तालुकेदार ने और न ही जनता ने इसका विरोध किया। नए जिले के गठन के बाद उसकी प्रशासनिक व्यवस्था तथा भूमिकर को सुनिश्चित करने का प्रयास किया गया।

1857 ई. के प्रथम स्वतंत्रता संग्राम ने इसमें व्यवधान पैदा किया। भूमि के नए बंदोबस्त के तहत प्रतापगढ़ के तालुकदारों को भारी नुकसान उठाना पड़ा। परंतु इसके बावजूद जून 1857 ई. तक तालुकदारों ने प्रथम स्वतंत्रता संग्राम में अंग्रेजों का साथ दिया। प्रथम स्वतंत्रता संग्राम के शुरुआत में हनुमंत सिंह ने अग्रेजी हुकूमत के कोषागार की रक्षा की और कई अग्रेजो को अपने धारूपुर के किले में रखकर 11 से 22 जून 1857 ई. तक उनकी सुरक्षा की (नेविल 1904:93)। परंतु कुछ दिनों के बाद वह ब्रिटिश

सरकार का विरोधी हो गए और उन्होंने अग्रेजों द्वारा अवध के हथियाने का जमकर विरोध किया (नेविल 1904:93)।

कालाकाँकर के राजा हनुमंत सिंह के पुत्र लाल प्रताप सिंह स्वतंत्रता संग्राम में आम जनता के साथ लड़ते हुए अपने चाचा माधोसिंह सहित चांदा (सुल्तानपुर) की लड़ाई में मारे गए (नेविल 1904:93)। इस घटना के तुरंत बाद अधिकांश तालुकदारों ने स्वयं को ब्रिटिश शासन सत्ता से स्वतंत्र घोषित करते हुए अपने तालुकों पर पुनः कब्जा कर लिया।

क्रांति के दो चिह्न : कमल और रोटी

क्रांति के लिए नेताओं ने दो प्रतीक चिह्न निर्धारित किए थे, जो लोगों के क्रांति में शामिल होने की स्वीकृति बताते थे। पहला चिह्न था—कमल का फूल। सावरकर ने लिखा है: "क्रांति के गुप्त संगठन का प्रचंड पहिया अब तीव्र गति से घूमने लगा था। ऐसे समय में विभिन्न पहियों की गति एक लय में घूमने लगे, ऐसा प्रयास आवश्यक था। इसी उद्देश्य से क्रांति पक्ष का एक दूत हाथ में रक्त कमल पुष्प लेकर बंगाल की सैनिक छावनी में प्रवेश करता और अपने हाथ का फूल पहली टुकड़ी के मुख्य भारतीय अधिकारी को देता। भारतीय अधिकारी उसे अपने निचले अधिकारी को देता और इस तरह कमल हर सिपाही के हाथ से होकर अंतिम सिपाही तक और अंतिम सिपाही से फिर आए हुए उस क्रांति दूत के हाथों में लौट आता। इस तरह एक शब्द भी बोले बिना वह क्रांति दूत तीर की तरह आगे बढ़ता और रास्ते में दूसरी टुकड़ी मिलते ही उसके मुखिया के हाथ में वह रक्त कमल दे देता।" (सावरकर, 2021:61)

कमल का फूल वास्तव में, सेना में क्रांति का प्रचार करने के लिए रखा गया था और यह बिना किसी धर्म या जाति के भेदभाव के, सैनिक-पलटनों में घुमाना संभव था। यह फूल उन सैनिक टुकड़ियों में ही घुमाया जाता था, जो क्रांति संगठन में शामिल थीं।" किसी एक पलटन का सिपाही फूल लेकर दूसरी पलटन में जाता था। उस पलटन भर में हाथों-हाथ वह फूल सबके हाथों से निकलता था। जिसके हाथों में वह सबसे अंत में जाता था, उसका कर्तव्य होता था कि वह अपने पास की दूसरी पलटन तक उस फूल को पहुंचा दे। इसका गुप्त अर्थ यह लिया जाता था कि उस पलटन के सब सिपाही क्रांति में भाग लेने के लिए तैयार हैं। इस तरह के हजारों कमल पेशावर से बैरकपुर तक विभिन्न पलटनों के अंदर घुमाए गए।" (लाल, 1938:523)

क्रांति का दूसरा प्रतीक चिह्न रोटी या चपाती था। यह सामान्य जनता के लिए क्रांति में शामिल होने का आह्वान था। होता यह था कि एक गाँव का चौकीदार, दूसरे गाँव के चौकीदार के पास जाता था। इस चौकीदार का फर्ज होता था कि वह अपने साथ प्रतीक चिह्न के रूप में लाई रोटी या चपाती में से थोडी-सी स्वयं खा ले और बची हुई रोटी गाँव के बाकी लोगों को खिला दे। इसके बाद वह फिर से गेहूँ या दूसरे आटे

की उसी तरह की चपातियाँ बनवाकर अपने पास के गाँव तक पहुँचा दे। इसका अर्थ यह होता था कि उस गाँव की जनता राष्ट्रीय क्रांति में भाग लेने के लिए तैयार है। इस प्रकार आश्चर्यजनक रीति से रोटियाँ या चपातियाँ लाखों गाँवों में घूम गईं और क्रांति का संदेश पहुँच गया था-अंग्रेजों को इसकी कानोंकान खबर तक न हुई।

सावरकर लिखते हैं–"सन् 1857 के आरंभ में ये देवदूत सारे हिंदुस्तान में भावी मंगल कार्य का समाचार देते हुए भ्रमण करने लग गए थे। वे कहां से आए और किधर जाएंगे यह कोई भी नहीं जान पा रहा था। ये देवदूत जिसे समझ में आता उसी को मुख्य संदेश देते और जिसे ठीक न समझते उससे खूब बतियाते। इस विचित्र रोटी को कुछ पगले अंग्रेज अधिकारियों ने पकड़-पकड़कर उसका चूरा किया और फिर उस चूरे का भी चूरा बनाकर उससे कुछ कहलवाने का प्रयास किया, परंतु किसी चुड़ैल की तरह उस चपाती को बोलने को कहते ही वह अपने मुंह की जीभ ही नष्ट कर देती और जिससे मन होता उसी से बोलती। वह रोटी गेहूँ या बाजरे के आटे की बनी होती थी। उस पर यद्यपि कुछ लिखा हुआ नहीं होता था, फिर भी वह हाथ में आते ही, उसका स्पर्श होते ही हर व्यक्ति की देह में क्रांति चेतना संचार करने लगती। हर गाँव के मुखिया के पास वे रोटियाँ आतीं। वह स्वयं उसका एक टुकड़ा खाता और उसको प्रसाद के रूप में सारे गाँव में बाँट देता। फिर उतनी ही ताजा रोटियाँ बनवाकर वे गाँव वाले पड़ोस के गाँव में भिजवा देते।" (सावरकर, 2021:61)

1857 के प्रथम स्वतंत्रता संग्राम में जनपद/जनपदवासियों की भूमिका

1857 में अंग्रेजी हुकूमत के खिलाफ विद्रोह शुरू हुआ तो उसकी चिंगारी प्रतापगढ़ में कम न थी। प्रतापगढ़ के क्रांतिकारी सपूतों ने हिंदुस्तान को अंग्रेजी हुकूमत से मुक्त कराने के लिए बढ़-चढ़कर हिस्सा लिया। 1857 के स्वतंत्रता संग्राम को प्रतापगढ़ में प्रमुख गति देने वाले जिन वीरों का नाम लिया जाता है, वे हैं–कालाकाँकर के राजा हनुमंत सिंह तथा उनके बलिदानी युवराज लाल प्रताप सिंह, तरौल के राजा गुलाब सिंह और अठेहा के राम गुलाम सिंह।

राजा हनुमंत सिंह इन घटनाओं तथा स्थितियों से गहरे रूप से प्रभावित हुए। यद्यपि कि प्रारंभ में ही अवध के नवाब के बहुत प्रिय रहे थे, और उचित मालगुजारी समय-समय पर जमा करते रहे। किंतु नवाब के अधिकारियों के भ्रष्टाचार को वे सहन नहीं कर पाते थे। मालगुजारी से अधिक की माँग उनको इसलिए परेशान करती थी कि उनकी जनता पर अनावश्यक बोझ बढ़ता जा रहा था। यही कारण था कि वह कभी-कभी मालगुजारी जमा नहीं करते थे और नाजिम तथा चकलेदार से युद्ध करने के लिए तैयार हो जाते थे।

हनुमंत सिंह ने यह प्रतिज्ञा कर ली थी कि अंग्रेजी राज्य को हिंदुस्तान से निकाले बिना विश्राम नहीं करेंगे। आजादी की लड़ाई लड़ रही बेगम हज़रत महल की सेना को सहयोग देने के लिए राजा हनुमंत सिंह ने अपने युवा पुत्र लाल प्रताप सिंह को चाँदा

(सुल्तानपुर) के युद्ध में भेज दिया। इस युद्ध में लाल प्रताप सिंह अपने चाचा के साथ एक हजार वीर सैनिकों को लेकर अंग्रेजों से लड़ने गए गए थे। उनकी सेना का नाम 'प्रताप जंग' रखा गया था। घोर युद्ध हुआ लाल प्रताप सिंह वीरता से सेना का नेतृत्व करते रहे। परंतु शत्रु सेना के सामने उनकी सेना अतिअल्प साबित हुई। वीर योद्धा ने हार मानकर पीठ दिखाकर भागने के बजाय वीरतापूर्वक लड़ते हुए शहीद हो जाना ही श्रेयष्कर माना। अंततः 19 फरवरी 1858 को अपनी सेना सहित वीर सेनानी महान योद्धा वीरगति को प्राप्त हुआ।

अंग्रेज सेनापति जनरल फैक्सय ने लाल प्रताप सिंह का सिर, बरछी में लगाकर लखनऊ की ओर प्रस्थान किया। पुत्र के मृत शरीर को देखकर राजा हनुमंत सिंह का शरीर काँप उठा, लेकिन उन्होंने सीना तानकर कहा—"आज मुझे पुत्रवान होने का सौभाग्य प्राप्त हुआ है।"

पुत्र की मृत्यु के बाद राजा हनुमंत सिंह ने कालाकाँकर किले से अंग्रेजों के ख़िलाफ मोर्चाबंदी और अधिक सख्त कर दिया। अंग्रेजों को गंगा से होकर इलाहाबाद या कानपुर की तरफ गुजरना खतरे से खाली नहीं था। हनुमंत सिंह के तोपों के द्वारा अंग्रेजों के स्टीमरों के परखचे उड़ जाते थे। इस प्रकार हनुमंत सिंह अंग्रेजों के खिलाफ लखनऊ तथा उसके आस-पास निरंतर युद्ध करते रहे।

नवाबगंज के भीषण युद्ध में राजा हनुमंत सिंह के साथ तरौल के बाबू गुलाब सिंह ने बहुत सहयोग किया। बाबू गुलाब सिंह अपने निजी संगठन और सैन्य शक्ति के बल पर अंग्रेजों को कई लड़ाईयाँ लड़ीं।

प्रतापगढ़-पट्टी सड़क पर, सई नदी के उत्तरी किनारे पर बाबा बेलखरनाथ का शिव मंदिर है। यह मंदिर अहियापुर गाँव में है। यह गाँव पहले अहिरपुर के नाम से जाना जाता था। जहाँ यादव या अहिर जाति के लोग निवास करते थे। इस गाँव के लोग बिल्खर कोट के किले में दूध पहुँचाने का कार्य करते थे। बिल्खर कोट 1856 में वाजिद अली शाह के सिपाही बुक्सर द्वारा नष्ट कर दिया गया। बुक्सर इस गाँव में राजस्व वसूली के लिए पहुँचा था। कर पर्याप्त न मिलने के कारण उसने गाँव को नष्ट कर दिया। आज भी गाँव में बुक्सर मकबरे के भग्नावशेष देखे जा सकते हैं। (वरुण, 1980:338)

14 जुलाई 1858 ई. में इलाहाबाद से अंग्रेजी सेना इस जिले में आने के लिए गंगा नदी को पार कर रही थी, तब उस सेना का नेतृत्व ब्रिगेडियर बरकेले कर रहा था। उस समय दधियाँवा में कुछ स्वतंत्रता सेनानी टूटे-फूटे किले में एकत्र हुए हैं, यह किला चारों तरफ से जंगल से घिरा हुआ था। स्वतंत्रता सेनानी बिना युद्ध किए अंग्रेजी सेना को नहीं जाने देना चाह रहे थे। इस युद्ध में 500 सेनानी मारे गए। दो दिन के बाद ब्रिगेडियर बरकेले ने बाबू गुलाब सिंह के किले की ओर प्रस्थान किया जो तरौल में था। यह किला कटीली झाड़ियों से घिरा हुआ था। इसकी दीवारे, मीनारें, और इसके गड्ढे बचाव कर रहे थे। तरौल के लोगों ने बहुत वीरता से ब्रिटिश सैनिकों का

सामना किया। उन लोगों ने ब्रिटिश सैनिकों को पीछे हटा दिया लेकिन कुछ समय बाद अंग्रेजी सेना ने हल्ला बोल करके किले को नष्ट कर दिया। इसके बाद इस वीरता के नायक गुलाब सिंह के की मृत्यु के बारे में भी रहस्य बना हुआ है। यह कहा जाता है कि इनकी मृत्यु युद्ध करते समय हुई है लेकिन कुछ परंपरा को जानने वाले कहते हैं कि ये किसी दूसरे स्थान पर चले गए थे। तरौल को छोड़कर के बरकेले इलाहाबाद लौट गया लेकिन कुछ समय के बाद वह पुनः तरौल आया और प्रतापगढ़ में सेना की संख्या में बढ़ोतरी की।

25 अक्टूबर सन् 1858 ई. में इलाहाबाद के ब्रिगेडियर बेटहेराल के नेतृत्व में अंग्रेजी सेना दधियावाँ पहुँची। यहाँ पर लड़ाई हुई और इस स्थान पर 700 बिसेन राजपूत मारे गए। इसके बाद वह कुंडा तहसील के भवानीगंज और लालगंज में गया। अठेहा होते हुए वह सुल्तानपुर पहुँचा, जहाँ उसकी मुलाकात ब्रिटिश सेना के जनरल जेम्स होपग्रांट से हुई। वहाँ दोनों ने अलग-अलग एक ही समय में रामपुर कसिया पर आक्रमण कर दिया, जहाँ पर राजा गुलाम सिंह मजबूती से युद्ध कर रहे थे। बेटहेराल ने अपने विचार को बदल दिया और वह जाकर होपग्रांट से मिल गया। सन् 1858 ई. के 4 नवंबर को उसने किले पर एक दिन पहले ही आक्रमण कर दिया और इसमें बहुत भारी नुकसान हुआ। अधिक संख्या में स्वतंत्रता सेनानी बचकर पूर्व की ओर भाग गए। यह सुनकर होपग्रांट ने अपनी सेना को आदेश दिया कि इन स्वतंत्रता सेनानी को पकड़ ले, लेकिन तब तक देर हो चुकी थी सब बचकर भाग निकले। रामपुर कसिया का किला तीन मील तक गोलाई लिए हुए है और दोनों तरफ से जंगल है सिर्फ उत्तर-पश्चिम को छोड़कर जो 6-7 फीट ऊँची मिट्टी की दीवार से सुरक्षित है, यह गहरी और सँकरी भी है। इसके गड्ढे राइफल से युक्त सैनिकों से भरे हुए थे।

बेटहेराल ने उधर से आक्रमण किया जिधर से दीवार पूरी नहीं बनी थी और रास्ते में गड्ढे थे। स्वतंत्रता सेनानियों ने ब्रिटिश सेना के 78 सैनिकों को मार डाला। अठेहा के राम गुलाम सिंह का सारा जीवन अंग्रेजों से लड़ते वीता। सई नदीं के मोड़ पर रामपुर कसिया का किला है। यहाँ राम गुलाम सिंह ने अंग्रेजों से बड़ा ही दारुण संग्राम किया था। इस लड़ाई में कर्नल फर्कवार बुरी तरह घायल हुआ था तथा अंग्रेजों को काफी क्षति उठानी पड़ी। बैसवाड़ा के प्रसिद्ध योद्धा राणा बनी माधव सिंह के साथ मिलकर राम गुलाम सिंह ने कई लड़ाइयों में भाग लिया। इसलिए स्वतंत्रता संग्राम समाप्त होने के बाद उनका सारा इलाका जब्त करके दूसरे ताल्लुकेदारों को दे दिया गया। प्रतापगढ़ के मरूवान गाँव के निवासी कालू केवट की चर्चा भी लोग करते हैं। कहा जाता है कि वह बिहार के प्रसिद्ध क्रांतिकारी कुँवर सिंह की सेना के प्रमुख योद्धा थे। 8 नवंबर को कोलिन कैंबेल इस जिले में पहुँचा और अमेठी के लिए रवाना हो गया इस समय तक पूरा जिला शांत हो गया था क्योंकि इस जिले की जिम्मेदारी कारनेगी को दी गई थी जो उस समय उप मंडलायुक्त था।

नवंबर 1858 ई. में लार्ड क्लाइव ने महारानी विक्टोरिया की घोषणा को पढ़ा कि यह सेना सीधे ब्रिटिश सरकार के अधीन कार्य करेगी। तरौल के तालुकेदार बाबू गुलाब सिंह ने अंग्रेजी सेना के छक्के छुड़ा दिए थे। जब इलाहाबाद से लखनऊ अंग्रेजी सैनिक क्रांतिकारियों के दमन के लिए जा रहे थे, तब उन्होंने अपनी निजी सेना के साथ मांधाता क्षेत्र के कटरा के पास बकुलाही नदी के किनारे भयंकर युद्ध करके कई अंग्रेजों को मार डाला। बकुलाही का जल अंग्रेजों के रक्त से लाल हो गया था। मजबूर होकर अंग्रेजी सेना को वापस लौटना पड़ा था। हाँलाकि इस युद्ध में बाबू गुलाब सिंह के किले पर फिरंगी सैनिकों ने उनके कई सिपाही व उनकी महारानी को गोलियों से भून डाला था। मुठभेड़ में बाबू गुलाब सिंह गंभीर रूप से घायल हुए थे। उचित इलाज के अभाव में तीसरे दिन वह अमरगति को प्राप्त हुए। कहा जाता है कि प्रतापगढ़-इलाहाबाद मार्ग पर विश्वनाथगंज से लेकर सोराँव तक के क्षेत्रों में गुलाब सिंह ने अंग्रेजों से बीसियों लड़ाइयाँ लड़ी। अंतिम युद्ध तरौल स्थित किले में लड़ा गया, लेकिन गुलाब सिंह के बारे में कुछ पता नहीं चला।

सन् 1857 ई. में स्वतंत्रता संग्राम के प्रारंभ में कालाकाँकर के राजा हनुमंत सिंह ने अंग्रेजों द्वारा अवध को अपने अधीन करने के प्रयास का विरोध किया। हनुमंत सिंह के पुत्र लाल प्रताप सिंह अपने लाल चाचा माधो सिंह के साथ प्रथम स्वतंत्रता संग्राम में आम लोगों के साथ लड़ते हुए चाँदा (सुल्तानपुर) की लड़ाई में शहीद हो गए। यहाँ के अधिकांश ताल्लुकेदारों ने स्वयं को ब्रिटिश शासन सत्ता से स्वतंत्र घोषित कर लिया। इनमें तरौल के गुलाब सिंह, अठेहा के राम गुलाम सिंह, सुजाखर के बलभद्र सिंह, मुस्तफाबाद के राम गुलाब सिंह आदि प्रमुख थे।

1857 के प्रथम स्वतंत्रता संग्राम के बाद जनपद के उन लोगों को सजा दी गयी, जिन लोगों ने इस संग्राम में भाग लिया था। बलभद्र सिंह जो सुजाखर के राजा थे उनकी संपत्ति को जब्त कर लिया। राम गुलाम सिंह ने अपनी संपत्ति भी खो दी जो मुस्तफाबाद के नाम से जाना जाता है। राजा हनुमंत सिंह को भी अपनी संपत्ति से हाथ धोना पड़ा लेकिन आने वाले दिनों में इनको इस बात पर जमीन दी गई कि आप को जमीन की कीमत देनी पड़ेगी।

1885 ई. में कांग्रेस की स्थापना के समय राजा रामपाल सिंह कांग्रेस के संस्थापक सदस्य थे। ए.ओ. ह्यूम और राजा रामपाल सिंह के संबंध मित्रवत थे। कांग्रेस की स्थापना के समय ए.ओ. ह्यूम उत्तर-पश्चिम (प्रांत), वर्तमान उत्तर प्रदेश के इटावा जिले के डिप्टी कमिश्नर थे। डिप्टी कमिश्नर रहते हुए ह्यूम ने कालाकाँकर का दौरा किया था। 1857 के गदर के समय ह्यूम इटावा से भाग कर जान बचाई किंतु 6-7 महीने बाद अपना कार्यभार संभालते ही बहुत से क्रांतिकारियों को गोली से भुनवा दिया। (सहगल, 2018:35) उसके इस दमनकारी कुकृत्य पर तत्कालीन वायसराय केनिंग ने वीरतापूर्ण कार्य की संज्ञा देते हुए 'कंपेनियन आफ स्टेट्स द ब्रिटिश' की पदवी से पुरस्कृत किया। सन् 1857 से 1885 तक के 28 वर्षों में ही अंग्रेजों को समझ में आ गया कि भारत

में रहने के लिए कुछ भारतीयों का सहयोग लेना ही पड़ेगा। इस प्रकार ह्यूम ने अंग्रेज सरकार के 'सुरक्षा कवच' के रूप में 1885 में कांग्रेस की स्थापना की। (सहगल, 2018:35)

लंदन में स्वतंत्रता-संग्राम की वर्षगाँठ

सन् 1907 में अंग्रेजों ने लंदन में 1857 की 50वीं वर्षगाँठ को 'विजय-दिवस' के रूप में धूमधाम से मनाया। ब्रिटेन के तत्कालीन पत्रकारों ने अनेक समाचार-पत्रों एवं पत्रिकाओं में बड़े-बड़े लेख लिखकर अंग्रेजों की बहादुरी का बखान करते हुए भारत के महान् स्वतंत्रता सेनानियों को कायर तथा स्वार्थी बताया। 6 मई, 1907 को लंदन के एक बड़े दैनिक समाचार-पत्र 'दी टेलीग्राफ' में लिखा था—पचास वर्ष पूर्व इसी बहादुरी से हमारा साम्राज्य बचा था। इन्हीं दिनों वहाँ पर एक नाटक को सार्वजनिक रूप से दिखाकर रानी लक्ष्मीबाई एवं नाना साहब जैसे वीर सेनापतियों को हत्यारा और दहशतगर्द प्रचारित किया गया। इस तरह के प्रचार के प्रायः सभी माध्यमों का सहारा लेकर अंग्रेजों ने वास्तव में अपने कायर सैनिकों की पीठ थपथपाई और भारत के वीर सेनानियों के शौर्य तथा महत्त्व को कम करने की कोशिश की। अपनी सेना की प्रशंसा के पुल बाँधकर अंग्रेज लोग अपनी गिर रही साख को बचाना भी चाहते थे। इसके लिए भारतीयों को बदनाम करना-यही एक रास्ता था।

उस समय लंदन में विद्यार्थी के रूप में रह रहे अनेक भारतीय युवकों ने अपने सेनानियों के अपमान का उत्तर देने के लिए 10 मई 1907 को 1857 में प्रथम स्वतंत्रता संग्राम की 50वीं वर्षगाँठ पर कई कार्यक्रमों का आयोजन किया। भारतीय युवाओं ने जुलूस, प्रदर्शन एवं सभाओं का आयोजन किया। 1857 के स्वतंत्रता संग्राम की स्मृति में अपने सीने पर बिल्ले लगाए एवं उपवास रखा। सार्वजनिक रूप से हुए इन अंग्रेज-विरोधी प्रदर्शनों से अंग्रेज तिलमिला गए। अनेक विद्यार्थियों को महाविद्यालयों से निकाल दिया गया। विनायक दामोदर सावरकर के नेतृत्व में अनेक युवाओं ने स्वतंत्रता प्राप्ति तक संग्राम को जारी रखने की प्रतिज्ञा ली। संभवतया अंग्रेजों को अपने ही घर में राष्ट्रवाद के इस प्रचंड रूप के पहली बार दर्शन हुए। (सहगल, 2018:37)

इसी प्रकार लंदन के 'इंडिया हाउस' में भारत के देशभक्त युवकों द्वारा 10 मई, 1908 को 1857 की क्रांति की वर्षगाँठ का समारोह मनाया गया। 1857 के स्वतंत्रता संग्राम में विभिन्न स्थानों पर संदेश पहुँचाने के लिए इस्तेमाल की गई 'चपाती' प्रतीक स्वरूप बाँटी गई। क्रांति की आग लगानेवाला एक इश्तहार बाँटा गया, जिसमें अंग्रेजों द्वारा भारत में किए जा रहे जुल्मों को विस्तारपूर्वक बताया गया था। इस प्रकार के कार्यक्रमों का लंदन में ताँता लग गया। भारतीय युवक स्वतंत्रता के महत्त्व को समझने लगे। भारतीय सांस्कृतिक राष्ट्रवाद के जागरण की शुरुआत ब्रिटेन में ही हो गई। अतः 1857 के स्वतंत्रता संग्राम की भाँति उस पर लिखी गई पुस्तक '1857 का स्वतंत्रता

संग्राम' का भी विस्तृत प्रभाव पड़ा। सरदार भगत सिंह एवं उनके साथियों की गिरफ्तारी के बाद उनके पास से भी इस पुस्तक की प्रतियाँ मिली थीं। 1942 में जर्मनी में कार्यरत 'फ्रेंड्स ऑफ इंडिया सोसाइटी' ने भी उस पुस्तक का प्रकाशन करके इसका बहुत प्रचार किया। नेताजी सुभाष चंद्र बोस द्वारा स्थापित 'आजाद हिंद फौज' के निर्माण में भी इस पुस्तक ने अपनी भूमिका निभाई थी। (सहगल, 2018:37)

सन् 1857 के स्वतंत्रता संग्राम का सबसे बड़ा परिणाम यह हुआ कि भारतीयों में 'स्वधर्म-रक्षा', 'राष्ट्र की स्वतंत्रता', 'विधर्मियों का शासन' इत्यादि विषयों पर जोरदार चर्चा छिड़ गई। सन् 1857 के स्वतंत्रता संग्राम ने जहाँ समस्त देश को एकसूत्र में बाँधने, सांस्कृतिक राष्ट्रवाद को पुनर्जीवित करने, भारतीयों को अपने दीन-धर्म की रक्षा करने और विदेशी शासकों को निकाल बाहर करने की एक योजना दी, वहीं इस महासमर के पश्चात् तेज गति से हुए धार्मिक जागरण और सशस्त्र क्रांति की शुरुआत ने ब्रिटिश सिंहासन को हिला दिया।

भदरी

भदरी गाँव भारत के उत्तर प्रदेश में प्रतापगढ़ जिले की कुंडा तहसील में स्थित है। यह उप जिला मुख्यालय कुंडा (तहसीलदार कार्यालय) से 8 किमी. और जिला मुख्यालय प्रतापगढ़ से 60 किमी. दूर स्थित है।

कुंडा सभी प्रमुख आर्थिक गतिविधियों के लिए भदरी गाँव का निकटम शहर है।

भदरी में वृक्षों को भी उतना ही मान सम्मान व संरक्षण दिया जाता है, जितना कि अन्य जीव को। आस-पास के जंगलों को हरा-भरा रखने के लिए जमीन के नीचे पाइपों का प्रवाह मार्ग बनाया गया है। सूर्य की किरणों पर संचालित सोलर पैनल से निकलने वाली विद्युत ऊर्जा जमीन के 250 फीट नीचे तक विद्युत मोटरों को गति प्रदान करके शक्तिशाली जलधारा का प्रवाह फौव्वारों के रूप में वृक्षों के ऊपर करती है। किले के बाहर मुख्य दरवाजे के दोनों तरफ कृत्रिम रूप से बनाए गए तालाबों में पानी हर समय उपलब्ध रहता है। गाय, भैंस, पक्षी आदि जल भंडारन के इर्द-गिर्द विचरते रहते हैं। किले के पिछले भाग में आम की विभिन्न प्रजातियाँ विशाल बाग के रूप में व्यवस्थित है।

भदरी ग्राम में सड़क, शौचालय, आवास की व्यवस्था भी सुदृढ़ दिखाई पड़ती है।

भदरी राजघराना बिसेन क्षत्रियों से संबद्ध है। मल्ल वंश के प्रवर्तक रामचंद्र जी के अनुज लक्ष्मण के पुत्र महाराजा चंद्रकेतु को राजा रामचंद्र जी ने मल्ल की उपाधि से विभूषित किया था। मत्स्य भेद में प्रवीण होने के कारण उन्हें यह उपाधि दी गई थी। मल्ल विद्या को आजकल कुश्ती के अर्थ में ग्रहण किया जाता है। किंतु प्राचीनकाल में मत्स्य भेदन कला मल्ल विद्या कहलाती थी। भारतीय इतिहास में एक ही मल्ल राष्ट्र वर्णित है, और वह है उत्तर प्रदेश में गोरखपुर, देवरिया का मल्ल राष्ट्र। बस्ती का पूर्वी

भाग और वर्तमान महाराजगंज, गोरखपुर और देवरिया जनपद में स्थापित हुआ यह भाग 'मल्ल भूमि' या राष्ट्र कहलाया।

राजा रामचंद्र जी ने अपने पुत्र कुश और लव को भी अपने जीवनकाल में, जब वे अयोध्या में शासन कर रहे थे, छोटे-छोटे राज्य शासन करने को दे दिए थे।

कुश को 'मल्ल राष्ट्र' दिया जहां उन्होंने कुशावती अथवा कुशीनगर को अपनी राजधानी बनाई। रामचंद्र जी जब धरती छोड़कर चले गए। अयोध्या वीरान होने लगी तो कुश अयोध्या आ गए। कुशावती चंद्रकेतु के वंशज मल्लों में चली गई।

जैसा कि पहले कहा जा चुका है कि विश्वसेन (बिसेन) क्षत्रिय सूर्यवंशी मल्ल क्षत्रिय जाति की एक शाखा है। शुंगों के समय दूसरी शताब्दी विक्रम पूर्व से लेकर गहड़वालों के शासनकाल तक यह प्रायः दबा सा अधीन राज्य के रूप में रहा। उसका स्वतंत्र अस्तित्व नहीं था। किसी तरह राजवंश जीवित था। यह बात मझौली के विश्वसेन वंश की एक सौ पंद्रह पीढ़ियों की सुरक्षित वंशावली से सिद्ध होती है।

ऐतिहासिक साक्ष्य इस तथ्य की पुष्टि करते हैं कि मुगल सम्राट अकबर के पहले किसी तुर्क या पठान शासन ने गोरखपुर जनपद पर पूरा अधिकार जमाने और शासन करने का प्रयत्न नहीं किया और स्थानीय राजाओं के समान मझौली के राजा भी स्वतंत्र शासक बने रहे। रामपुर तालुक़े के ताल्लुक़ेदारों के पूर्वज राय राधूमल के तीसरे पुत्र राय खेमकरण को संपत्ति के विभाजन में तालुक़ा डेरा हिस्से में मिला अतः वे वहाँ के तालुकेदार हुए। उन्होंने खेमरण, खटवारा, हरदी काशीपुर, डुबकी काशीपुर तथा भाव काशीपुर आदि ग्राम बसाए।

राय खेमकरण की पाँच पत्नियाँ थीं। पहली पत्नी से दो पुत्र हुए। पिता के निधन के पश्चात् बड़े पुत्र कल्याण शाह हुए। उन्हें छः गाँव गुजारे में मिले। तीसरी पत्नी से तीन पुत्र, तीन पुत्री हुए, जिन्हें छः गाँव गुजारे में मिले। चौथी पत्नी से एक पुत्र हुआ जिन्हें एक गाँव गुजारे में मिला। पाँचवी पत्नी से कोई संतान नहीं हुई।

बड़े पुत्र कल्याण शाह के पाँच पुत्र पैदा हुए। तालुक़े की संपत्ति का विभाजन इन सबमें बराबर-2 हुआ। बड़े पुत्र राय सबल शाह को विभाजन में तालुक़ा डेरा (डेरवा) मिला जहाँ उन्होंने सबलगढ़ मौजा अबाद किया। इनके दो पुत्र हुए जिनमें बड़े पुत्र विक्रमशाह ताल्लुक़े के उत्तराधिकारी हुए। कुछ समय बाद इन्होंने डेरवा छोड़कर भद्रकाली के स्थान पर काली कुंज नामक वन में निवास किया। यहाँ उन्होंने भदरी नाम का एक मौजा बसाया। भदरी में ही इन्होंने एक कोट का निर्माण करवाया जिसका नाम कोट विक्रमगढ़ रखा। विक्रमशाह के तीन पुत्र हुए, जिनमें बड़े पुत्र राय चतुर सिंह रियासत के स्वामी हुए। इन्होंने कोट चतुर गढ़ का निर्माण कराया तथा कई ग्राम आबाद कराए। दूसरे पुत्र निःसंतान मर गए तथा तीसरे पुत्र प्रताप सिंह को मौजा गरीबपुर गुजारे में मिला। राय चतुर सिंह को दो बेटे हुए बड़े बेट राय राम सिंह गद्‌दी पर बैठे। छोटे पुत्र राय तिलक सिंह को मौजा रसूलपुर गुजारे में मिला। राय राम सिंह के तीन पुत्र हुए।

परंपरा के अनुसार बड़े पुत्र राय गंधर्व सिंह रियासत के स्वामी हुए। दूसरे पुत्र राय जीत सिंह ने दिल्ली दरबार में नौकरी कर ली। राय गंधर्व सिंह की मृत्यु निःसंतान हो जाने के कारण राय जीत सिंह दिल्ली दरबार की नौकरी छोड़कर भदरी आ गए। राय जीत सिंह ने शकरदना में एक कोट का निर्माण करवाया और उसी में रहने लगे। इनकी मृत्यु के बाद उनके छोटे भाई राय गिरवर सिंह तथा इनके बाद पुत्र राय दिलजीत सिंह गद्दी पर बैठे। सन् 1748 ई. में शाह-ए-अवध के नाजिम मिर्जाजान से इनकी मुठभेड़ हुई जिसमें इनकी मृत्यु हो गई। इनके मृत्यु के पश्चात् राय जालिम सिंह गद्दी पर बैठे। सरकारी लगान न अदा करने के कारण इन्हें कैद कर लखनऊ भेज दिया गया। उनकी अनुपस्थिति में ठकुराइन साहिबा शिवराज कुँवरि ने राज प्रबंध अपने हाथों में ले लिया। कर अदायगी के सिलसिले में अवध के नाज़िम से पुनः लड़ाई हुई। आठ दिनों की घेरा बंदी के बाद शाह लखनऊ के निर्देशानुसार सन् 1815 ई. में एक ओर जहाँ राय जालिम सिंह ने मुक्ति प्राप्त की वहीं दोनों पक्षों में समझौता हो जाने पर नाजिम की सेना ने भदरी से अपना डेरा उठा लिया।

राय जालिम सिंह के तीन पुत्र थे। राय जालिम सिंह ने ज्येष्ठ पुत्र राय गोपाल सिंह को बाल्यकाल में गद्दी पर बैठा दिया था, जिससे रूष्ट होकर छोटे पुत्र जगमोहन सिंह ने भदरी छोड़ दिया। वे लाहौर जाकर महाराजा रणजीत सिंह के राज में नौकरी करने लगे। अपनी प्रतिभा के बल पे वे शीघ्र ही कश्मीर के सुबेदार बन गए। राजा जालिम सिंह की मृत्यु के बाद ठकुराइन शिवराज कुंवरी स्वयं कश्मीर गई और जगमोहन सिंह को अपने साथ लिवा लाईं।

सरकारी भुगतानों को लेकर अवध के नाजिम एहसास हुसैन खान से झगड़ा हो गया। इस झगड़े में निकटवर्ती ताल्लुकेदारों ने इनका साथ दिया जिससे नाजिम पराजित हो गया। कुछ दिनों के पश्चात् नाजिम ने बड़ी सेना (लगभग पचास हजार) के साथ भदरी पर पुनः चढ़ाई कर दी। इस बार राय गोपाल सिंह, राय जगमोहन सिंह तथा विश्वनाथ सिंह ने युद्ध करने की अपेक्षा भदरी से थोड़ी दूर अंग्रेजी राज्य में चले जाना उचित समझा। इस नियत से वे अंग्रेजी राज्य के राम चौरा नामक स्थान पर पहुँचे। नाज़िम ने अंग्रेजी सरकार की सीमा में घुसकर इन्हें मार दिया जिसके कारण अंग्रेज नाखुश हो गए। अवध की सरकार ने नाज़िम की सेवाएँ समाप्त कर दीं। इनकी समाधियाँ भदरी के चौरा नामक स्थान पर बनी हुई है। राय गोपाल सिंह की हत्या के बाद उनके पुत्र राय अमरनाथ सिंह गद्दी पर बैठे। अवयस्क होने के कारण इनकी दादी ठकुराइन शिवराज कुँवरि ताल्लुके का प्रबंध देख रही थीं। राय अमरनाथ सिंह निःसंतान मृत्यु को प्राप्त हुए। तब उनकी विधवा ठकुराइन विश्वनाथ कुँवरि इलाके की स्वामिनी बनी। उस समय शाह-ए-अवध मोहम्मद अली का शासन था। इस बीच भदरी और ढिंगवस के राजाओं के मध्य मौजा रायबढ़ की सरहद के मामले को लेकर विवाद हुआ और लड़ाई की स्थिति बन गई। राय अमरनाथ सिंह के अवयस्क होने के कारण भदरी की ठकुराइन

साहिबा विश्वनाथ कुँवरि ने अपने पति के निकटस्थ एक पारिवारिक सदस्य व ताल्लुक़ेदार रसूलपुर के राय जगत सिंह को गद्दी पर बैठाया।

यह भी निःसंतान रहे। उन्होंने भी अपने सबसे नजदीकी पारिवारिक व्यक्ति सर्वजीत सिंह को गोद लेकर रियासत का स्वामी बनाया। सन् 1878 में राय जगत सिंह की मृत्यु हो गई। उस समय सर्वजीत सिंह अवयस्क थे। तालुका कोर्ट ऑफ वार्ड्स में चला गया। 18 फरवरी 1905 को व्यवस्था प्राप्त कर लेने पर उन्हें तालुके का स्वामित्व मिला। राय कृष्ण प्रताप सिंह, राय बजरंग बहादुर सिंह के पिता थे। राय बजरंग बहादुर सिंह तीन भाई थे, जिनका नाम क्रमशः कुँवर त्रिलोचन प्रताप सिंह व कुँवर भद्रेश्वर प्रताप सिंह था। इनके भाई कुँवर त्रिलोचन प्रताप सिंह के पुत्र के रूप में राजा उदय प्रताप सिंह पैदा हुए।

राय बजरंग बहादुर सिंह रियासत के काम के अलावा हिमाचल प्रदेश के गवर्नर जैसे महत्त्वपूर्ण पद की शोभा बढ़ा चुके हैं। इन्होंने भारतीय रिजर्व बैंक के बोर्ड ऑफ डायरेक्टर्स के सदस्य व पन्त नगर विश्वविद्यालय के वाइस चांसलर जैसे महत्त्वपूर्ण पदों पर रहकर देश की सेवा की। स्वतंत्रता आंदोलन में भी राय बजरंग बहादुर सिंह की महत्त्वपूर्ण भूमिका रही। सन् 1930 ई. में राजा साहब के आमंत्रण पर गांधी जी भदरी आये और उनकी उपस्थिति में राजा साहब ने विदेशी वस्त्रों की होली जलाई।

भदरी रियासत का एक अंग बेती भी है। कहा जाता है कि जब अंग्रेज भारत छोड़ने लगे तो जाते समय वे अपने इलाकों को बेचने लगे। उसी समय भदरी के राजा साहब ने भी कई इलाके खरीद लिए जिसमें बेती भी एक था। इस स्थान पर चॉकमैन नाम का एक अंग्रेज नील की खेती करता था।

उन्होंने उसी दौरान फ्लाइंग क्लब की स्थापना करके राष्ट्र को स्टाफ और यानों सहित समर्पित किया जो राष्ट्र के लिए महान उपलब्धि रही। उन्होंने भदरी शिक्षण संस्थान की स्थापना कर जनपद में बजरंग इंटर कॉलेज भदरी, टी.पी. इंटर कॉलेज कुंडा, रानी गिरिजा कन्या इंटर कॉलेज कुंडा, भद्रेश्वर इंटर कॉलेज डेरवा, के.पी. कॉलेज प्रतापगढ़ एवं बजरंग उच्चतर माध्यमिक विद्यालय शकरदहा आदि छः इंटर कॉलेज व एक महाविद्यालय कुंडा में स्थापित किए। वे पन्तनगर कृषि विश्वविद्यालय के उप कुलपति भी रहे। इनका देश के प्रति एक योगदान यह भी रहा कि इन्होंने कुत्तों को प्रशिक्षण देकर उन्हें जासूसी के योग्य बनाया। उन्होंने इस विषय पर एक पुस्तक 'हाऊ टू ट्रेंड योर डाग्स' भी लिखी। उन्होंने एक जासूसी मादा कुत्ते को प्रशिक्षित करके तत्कालीन प्रधानमंत्री स्व. नेहरू जी को समर्पित किया।

अंजुमन हिंद अवध की ओर से भेंट देने के लिए इस ताल्लुके के लिए बीस अशर्फियाँ निश्चित की गई थी। अवध के दरबार में इस तालुके का नम्बर 35 था। गद्दी परंपरा इस तालुक़े पर क़ायम थी।

(यह लेख अवध गजेटियर, जिला गजेटियर प्रतापगढ़, पारिवारिक सूत्रों एवं राजपरिवार से जुड़े डॉ. हौंसला प्रसाद पांडेय जी से हुई वार्ता पर आधारित है।)

1915-1924 खिलाफत आंदोलन, 1919 जलियाँवाला बाग कांड, 1920-1922 असहयोग आंदोलन, 1929 केंद्रीय असेंबली में बमबारी, 1930 सविनय अवज्ञा आंदोलन, 1942 भारत छोड़ो आंदोलन, 1943 आजाद हिंद फौज का गठन तथा जिले की अन्य विशिष्ट प्रासंगिक घटना

1915 में भी दक्षिण अफ्रीका से महात्मा गांधी का आगमन भारत में हुआ। तब से स्वतंत्रता आंदोलन की विभिन्न घटनाओं पर गांधी जी का प्रभाव स्पष्ट रूप से दिखाई देने लगा। तुर्की में खिलाफत आंदोलन के समय ही भारत में असहयोग आंदोलन 1920 के आस-पास शुरू हुआ। 1920 में ही प्रतापगढ़ में 'नाई-धोबी बंद' आंदोलन शुरू हो गया था। जिसमें नाई और धोबी का काम करनेवाले किसानों ने ज़मींदारों और तालुकेदारों को सेवा देना बंद कर समस्या पैदा कर दी।

1915-1924 खिलाफत आंदोलन

1915 से 1924 के मध्य पूरे देश में तुर्की के खलीफा को अंग्रेजों द्वारा हटाये जाने के विरोध स्वरूप खिलाफत आंदोलन चला किंतु अवध का प्रतापगढ़ जिला खिलाफत आंदोलन से लगभग अछूता ही रहा क्योंकि यहाँ की जनता इस दौरान बेग़ार, नज़राना, गरीबी, मुर्दाफ़रोशी व नील की खेती से त्रस्त थी तथा स्थानीय समस्याओं को सुलझाने के लिए संघर्षरत थी।

पहले विश्वयुद्ध के बाद आई मंदी और मँहगाई के दौर में किसान पहले ही शोषण के शिकार थे। उन्हें गोरो (अंग्रेजों) की सत्ता के साथ-साथ देसी ताल्लुकेदारों, ज़मींदारों एवं कारिंदो के अनेक प्रकार के कष्ट सहने पड़ते थे। उनके खेतों व घरों में हारी बेगारी तो करनी ही पड़ती थी साथ ही मनमाने लगान व नज़राने की अदायगी के बावजूद अपने खेतों से बेदखली भी झेलनी पड़ती थी।

1919 के जलियाँवाला बाग कांड की प्रतिक्रिया जनपद में उपर्युक्त कारणों से बहुत सीमित थी। यद्यपि 28 दिसंबर 1921 को प्रतापगढ़ में विदेशी कपड़ों की होली जलायी गई। शराब की दुकानों तथा सरकारी दफ्तरों पर धरने दिए गए तथा बहुत बड़ी संख्या में लोगों की गिरफ्तारी हुई। (वरुण, 1980:50)

किसान आन्दोलन

सन् 1919 ई. में स्वाधीनता आंदोलन से प्रेरणा लेकर किसानों ने प्रतापगढ़, रायबरेली, सुल्तानपुर और फैज़ाबाद आदि जिले में इन सबके विरुद्‌ध संघर्ष आरंभ किया। तब इस आंदोलन को नयी धार देने के लिए अद्‌भुत व्यक्तित्व के बाबा रामचंद्र आगे आए। ये फिज़ी में बंधुआ मजदूर बनकर गए थे, वहाँ भी मजदूरों के हित में काम किया। ये महाराष्ट्रीयन ब्राह्मण थे। अवध को अपनी कर्मभूमि बनाने का फैसला उन्होंने किन परिस्थिति में किया, कब और क्यों किया यह बात किसी को मालूम नहीं है।

वे फैज़ाबाद आए तो वे गाँव-गाँव में घूम-घूम कर रामचरित मानस के दोहे व चौपाइयाँ सुनाया करते थे। इस दौरान उन्हें किसानों की दुर्दशा नहीं देखी गई तो वे उनके नेता बन गए और जून 1920 ई. में उनके सैकड़ों समर्थक एवं प्रतिनिधियों के साथ इलाहाबाद जाकर "किसान सभा" के संस्थापक सदस्य गौरी शंकर और कांग्रेस नेता पं. जवाहरलाल नेहरू से मिले।

किसान सभा भारतीय राष्ट्रीय कांग्रेस से जुड़ी हुई थी और बाबा के आग्रह पर पं. नेहरू समेत उसके नेताओं ने अगले तीन महीनों तक अवध के दौरे कर अपनी आँखों से किसानों की बदहाली देखी। इसके बाद सभी लोग इसके खिलाफ सक्रिय हुए। तब बाबा रामचंद्र आंदोलन की नींव की ईंट बन गए। उन्होंने सारे अत्याचारों को चुपचाप सहते जाने की किसानों की पीढ़ियों से चली आ रही प्रवृत्ति को समाप्त कर उन्हें जी जान से संघर्ष करने के लिए प्रेरित किया। इस दौरान उन्होंने किसानों की एकता के लिए कई नारे रचे और उनको 'रामचरित मानस' के दोहों से जोड़ा।

बाद में प्रतापगढ़ जिले का रूरे गाँव उनकी गतिविधियों का केंद्र बन गया। जहाँ पुलिस ने उन्हें 28 अगस्त 1920 ई. को 32 किसानों के साथ गिरफ्तार करके उन पर चोरी का आरोप लगा दिया। इसे लेकर किसानों में ऐसी उत्तेजना फैली कि वे मारने-मरने के लिए तैयार होकर हजारों की संख्या में एकत्र हो गए। असहयोग समर्थकों ने 17 अक्टूबर 1920 ई. को अलग 'अवध किसान सभा' बना ली। बाबा की अगुवाई में इस नई सभा ने किसानों का आहवान किया कि वे ज़मींदारों की हारी-बेगारी को करने से मना कर दें। बेदखली को कतई स्वीकार न करें। जो किसान इसमें साथ न दें, उसका सामूहिक बहिष्कार करें और अपनी समस्याओं का समाधान अपनी पंचायत के माध्यम से ही करें।

किसान आंदोलन धीरे-धीरे बढ़ रहा था और इसकी शक्ति भी बढ़ रही थी। सितंबर 1920 ई. में बाबा रामचंद्र और झिंगुरी सिंह को गिरफ्तार कर लिया गया। इनको छोड़ने का आदेश सुरक्षित कर लिया गया लेकिन प्रतापगढ़ शहर में करीब 50,000 किसान एकत्र हो गए। सब कचेहरी की ओर रवाना हो गए और जेल के मैदान में पहुँच गए। इतनी अधिक भीड़ को देख करके उप मंडलायुक्त ने गिरफ्तार नेताओं को छोड़ने का आदेश दे दिया।

शीघ्र ही अक्टूबर 1920 ई. में प्रतापगढ़ के गाँव में जिसमें जागेश्वरगंज, कोहंडौर, विश्वनाथगंज, छितपालगढ़, सराय-मेदी, मंडोली और गौरा है, किसानों ने बैठक की और यह निर्णय लिया गया कि नज़राना और अवैधानिक रूप से जो कर वसूलते हैं उनको हम लोग नहीं देंगे। अगर कोई किसान भाई इस बात को नहीं मानता है तो उसका हम सभी लोग बहिष्कार कर देंगे। अपनी सभी समस्याओं का समाधान पंचायत के द्वारा ही करेंगे। 17 अक्टूबर 1920 ई. में पं. जवाहरलाल नेहरू यहाँ आए और किसानों को संबोधित किया। (वरुण : 1480, 49)

1920-1922 असहयोग आंदोलन

1920 में गांधी जी प्रतापगढ़ आए और में कालाकाँकर हाउस में ठहरे। उनके साथ आचार्य कृपलानी, देवदास गांधी, प्यारेलाल तथा श्रीमती मीरा बेन, कुसुम बेन और प्रभावती जी थी (सिंह, 1886:12)। सन् 1920 में महात्मा गांधी ने भी प्रतापगढ़ नगर में सार्वजानिक सभा को संबोधित किया तथा असहयोग का मंत्र यहाँ की जनता को दिया। प्रतापगढ़ में नमक आंदोलन बापू के प्रोत्साहन से चलाया गया। इसके लिए 1700 स्वंय सेवकों का एक दल गठित किया गया जिसमें श्यामसुंदर शुक्ल, माता बदल, मजहरूउल हुसेन आदि प्रमुख थे। इस जिले में पं. जवाहरलाल नेहरू के निर्देश के अनुसार तीन या चार कार्यकर्ता आए हुए थे, जिनके नाम मंगला प्रसाद और शिवमूर्ति सिंह है। ये लोग इलाहाबाद से प्रतापगढ़ आए थे। इन्होंने युवा लोगों को इस आंदोलन में भाग लेने और संघर्ष को जारी रखने का आह्वान किया। इन लोगों ने प्रतापगढ़ तहसील के सामने अपना मुख्यालय बनाया। जहाँ प्रायः पं. जवाहरलाल नेहरू आकर रूकते थे। महात्मा गांधी जी स्वयं इस जिले को देखने के लिए पुनः सन् 1921 ई. में आए और 50,000 लोग को संबोधित किया। यह स्थान सदर बाजार था। उन्होंने लोगों से यह प्रार्थना की कि वे लोग इस आंदोलन को सफल बनाने में सहयोग करें। इसका फायदा यह हुआ कि जिले के सभी वर्गों के लोगों का समर्थन आन्दोलन को मिला। पट्टी के श्याम सुंदर शुक्ल ने सरकारी नौकरी से इस्तीफा दे दिया और कांग्रेस के प्रमुख व्यक्ति के रूप में उभरे। माता बादल (स्थानीय नेता) असहयोग आंदोलन के संदेश को किसानों तक फैलाते थे। मजहरूल हुसेन अपनी पुलिस की नौकरी छोड़कर कांग्रेस पार्टी के सदस्य बन गए। इन्होंने देशी सामान को अपनाने और विदेशी वस्तुओं का बहिष्कार करने का अनुरोध किया। विदेशी कपड़ों को लेकर लोगों ने होली जलाई। पाँच जनवरी 1922 को शराब की दुकान बंद कराने के कारण 25 कार्यकर्ताओं को पुलिस ने धमकाया किंतु आंदोलन न थमता देखकर उनमें से ग्यारह लोगों को गिरफ्तार कर लिया। 8 जनवरी 1922 को 100 स्वयं सेवकों ने तिरंगा लेकर पूरे शहर में मार्च किया (वरुण, 1980:50)। आठ जनवरी 1922 को सौ कार्यकर्ताओं ने प्रदर्शन किया। तीन जुलाई 1922 ई. को कुंडा में एक सभा हुई,

जिसमें विदेशी वस्त्रों की होली जलाई गई। 3 जुलाई 1922 को कुंडा पुलिस परिक्षेत्र के अंतर्गत पड़ने वाले राजनपुर में विदेशी वस्त्रों की होली जलाई गई। मुहम्मद इस्माइल, हबीबुल्लाह, मुसम्मत रहमत उननिशां ने खादी के वस्त्रों के प्रयोग करने की वकालत की। उस समय गांधी टोपी और खद्दर देश प्रेम की पहचान बन गए। इसी समय भदरी के बजरंग बहादुर सिंह सत्रह वर्ष की उम्र में कांग्रेस में शामिल हो गए।

1921 के आन्दोलन में चौक के द्वारिका प्रसाद हलवाई भी जेल भेजे गए। क्योंकि वे राष्ट्रीय आन्दोलन के कैदियों के जेल जाते समय अपनी दुकान पर उनका मुँह मीठा कराते थे। जिले का संबंध कुंदनलाल और चंद्रशेखर आजाद जैसे क्रांतिकारियों से था। उन्होंने मतुई (नमक सायर) में बम बनाने का कारखाना खोला।

चार अप्रैल 1923 ई. में पं. जवाहरलाल नेहरू प्रतापगढ़ आये और रूरे गाँव में दो हजार लोगों को संबोधित किया, जिसमें बाबा रामचंद्र और नरेंद्र चटर्जी भी शामिल थे। किसानों ने आप बीती सुनाई। नवंबर 1923 ई. को पं. मोती लाल नेहरू और पं. मदन मोहन मालवीय इस जिले में आए और नगर पालिका चुनाव में अपने प्रत्याशियों के पक्ष में प्रचार किया। फरवरी 1924 में गांधी जी के जेल से रिहा होने पर पूरा जनपद उल्लासित था। 16 अगस्त 1924 को तत्कालीन संयुक्त प्रांत के गर्वनर ने प्रतापगढ़ का दौरा किया। इस दौरे के समय पूरे जनपद में हड़ताल की गई।

6 जून, 1926 ई को सरोजनी नायडू, गौरीशंकर मिश्र के साथ आई और एक हजार लोगों को संबोधित किया। सोलह फरवरी 1927 ई. में शौकत अली यहाँ आए और एक बड़ी सभा को संबोधित किया जिसमें इन्होंने हिंदू-मुस्लिम एकता पर जोर दिया। कुछ ताल्लुकेदारों ने ब्रिटिश सरकार के विरोध में कांग्रेस की सदस्यता ले ली। लगभग इसी समय प्रतापगढ़ के कुछ बड़े ताल्लुकेदारों ने ब्रिटिश सरकार के खिलाफ राष्ट्रीय आंदोलन में बढ़-चढ़कर हिस्सा लिया। 10 जुलाई 1928 को कालाकाँकर के लाल ब्रजेश सिंह व प्रतापगढ़ बार के वकीलों ने नेहरू जी व मोहन लाल सक्सेना का जनपद में स्वागत किया तथा हादी हाल में दोनों नेताओं ने जनता को संबोधित किया। (वरुण, 1980:50)

फरवरी 1928 में साइमन कमीशन के बंबई आगमन के समय पूरे जिले में हड़ताल व सभायें की गई। काले झंडे लहराए गए तथा 'साइमन वापस जाओ' के नारे लगे। सन् 1928 में जब साइमन कमीशन लखनऊ आया और उसके विरोध में नेहरू जी तथा पं. गोविंद बल्लभ पंत को लाठी से प्रहार सहने पड़े तो राजा अवधेश बहुत उत्तेजित हो उठे। इसी शाम को साइमन के स्वागत में ताल्लुकेदारों ने लखनऊ कैसरबाग के बटलर पार्क में चाय पार्टी का आयोजन किया था। राजा अवधेश भी उसमें सम्मिलित हुए और उन्होंने साइमन से बड़ी निर्भीकता से कहा, मिस्टर साइमन आज आपके स्वागत का जो आयोजन हुआ है, वह सरकार के कुछ पिट्ठुओं द्वारा किया गया है। हम नौजवान ताल्लुकेदार आपका बायकाट करते हैं। साइमन ने धन्यवाद कहकर मौन धारण कर लिया लेकिन यह सुनकर गर्वनर हेली बहुत खफा हुए। (सिंह, 1986:8)

14 नवंबर, 1929 को गांधी जी कालाकाँकर आए तथा 15 नवंबर, 1929 को भदरी पहुँचे। उन्होंने 3000 लोगों की सभा को संबोधित किया। इस सभा में भदरी की रानी के साथ-साथ जनपद की बहुत सी महिलाओं ने हिस्सा लिया। कालाकाँकर तथा भदरी दोनों ही स्थानों पर विदेशी कपड़ों की होली जलाई गई। आज भी कालाकाँकर में यह स्थान 'गांधी चबूतरा' के नाम से जाना जाता है। तत्पश्चात् वह जनपद मुख्यालय पहुँचे। स्वतंत्रता आंदोलन में आर्थिक सहयोग हेतु कालाकाँकर, भदरी, बेल्हा से गांधी जी को क्रमशः 5,570 रुपए, 2,800 रुपए व 3,185 रुपए प्रदान किया गया। (वरुण : 1480, 49)। उस दौरान प्रतापगढ़ में ग्रामीण महिलाओं के मध्य देशभक्ति का निम्नलिखित गीत बहुत लोकप्रिय हुआ।

हम तो भारत वासी गांधी जी का कहा करीं जी करीं।
छोड़ो रेशमी कपड़ा खादी पर ध्यान धरीं जी धरी।
छोड़ो छुरी और काँटा हाथ पवित्र करीं जी करीं।
छोड़ो गपशप बाजी चरखा पर ध्यान धरीं जी धरीं
हम तो भारत वासी गांधी जी का कहा करीं जी करीं।

(सिंह, 2018:23)

1930 सविनय अवज्ञा आंदोलन

सन् 1930 ई. में सविनय अवज्ञा आंदोलन प्रतापगढ़ में जोर-शोर से चला। 1930 के सविनय अवज्ञा आंदोलन के प्रथम चरण में नमक कानून के विरोध में 6 मई, 1930 को बेंकेट राव, भगवानदीन के नेतृत्व में बेल्हा, सुगाही बाग, पट्टी व जेठवारा में नमक बनाया गया। वेंकटराव (इलाहाबाद), माताबदल पांडे, काशी और भगवानदीन के अगुवाई में खुले रूप में नमक न केवल शहर में बनाया गया अपितु पट्टी और जेठवारा में भी बनाया गया। कालाकाँकर, भदरी आदि के राजाओं ने जनता का खुला समर्थन किया और नमक कानून का विरोध किया। कालाकाँकर में सुरेश सिंह के अगुवाई में विदेशी वस्त्रों के खिलाफ आंदोलन चलाया गया।

नमक सत्याग्रह में प्रयुक्त कोड वर्ड्स

श्री शीतला सहाय ने एक गोपनीय पत्र सुरेश सिंह को दिनांक 06-04-1930 को लिखा था—"मैं प्रचार के लिए प्रयोग हेतु एक गोपनीय कोड आपको भेज रहा हूँ और इसकी एक प्रति पं. जवाहरलाल नेहरू जी को भी भेजी गई है और तार आनंद भवन के पते पर न भेजकर जानसेनगंज खद्दर भंडार, इलाहाबाद को भेजिएगा। खद्दर भंडार का मैनेजर इसको पं. जवाहरलाल नेहरू तक पहुँचा देगा। आप प्रेषक के स्थान पर अपना नाम भी लिख मत दीजिएगा। बल्कि किसी अजनबी व्यक्ति का नाम लिखिएगा जो आपको या

आपके जत्थे को न जानता हो। यह वहाँ लिखिएगा जहाँ दो लाइनों के बीच में 'नाट टू बी टेलीग्राफ्ड' लिखा रहता है। आप 'सेंड' की जगह 'डिस्पैच' शब्द का प्रयोग कीजिएगा। इसी तरह 'नाट रिसिब्ड सेंड इमीडिएटली' शब्दों का प्रयोग कीजिएगा।

इसके लिए उसी टेलीग्राफ का एक उदाहरण भी श्री शीतला सहाय ने भेजा था– 50 वालिंटियर गिरफ्तार हुए। इसके लिए तार का नमूना था 'डिस्पैच 50 धोतीज' इसके साथ ही उन्होंने लिखा–"आप इन कोड वर्ड्स की गोपनीयता बनाये रखियेगा। यदि आप गिरफ्तार कर लिए जाएँ तो अपने उत्तराधिकारी को ये 'कोड वर्ड्स' बता दीजियेगा। मेरे पास भी इस 'कोड वर्ड्स' की एक प्रति है। जब कभी मुझे आप तक पहुँचने या संपर्क में कठिनाई होगी तो मैं आपको सीधे तार करूँगा। गोपनीयता को बनाये रखने की जिम्मेदारी आपके कंधों पर है।"

सूचना	**कोड वर्ड्स**
वालिंटियर की गिरफ्तारी के लिए	(धोती)
आंदोलन के दौरान वालिंटियर की गिरफ्तारी के लिए	(थान)
वालिंटियर पर लाठी चार्ज और गिरफ्तारी के लिए	(चिकेन कपड़ा)
मुख्यालय पर सभी वालिंटियर की गिरफ्तारी के लिए	(कमीज)
फायरिंग के लिए	(गांधी टोपी)
गंभीर रूप से घायल के लिए	(कुर्ता)
मृत्यु के लिए	(दो सूती)
लाठी चार्ज हुआ किंतु गिरफ्तारी नहीं के लिए	(खद्दर)

इन सभी कोड वर्ड्स की सूचना श्री शीतला सहाय ने कुँवर सुरेश सिंह को अपने पत्र के माध्यम से दिया था। (पंचदेव सिंह की पुस्तक 'कालाकाँकर और भारत का स्वतंत्रता संघर्ष', 'नमक तथा व्यक्तिगत सत्याग्रह' एवं 'कुँवर सुरेश सिंह' अध्याय के पृष्ठ संख्या-6 से उद्धृत)।

मई 1930 ई. में कुँवर सुरेश सिंह ने व्यापारियों की एक बैठक बुलाई और विदेशी वस्त्र न बेचने का एक शपथ-पत्र भरवाया। एक सौ इकतीस (131) लोग इस आंदोलन के कारण जेल भेजे गये। माल गुजारी न देने का भी आंदोलन चला। कालाकाँकर के राजा ने एक महत्त्वपूर्ण भूमिका निभाई और इस क्रम में नौ सभाएँ आयोजित की गई। सारे जिले में धारा 144 लागू कर दी गई लेकिन इस नियम की अनदेखी करके भदरी के राजा बजरंग बहादुर सिंह ने एक सभा का आयोजन किया।

सविनय अवज्ञा आंदोलन के साथ-साथ किसानों ने जनपद में लगान न देने की मुहिम चलायी। 16 फरवरी 1931 ई. को पट्टी तहसील के विकासखंड गौरा में स्थित कहला ग्राम में कालिका प्रसाद, रामदास, और मथुरा प्रसाद जैसे देश भक्तों ने अपने प्राण माँ भारती को समर्पित कर दिए थे। इन स्वतंत्रता संग्राम सेनानियों की स्मृति में भूतपूर्व प्रधानमंत्री स्वर्गीया श्रीमती इंदिरा गांधी ने आजादी के 25वें वर्ष में 16 फरवरी 1973 ई. को इस स्थल पर शहीद स्मारक का शिलान्यास किया था। वर्तमान समय में यहाँ पर 11 मीटर ऊँचा एक शहीद स्मारक विद्यमान है जो पर्यटन की दृष्टि से भी महत्त्वपूर्ण है।

कहला में राष्ट्रगान के पश्चात् जब पुलिस वालों ने कुछ कार्यकर्ताओं को गिरफ्तार करना चाहा तो भीड़ ने इसका विरोध किया। पुलिस ने इन पर गोली बरसाना प्रारंभ कर दिया, जिसमें तीन किसानों की मृत्यु हो गई। पुलिस ने 22 लोगों को अभिरक्षा में ले लिया और थाने में उनके साथ क्रूरतापूर्वक व्यवहार किया। पं. कमला नेहरू, पं. जवाहरलाल नेहरू व श्री पुरुषोत्तम दास टंडन प्रतापगढ़ कहला गोलीकांड की जांच करने आए। श्री पुरुषोत्तम दास टंडन और पं. कमला नेहरू ने इस घटना के बाद घटना स्थल का शीघ्रता से दौरा किया और भुक्तभोगियों के परिजनों से मिलकर घटना की प्रत्यक्ष जानकारी ली और उन्हें सांत्वना दी। पुलिस के विरोध में सारे जिले में आक्रोश फैल गया। अहिंसात्मक आंदोलन जारी रहा।

छितिपालगढ़ के ताल्लुकेदार कुँवर मान सिंह स्वयं कांग्रेस के कार्यकर्ता बन गए और किसानों को कांग्रेस में मिल जाने के लिए प्रेरित किया। 11 जून 1931 ई. में कालाकाँकर राजा अवधेश सिंह की अध्यक्षता में एक राजनीतिक सम्मेलन हुआ, जिसमें मोहन लाल गौतम, नर्वदा प्रसाद सिंह, टी.ए. केशरवानी, ठाकुर प्रसाद सिंह, मोहन लाल सक्सेना और ब्रजेश सिंह आदि लोगों ने भाग लिया। किसान सभा के कार्यकर्ताओं ने उक्त नेताओं के स्वागत में एक बड़ा प्रदर्शन किया। 9 दिसंबर 1931 ई. में पं. जवाहरलाल नेहरू इस जिले में आए और किसानों से माल गुजारी न देने की अपील की। माल गुजारी न देने के कारण 22 किसानों को गिरफ्तार कर लिया गया। गाँव, पंचायत और जिले में कांग्रेस का जाल बिछ गया। सरकार ने कांग्रेस को प्रतिबंधित घोषित कर दिया। 21 जनवरी, 1931 ई. में पुलिस ने कुंडा के कांग्रेस कार्यालय पर छापा मारा और कांग्रेस के दो कार्यकर्ताओं को गिरफ्तार कर लिया।

9 दिसंबर 1931 ई. को पं. जवाहरलाल नेहरू ने पुनः प्रतापगढ़ का दौरा किया तथा यहाँ के किसानों से भूमिकर न अदा करने को कहा।

सारे जिले में कांग्रेस कार्यकर्ताओं की अधिक मात्रा में गिरफ्तारी हुई। तीन लोग न्यायालय में मालगुजारी न देने की अपील करते हुए घुसे और गिरफ्तार कर लिए गए। दूसरे दिन वेंकटराव के नेतृत्व में चार स्थानीय नेताओं ने कलेक्ट्रेट में लगे यूनियन जैक को उतार कर राष्ट्रीय ध्वज फहरा दिया और दीवारों पर कांग्रेस के नारे लिखे। (वरुण, 1980:50)

भारत सरकार के 1935 ई. के अधिनियम के तहत 1937 ई. में हुए प्रांतीय विधान सभा के चुनाव में इस जिले को दो सीटें प्रदान की गई थी, जिसे कांग्रेस के गोविंद मालवीय और हरिश्चंद्र बाजपेयी ने जीती (वरुण 1980:53)।

1939 ई. में जब द्वितीय विश्वयुद्ध की शुरुआत हुई तो कांग्रेस ने सरकार का समर्थन न करने का निश्चय किया। इसी सिलसिले में 20 जनवरी 1940 ई. को नेताजी सुभाष चंद्र बोस ने प्रतापगढ़ का दौरा किया और 25,000 से अधिक लोगों ने इनका स्वागत किया और उन्होंने लोगों से सेना में न भर्ती होने की अपील की(वरुन 1980: 53)।

मई-जून 1940 को आचार्य नरेंद्र देव, दामोदर स्वरूव सेठ और रफी अहमद किदवई जनपद आए तथा जनता से ब्रिटिश आर्मी में भर्ती न होने की अपील की। 18 अक्टूबर 1940 को नेहरू जी पुनः प्रतापगढ़ आए। 1940-41 के व्यक्तिगत सत्याग्रह में जनपद से 600 लोगों की गिरफ्तारी हुई।

1942 भारत छोड़ो आंदोलन

9 अगस्त 1942 ई. में भारत छोड़ो आंदोलन प्रारंभ हुआ जिसका नेतृत्व ठाकुर अंबिका सिंह और राजमंगल सिंह ने किया। पट्टी तहसील में हड़ताल और सभाओं का अन्तहीन सिलसिला चलता रहा। अंबिका सिंह की जान लेने में पुलिस ने एक बेगुनाह आदमी की हत्या कर दी और 112 लोगों को गिरफ्तार करके जेल में डाला गया। सामूहिक जुर्माने के तौर पर 3,870 रू. वसूले गए।

पट्टी तहसील में लगभग हर रोज हड़ताल की जाती थी और जन सभा का आयोजन किया जाता था (वरुन 1980:53)। साँगीपुर के मुरैनी गाँव के अनन्तपाल सिंह 1940 में आज़ाद हिन्द फौज में शामिल हुए। 1944 में कटरा गुलाब सिंह के जयनारायण लाल सक्सेना, शिव बालक सरोज व राम समुझ शुक्ल, सुभाष चन्द्र बोस के आह्वान पर आजाद हिन्द फौज में भर्ती हो गए। जय नारायण लाल सक्सेना फौज के घायलों का इलाज करते थे। दोनों सेनानी वर्मा व जापान भी गए। (हिन्दुस्तान, सितम्बर 10-12, 2014)

1946 ई. में द्वितीय विश्व युद्ध की समाप्ति के बाद हुए प्रांतीय विधायी चुनाव में प्रतापगढ़ की दोनों सीटें पुनः कांग्रेस ने जीती। अब तक अंग्रेजों ने यह महसूस कर लिया था कि वह भारत पर और अधिक दिनों तक राज्य नहीं कर सकते। फलस्वरूप 15 अगस्त 1947 ई. को भारत स्वतंत्र हुआ और प्रतापगढ़ जिला स्वतंत्र भारत के एक जिले के रूप में अस्तित्व में आया (वरुन 1980:54)। आजादी के समय पूरे जनपद में जगह-जगह उत्सव मनाये गये। पं. जवाहरलाल नेहरू प्रधानमंत्री भी बने। महिलाओं ने गीत गाये–

भारत में हो गया शोर जवाहिर लाल दूलहा बने।
मौरा पर जय हिंदु मौरी पर जय हिंदु
जय हिंदू झंडा तिरंगा जवाहि लाल दूलहा बने।
भारत में हो गया शोर जवाहरलाल दूलहा बने।
जामा पर जय हिन्दी जोड़ा पर जय हिंदु
जय हिन्दू झंडा तिरंगा, जवाहिर लाल दूलहा बने।

(सिंह, 2018:27)

पट्टी तहसील के गजरिया गाँव में वरिष्ठ जनों के सामूहिक साक्षात्कार में लोगों ने बताया कि स्वतंत्रता के समय 1947 में जब वह प्राइमरी में छात्र थे, तब स्वतन्त्रता के पश्चात् विद्यालय से प्रतिदिन प्रभात फेरियाँ निकाली जाती थीं। जिसमें गीत गाये जाते थे–

मेरे चरखे का टूटे न तार
चरखवा चालू रहे.....।

15 अगस्त 1947 को देश आजाद तो हुआ किंतु जिस स्वरूप में आजादी मिली उसकी कल्पना शायद ही किसी राष्ट्रवादी नेता या देशवासी ने की थी। अंग्रेजों ने भारत का विभाजन करके दो औपनिवेशिक राज्य (डोमिनियन स्टेट्स) 'इण्डिया दैट इज़ भारत' और पाकिस्तान बना दिए। यद्यपि देश स्वतंत्र हुआ।

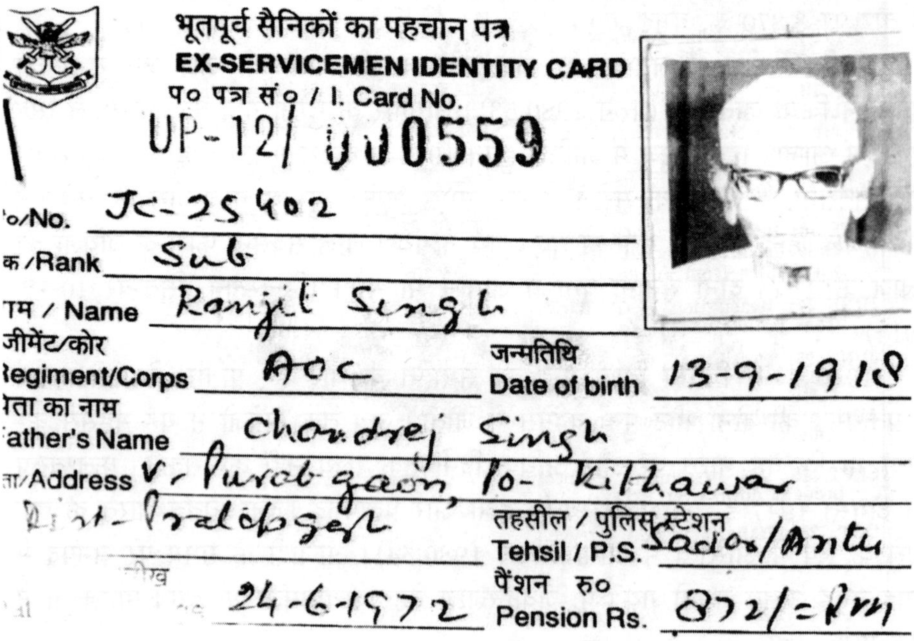
भूतपूर्व सैनिकों का पहचान पत्र
EX-SERVICEMEN IDENTITY CARD
प० पत्र सं० / I. Card No.
UP-12/ 000559
/No. JC-25402
क /Rank Sub
म / Name Ranjit Singh
जीमेंट/कोर Regiment/Corps AOC
जन्मतिथि Date of birth 13-9-1918
पिता का नाम Father's Name Chandrej Singh
पता/Address V. Purab gaon, Po- Kithawar Dist- Pratapgarh
तहसील / पुलिस स्टेशन Tehsil / P.S. Sadar/Antu
तारीख 24-6-1972
पैंशन रु० Pension Rs. 872/=Rm

HIGHLIGHTS OF THE WAR

1939

SEPT. 3: Following German invasion of Poland, Great Britain and France declare war on Germany.

DEC. 17: German battleship Graf Spee scuttles herself.

DEC. 27: Indian troops reach France.

1940

APRIL 9: Germans cross Danish frontier: Also land in Norway.

APRIL 15: British landings in Norway near Narvik.

MAY 10: Germany invades Holland, Belgium and Luxemburg; Mr. Churchill becomes Prime Minister.

Italy Declares War

JUNE 10: British evacuate Norway Italy declares herself at war with Allies from June 11.

JUNE 17: Evacuation of B. E. F from France completed.

JUNE 25: Hostilities in France end.

AUG. 4: Italians invade Somaliland.

SEPT. 15: 185 German planes brought down over Britain.

OCT. 28: Italians invade Greece.

1941

MAR. 11: Lease-Lend Bill signed by President Roosevelt.

MAR. 28: Battle of Cape Matapan.

APRIL 6: Germans invade Greece and Yugoslavia: British and Imperial Forces announced in Greece.

MAY 2: Evacuation of Imperial Forces from Greece completed.

MAY 5: Haile Selassie enters Addis Ababa.

MAY 10: Rudolf Hess lands in Scotland.

MAY 20. Germans invade Crete.

MAY 27: BISMARCK sunk.

JUNE 1: British Forces withdrawn from Crete.

JUNE 22: Germany invades Russia.

AUG. 14: Atlantic Charter meeting between Churchill and Roosevelt.

DEC. [illegible]: Surprise Japanese attacks on Pearl Harbour, Manila and Hong-Kong.

DEC. 23: First meeting of Anglo-U. S. War Council in Washington.

ब्रिटिश सरकार की फौज में शामिल प्रतापगढ़ के फौजी की डायरी के अंश।

Capt. R.F. Needs, A.C.I.S.,
33, Winchester Road,
Walton-on-Thames,
Surrey,
England.

15th February, 1947.

Dear Ranjit Singh,

It gives me great pleasure indeed to send you this letter in which I will gladly confirm that during the eighteen months of o-ur association in Kirkee when you were active as my personal clerk, I found your work at all times most satisfactory, efficient and reliable, whereas your character was exemplary and unimpeachable in every respect. As you are aware, you had then my complete trust and confidence, and I would not hesitate to recommend you most warmly to anyone who may be contemplating your employment in a similar capacity. I have no doubt whatever that you would discharge every one of your duties in this same reliable manner and that you would be an asset to your employer.

You are quite at liberty to show this letter to any prospective employer, whom I shall be pleased to reassure again in this respect if he cares to write to me at the above address.

Soon, no doubt, you will be leaving the army for civilian life once more, and I add here my sincerest wishes for your speedy progress, of which I have no doubt whatever myself. I wish you every success in your new ventures.

Yours sincerely,

15 फरवरी 1947 को इंग्लैंड से कैप्टन आर.एफ.नीड्स द्वारा रंजीत सिंह जी को उनके सेना की नौकरी छोड़ देने के निर्णय पर प्रेषित पत्र की प्रति।

स्वतंत्रता संघर्ष की प्रमुख घटनाओं के परिप्रेक्ष्य में जनपद की भूमिका

अवध का किसान आंदोलन/हिंदुस्तान समाचार-पत्र का प्रकाशन

अवध का किसान आंदोलन

अवध प्रांत, 1856 में संयुक्त प्रांत में सम्मिलित हुआ। उसके पूर्व वह राजशाही के अंतर्गत था। अवध प्रांत की जमीन मुख्यतः ताकतवर राजपूत वंशों के पास थी। जिस समय पूरा अवध क्षेत्र किसान आंदोलन की ऊर्जा से धधक रहा था उसी समय पूरे देश में इस आंदोलन का ताप महसूस किया गया। किसान, गरीब, मजदूर, आदिवासी, हर किसी ने अंग्रेजों के विरुद्ध विद्रोह की आवाज बुलन्द की। ऐसे समय में तत्कालीन राष्ट्रीय राजनीति ने अपने को अप्रासंगिक होने से बचाने के लिए किसान आंदोलन के नेताओं से स्वयं को संबद्ध किया तथा आम जनमानस की समस्याओं से जोड़ने का भ्रम पैदा किया। अवध किसान आंदोलन का केंद्र प्रतापगढ़ जनपद था। पंडित जवाहरलाल नेहरू ने प्रतापगढ़ में भड़के किसान आंदोलन से ही राष्ट्रीय राजनीति में अपनी पकड़ मजबूत की तथा स्वयं को स्वतंत्र भारत के प्रधानमंत्री तक ले जाने में भी सफल हुए।

अवध का किसान विद्रोह, देश के दूसरे किसान विद्रोहों से एकदम अलग था। यहाँ के विद्रोह की अगुवाई करने वाली निम्न जातियों के तेवर क्रांतिकारी थे। यहाँ पुरुषों के साथ महिलाओं ने भी हाथ बँटाया। उनका गुस्सा, ब्रिटिश सरकार के प्रति कम, परंतु तालुकेदारों और उनके अधीन काम करनेवाले ज़मींदारों के विरुद्ध ज्यादा था। यही कारण था कि तालुकेदारों और ज़मींदारों के हितों की हिफ़ाज़त करनेवाले मुख्य राष्ट्रीय दल ने इसमें रुचि दिखाई। उसने चमत्कारिक व्यक्तित्वों को सामने किया। धर्मभीरु जनता को फाँसने के लिए धार्मिक आभामंडल की सहायता ली। कुछ हद तक उन्होंने किसान हितों की वकालत की। लेकिन यह वकालत उनकी सदाशयता से कहीं ज्यादा वर्गहितों की हिफ़ाज़त के लिए थी।

यह अकारण नहीं कि लंदन के अखबारों में जितना अवध किसान विद्रोह को स्थान मिला, उतना किसी अन्य घटना को नहीं। इस विद्रोह ने ज़मींदारों-तालुकेदारों और कुछ शहरी कांग्रेसियों की उस चाल को भी नंगा किया जो क्रांतिकारी किसान

आंदोलन को दबाने में ब्रिटिश सरकार की मदद कर रहे थे तो दूसरी ओर किसान आंदोलन की बागडोर अपने हाथों में लेकर, किसानों के बीच के क्रांतिकारी नेतृत्व को किनारे लगा रहे थे।

ठाकुर दुर्गपाल सिंह,ठाकुर झिंगुरी सिंह,ठाकुर सहदेव सिंह, बाबा रामचंद्र, देवनारायण, रघुनंदन साधु, रहमत अली, फारूख अहमद, शाह मुहम्मद नईम अता, रामगुलाम पासी, मदारी पासी, इशरबदी, रघुबीर कलवार, देव पासी, गरीब दास पासी और गोसाईगंज रेलवे स्टेशन पर दिखे बंगाली साधु की भूमिका भी किसान विद्रोह के अगुओं में दर्ज हुई। (कुशवाहा, 2018:9)

पृष्ठभूमि

मुगलकाल में किसान अपने जमीनों पर पैतृक अधिकार रखते थे। किसान पर अपनी जमीनों पर निर्धारित कर स्थानीय शासकों, ज़मींदारों, मनसबदार, मकदूदम इत्यादि के माध्यम से मुगल खज़ाने में जमा कर देते थे। यद्यपि इन मनसबदारों व ज़मींदारों द्वारा किसानों का उत्पीड़न मुगलकाल में भी होता था किंतु ईस्ट इंडिया कंपनी का हस्तक्षेप प्रारंभ होने के बाद स्थानीय तालुकेदार अवध के नवाबों की सत्ता की अनदेखी करने लगे। मौके का लाभ उठाकर ज़मींदारों या स्थानीय शासकों द्वारा मुगल सम्राट के विरुद्ध अपनी स्वतंत्रता की घोषणा की जाने लगी।

गंगा-बेसिन के उत्तर मध्य में स्थित बारह जिलों (खीरी, हरदोई, सीतापुर, बहराइच, उन्नाव, लखनऊ, बाराबंकी, गोंडा, रायबरेली, सुल्तानपुर, फैजाबाद और प्रतापगढ़) के अवध प्रांत का शासन, अंग्रेजों से पूर्व मुगल साम्राज्य के अंतर्गत, अवध के नवाब के अधीन था। यहाँ की जमीनों पर अर्द्ध-सामंती नियंत्रण था तथा भूमि आधिपत्य का अधिकार यहाँ की राजनीति को नियंत्रित करता था। ईस्ट इंडिया कंपनी ने 1775 से 1856 के मध्य यहाँ के सभी जिलों पर आधिपत्य जमा लिया था। आगरा और अवध की जमीन व्यवस्था भिन्न-भिन्न होने के बावजूद, ब्रिटिश सरकार ने आगरा और अवध प्रांत को संयुक्त प्रांत के अंतर्गत, एक ही प्रशासन के अधीन रखने का निर्णय किया जो सन् 1939 तक जारी रहा।

अवध के तालुकेदार बहुत बड़े भू-स्वामी थे। उनके पास कई गाँवों का स्वामित्व होता था और उनके अधीन ही गाँवों के रैयत (किसान) होते थे। तालुकेदारों की हैसियत में भिन्नता होती थी।

अवध के नवाब सादतअली खाँ के जमाने में भू-कर सीधे किसानों से वसूला जाता था जबकि उसके अयोग्य उत्तराधिकारियों द्वारा ईस्ट इंडिया कंपनी को ज्यादा कर देने की वजह से विभिन्न जिलों का लगान, अधिक बोली लगाने वाले बिचौलियों के माध्यम से वसूलना शुरू कर दिया। ये बिचौलिये ही यहाँ के तालुकेदार थे। गोंडा, हरदोई, उन्नाव, प्रतापगढ़, लखनऊ और रायबरेली के तालुकेदार बड़े थे। (कोनेल, 1876:5,6)

ब्रिटिश काल में खेतिहरों और जमीन का नियंत्रण करनेवाले तंत्र के बीच के संबंध बदलने लगे थे। 1765 में बंगाल की दीवानी का अधिकार, 1772 में नीलामी आधारित खेती व्यवस्था, 1790 में कार्नवालिस ने 10 वर्षीय भूमि प्रबंध की घोषणा की तथा 22 मार्च, 1793 की व्यवस्था के अनुसार भूमि का सालाना कर जमा करनेवाले जमींदार भूमि के स्थायी स्वामी मान लिए गए। इसके बाद क्रमशः जमींदारी व्यवस्था, रैयतवाडी व्यवस्था तथा महालवाड़ी व्यवस्था के तहत तीन प्रकार की भू-कर निर्धारण प्रणाली लागू की गई। इस प्रकार की प्रथाओं से किसानों के ऊपर दो सरकारें स्थापित हो गई थी। एक ब्रितानी सरकार, दूसरा जमींदारी सरकार।

साथ ही ईस्ट इंडिया कंपनी द्वारा देशी रियासतों को जबरन अंग्रेजी राज में मिलाने की नीति, जो लार्ड डलहौजी (1848-1856) के काल में उग्र हो गई थी, के कारण देशी रियासतों का आक्रोश बढ़ा था। विलय के पूर्व की नीतियों से ज़मींदारों को लगा था कि कंपनी उनकी जमींदारी हड़प लेगी। तभी उन्होंने 1857 के विद्रोह में अंग्रेजों के विरुद्ध उतरने का फैसला किया था। वे जनता की दुर्दशा से कदापि व्यथित न थे। दरअसल, वे अपनी दुर्दशा से व्यथित थे। तब उनमें एक राष्ट्रीयता, एक राष्ट्र का भाव भी न था। जनता पर उनके जुल्म अंग्रेजों के जुल्म से कम न थे। पंजाब, सतारा, नागपुर, झांसी, सम्बलपुर, जेतपुर, तंजौर, कर्नाटक और मुस्लिम रियासतों (यथा हैदराबाद निजाम के बरार का उपजाऊ भाग और अवध राज) के अपहरण के कारण, इनका 1857 के विद्रोह में भाग लेना मजबूरी थी। अवध के नवाबों के अधीन बड़े-बड़े जमींदार और तालुकेदार हिंदू थे। कंपनी की सत्ता जमते ही इनमें से अधिकांश की जमीनें छीनी जाने लगीं, उनके गाँव जब्त किए जाने लगे और किले गिराए जाने लगे। सर जॉन ने लिखा है कि "प्राचीन ज़मींदारों के साथ घोर अन्याय किया गया। सारे अवध के अंदर ज़बरदस्ती और बर्बादी शुरू हो गई, जिसका नतीजा सन् 1857 के भयंकर विप्लव में दिखाई दिया।" (लाल, 2000:229)

किसान आंदोलन की शुरुआत ईस्ट इंडिया कंपनी के आगमन तथा अंग्रेजी शासन द्वारा भूमि पर राजस्व की दर में अत्यधिक वृद्धि करने से होती है। चुआड विद्रोह (1769-1805), चेरो विद्रोह (1770-71), भोगता विद्रोह (1810), घटवाल और पहाड़िया विद्रोह (1772-73), तमाड़ विद्रोह (1782-1807), मुण्डा विद्रोह (1793-1832) जैसे विद्रोह देश के भिन्न-भिन्न भागों में हुए। 1770 में बंगाल के अकाल के बाद 1772 का फकीर या सन्यासी विद्रोह, पागलपन्थी विद्रोह (1825, 1827, 1833), कोली विद्रोह (1831-32), भूमिज विद्रोह (1834), मोपिला विद्रोह (1852, 1921), संथाल विद्रोह (1855-56), नील विद्रोह (1859-60), कूका विद्रोह (1893-94) जैसे बहुत से विद्रोह पूरे देश में होने लगे ।

ब्रिटिश भारत में किसान आंदोलनों की पृष्ठभूमि, क्षेत्र विशेष की समस्याएँ, वहाँ के ज़मींदारों, तालुकेदारों की जबरिया लगान वसूली, बेदखली और बेगारी जैसे जुल्म की

इन्तहा, किसानों की चेतना को संगठित करने वालों की वर्ग दृष्टि और तत्कालीन कांग्रेसी राजनीति के कुलीनतावादी वर्ग चरित्र के हितों पर निर्भर रही है।

प्रथम विश्व युद्ध (1914-1919) ने भी भारत की सामाजिक-राजनैतिक व आर्थिक संरचना को झकझोर कर रख दिया। पूर्वी उत्तर प्रदेश के बहुत से नवयुवकों को प्रथम विश्व युद्ध के दौरान सेना में भर्ती किया गया। प्रथम विश्व युद्ध को अवधवासी 'लड़ाई' कहते थे। इस लड़ाई के दौरान 'भरती चंदा' और लड़ाई समाप्ति के बाद 'लड़ाई चंदा' ने बेदखली की मार से बेहाल किसानों की कमर तोड़ दी। प्रतापगढ़ के राजा प्रताप बहादुर सिंह से 'लड़ाई' चंदा के रूप में 7000 रुपए व भारी संख्या में मजदूर की माँग की गई थी। (कुमार, 1991, 54-56)

'बेगार', अवध क्षेत्र की 'सवाक प्रथा', 'हारी-बेगारी', 'नज़राना', 'मुर्दाफरोशी', 'उपकर', मंहगाई और मंदी ने किसान आंदोलन को तेजी से धधकाया।

नज़राना का सबसे पहले प्रयोग अवध के नवाब वाजिद अली शाह के कार्यकाल में हुआ था जब राजस्व वसूलने का अधिकार पाने के लिए संबंधित तालुकेदार, जमींदार या अन्य, मंत्रियों को नज़राना भेंट करते थे। नज़राना एक प्रकार का अतिरिक्त किराया किश्त, उपहार या घूस था जो खेती करने वाला, तालुकेदारों या ज़मींदारों को देता था। बेदखली का खौफ दिखाकर ज्यादा नज़राना वसूलने का चलन था। कुछ किसान इतने तबाह हो जाते कि अपनी बेटियों को बेचकर 'कन्या-विक्रय' से रकम प्राप्त कर बेदखली से बचने के लिए नज़राना चुकाते। अवध के अखबारों और साहित्यकारों पर औपनिवेशिक सत्ता एवं तालुकेदारों के गुंडों की क्रूर नजर के बावजूद, उनके आलेखों में किसान वेदना की सघनता का बोध होता है। प्रो. प्राणनाथ विद्यालंकार ने 1921 में बनारस से छपी अपनी पुस्तिका-'किसानों पर अत्याचार' में किसानों से वसूले जाने वाले 142 प्रकार के नजरानों की सूची छापी है। जैसे कि **नजर दशहरा, नजर होली, नजर रानी साहिबा, हथियावन, घुड़ावन, लटियावन, नजर दरबार, बेगार, हुक्काम** आदि।

मुर्दाफ़रोशी की कुप्रथा 'कोर्ट ऑफ वाड्र्स' द्वारा शासित राज में भी प्रचलित थी। वर्ष 1920 में रायबरेली जिले में कोर्ट ऑफ वाड्र्स द्वारा शासित राज में मुर्दाफरोशी की वजह से करों में 12 से 86 प्रतिशत की वृद्धि देखी गई। इस प्रकार लीज अवधि के नवीनीकरण पर 6.25 प्रतिशत वृद्धि के बजाय, औसत वृद्धि 29 प्रतिशत देखी गई। अवध क्षेत्र में 1858 की तुलना में, 1882 में करों की दर में औसतन 28.6 प्रतिशत की वृद्धि हो चुकी थी जिसमें प्रतापगढ़ में सबसे ज्यादा 49.4 प्रतिशत एवं गोंडा में सबसे कम 13.9 प्रतिशत की वृद्धि हुई थी। कर बढ़ने के कारण किसान बनिया (महाजन, साहूकार) के चंगुल में फँसते जा रहे थे। वे बीज खरीदने या कर देने की स्थिति में न थे। साहूकारी से आय इतनी लाभदायक थी कि परंपरागत बनियों के अलावा नए भू-स्वामी भी साहूकार बन गए थे। (मेहता रिपोर्ट का परिशिष्ट-1, फाइल सं.:753/1925, उत्तर प्रदेश, शासकीय अभिलेखागार, लखनऊ)

बेदखली और नज़राना के अलावा भी अवध में तमाम तरह के उप कर किसानों से वसूले जाते थे। कुछ उप कर तो रिवाजी थे और समय-समय पर भू-स्वामियों द्वारा वसूले जाते थे जबकि कुछ तात्कालिक जरूरत बताकर, भू-स्वामियों द्वारा वसूल किए जाते थे। 1922 में प्रतापगढ़ के कुल राजस्व रुपए 13,16,863 पर 1,39,008 उप कर वसूला गया था जो कुल राजस्व का लगभग 15 प्रतिशत था। (रायबरेली गजेटियर,1905:50-52)

इसके अलावा **ग्रामोफोनिक उप कर, घाव के सड़ने पर उप कर, तीर्थयात्रियों के लिए उप कर, 2 से 3 रुपया वार्षिक हथियावन-घोड़ावन जैसे उप कर, पवित्र दिनों पर उप कर, शादी-ब्याह, जन्म और मृत्यु पर उप कर, परती पर घास चराने, जानवरों के व्यावसायिक प्रयोग पर उप कर** भी भू-स्वामी वसूलते थे। वी.एन.मेहता, डिप्टी कमिश्नर, प्रतापगढ़ ने अपनी जाँच रिपोर्ट में पाया था कि भू-स्वामी अपने बुड्ढे घोड़ों को किसानों के मत्थे मढ़ने के लिए जबरदस्ती लॉटरी का टिकट बेचते थे जो आठ आने से लेकर दो रुपए तक होता था। हरीपुर राज, प्रतापगढ़ ने एक घोड़ा रुपए 300 में खरीदा था। खरीदते समय किसानों से घोड़ावन लिया गया था। जब घोड़ा बुड्ढा हो गया तो लॉटरी टिकट से रुपए 500 जुटा कर एक विजेता किसान के मत्थे मढ़ दिया गया। जब विजेता किसान ने उस घोड़े को बेचा तो उसे महज रुपए 75 ही मिले। इसी प्रकार 'मोटरावन' उप कर, तालुकेदार द्वारा नई मोटर कार खरीदने के लिए वसूला जाता। जब तालुकेदार गाँवों का दौरा करता तो जबरदस्ती रुपए 1 से 5, 'नजर दौरा' उप कर वसूला जाता। खीरी में किसानों के जानवरों के आने-जाने से धूल उड़ने से भू-स्वामी को परेशानी होती तो 'धूल उड़ाई' उप कर वसूलते थे।

संयुक्त प्रांत के एक तालुकेदार के बच्चों को ग्रामोफोन सुनने का मन किया तो तालुकेदार ने उसे खरीदने के लिए ग्रामोफोनिंग कर लगा दिया। एक तालुकेदार की पत्नी के पैर पर फोड़ा पक गया तो उसने 'पकावन कर' लगा दिया। (शाह 2013:50)

सोवियत संघ की बोल्शेविक क्रांति ने भारतीय मजदूरों को तेजी से प्रभावित किया। जनवरी, फरवरी 1920 में जूट और कपास के कारखानों ने 110 हड़तालों का सामना किया। बंबई के डाकियों ने 1920-21 में लगभग पाँच महीनों तक काम बंद रखा। (कुशवाहा, 2018:31) इन हड़तालों में लगभग दो लाख मजदूर शामिल थे। अहमदाबाद में 21 हजार मजदूर सदस्यों ने 12 सभाएं की। अवध, रूहेलखंड, असम बंगाल तथा ईस्ट इंडिया रेलों के कर्मचारियों ने क्रमशः बड़ी-बड़ी हड़तालें की। जमशेदपुर के कारखानों में कुलियों ने काम बंद कर असन्तोष प्रकट किया। कलकत्ते के ट्राम वालों ने काम स्थगित कर दिया। पंजाब के गुरूबाग में अकाली आंदोलन दिनों-दिन जोर पकड़ रहा था। गुन्टुर में 192. मे असहयोग आंदोलन में कृषकों ने बड़ी संख्या में भाग लिया। राजस्थान के सिरोही में भील किसान आंदोलन उठ खड़ा हुआ। सेना को इसमें गोलियाँ चलानी पड़ी जिसमें 11 भील मारे गए। (द कुरियन, सोमवार, 8 मई, 1922) विलकिंसंस राजपूताना एजेंसी रिपोर्ट, 1921 ने मेवाड़ के फैले उपद्रव का जिक्र किया है।

हर तरफ गरीबों व किसानों की मुख्य समस्या बेहद गरीबी और उच्च मूल्य वृद्धि थी। लंदन के अखबार 'द कुरिअर' ने 24 जनवरी, 1921 सोमवार को गांधी द्वारा चलाए जा रहे असहयोग आंदोलन के कारण 'अंग्रेजी वस्त्रों के बायकाट का प्रस्ताव' शीर्षक से समाचार छापते हुए लिखा कि संयुक्त प्रांत और बिहार में किसान विद्रोह की स्थिति बनी हुई है। किसान बाजार लूट रहे हैं। अख़बार स्पष्ट करता है कि इस विदोह का कारण मुख्य रूप से आर्थिक है, क्योंकि खाद्यान्नों के दाम आसमान छू रहे हैं और अवध के ज़मींदारों का निर्दयतापूर्वक व्यवहार विद्रोह का कारण बना है। अख़बार यह भी कहता है कि "संयुक्त प्रांत के किसान विद्रोह के कारण कानून-व्यवस्था कायम करने में कठिनाई आ रही है। समस्या के मूल कारणों को हल किए बिना यह विद्रोह शांत नहीं होने वाला। सरकार जब तक उत्तर भारत के इन ज़मींदारों और किसानों के संबंधों की जाँच-पड़ताल नहीं करती और जब तक अवध टेनेंटरी लॉ 1886 में संशोधन नहीं करती, तब तक किसान शांत नहीं होने वाले।"

एक औपनिवेशिक अख़बार 'द यार्कशायर पोस्ट' के 27 सितंबर, 1920 के अंक की भाषा और सुझाव से उक्त किसान आंदोलन की गंभीरता और भयावहता बिलकुल स्पष्ट है। अखबार, अकाल के परिप्रेक्ष्य में भूख से बिलबिलाते गरीबों की दारुण दशा का चित्र प्रस्तुत किया था। उसने औपनिवेशिक सत्ता की जमींदारपरस्त नीतियों को बदलने का भी सुझाव दिया। यह और बात है कि यही बात उतनी साफ़गोई से तत्कालीन राष्ट्रीय आंदोलन की अगुवाई करने वाली शक्तियाँ नहीं कर रही थीं।

1920 के आसपास किसान, मजदूर और साम्प्रदायिक विद्रोह एक साथ दिखाई देते हैं। सी.आई.डी. ने संयुक्त प्रांत में स्वयंसेवकों की गतिविधियों के बारे में 18 दिसंबर, 1919 और 5 नवंबर, 1920 को तैयार विवरण को शामिल करते हुए जो रिपोर्ट भेजी, उससे स्पष्ट है कि किसान-मजदूर विद्रोह के साथ-साथ हिंदू-मुस्लिम विद्रोह को उभारने का प्रयास जारी था।

लखनऊ और आगरा में स्वयंसेवकों को सेना द्वारा खदेड़ा गया। स्वयंसेवकों द्वारा समानान्तर सरकार चलाने की व्यवस्था की गई। इलाहाबाद में दिसंबर, 1921 में राष्ट्रीय थाना बनाया गया। गोरखपुर, आगरा, बरेली, आजमगढ़, बुलंदशहर और कुछ अन्य जिलों में किसानों द्वारा समानान्तर सरकारें बनाने की कोशिश की गई। न्यायालयों में धरने दिए गए और न्यायिक कार्यों को बरेली, हरदोई, बिजनौर, सीतापुर, प्रतापगढ़, गोरखपुर और आजमगढ़ में प्रभावित करने की कोशिश की गई।

अवध के ग्रामीण इलाके में तालुकेदारों का साम्राज्यवाद के अंदर साम्राज्य कायम था। उन्हें कानून व्यवस्था कायम करने के लिए अपनी सेना (केवल सामान्य हथियार सहित) रखने जैसे स्वतंत्र अधिकार एवं न्याय करने का अधिकार प्राप्त था। वंशानुगत अधिकार से मिले तालुका के स्वामी, राजा कहे जाते थे जबकि नीलामी आदि से हासिल तालुका के स्वामी, तालुकेदार कहे जाते थे। अवध के रायबरेली, सुल्तानपुर, फैजाबाद

और प्रतापगढ़ जिलों के 70 प्रतिशत गाँवों में तालुकेदारी व्यवस्था कायम थी। (मुखर्जी, 1980:25-27)

इस प्रकार 1917 से 1935 के मध्य न केवल अवध प्रांत में बल्कि पूरे देश में किसान सभायें स्थापित हुई और 1936 में 'अखिल भारतीय किसान सभा' की स्थापना हुई। (कुमार, 1999:233, 234)। 1946 से लेकर पहले आम चुनाव के बीच चलाए गए तेभागा (सितंबर 1946) और तेलंगाना किसान आंदोलन (1948-1951) अवध किसान आंदोलन से उपजी चेतना की ही परिणति है।

इन विभिन्न किसान विद्रोहों की तुलना में संयुक्त प्रांत के अवध क्षेत्र में 1920 से 1922 के मध्य जो 'किसान आंदोलन' और 'एका आंदोलन' प्रारंभ हुआ, उसने ब्रिटिश सत्ता के अधीन अपने हितों के संरक्षक ज़मींदारों और तालुकेदारों के खिलाफ किसानों की क्रांतिकारी पहल की ओर दुनिया का ध्यान आकृष्ट किया।

ऐसे समय में राष्ट्रीय स्वाधीनता आंदोलन की अगुवाई का दावा करने वाली कांग्रेस को गाँवों की दुर्दशा का समुचित ज्ञान न था। उसके नेता गाँवों से पूरी तरह कटे हुए थे। प्रथम विश्वयुद्ध के मध्य में उन्हें जनगोलबंदी की आवश्यकता महसूस हुई। तब तक सेना से हटाए गए सैनिकों ने अपने बोल्शेविक क्रांति के अनुभवों से अवध के गाँवों में विद्रोह का झंडा बुलन्द कर दिया था।

23 मार्च 1918 को 'अभ्युदय' साप्ताहिक ने किसानों की पीड़ा को छापते हुए लिखा— पकरि पकरि बेगार करावत पैसा-कौड़ी देहि न एक, छुद्र कर्मचारी ललपग्गा देहिं किसानन कष्ट अनेक।

किसान सभा की नींव और अवध का किसान आंदोलन तथा कांग्रेस

1917 के रूसी बोल्शेविक क्रांति के साल ही जिला प्रतापगढ़, तहसील पट्टी के ग्राम रूरे में दो भू-स्वामियों, झिंगुरी सिंह और सहदेव सिंह ने किसान सभा जैसी छोटी संस्था का गठन किया था। दोनों राजपूत थे। झिंगुरी सिंह एक छोटी-सी भूमि के गैर-वैधानिक स्वामी थे। सहदेव सिंह भी किसी भू-स्वामी के अधीन काम करनेवाले किसान थे और उनका स्वामित्व भी समाप्त कर दिया गया था। इस प्रकार दोनों पीड़ितों ने किसान सभा की नींव रखी। इस संगठन में 1918-19 के बीच धार्मिक व्यक्तित्व के धनी बाबा रामचंद्र का प्रवेश हुआ। रुरे किसान सभा में बाबा के जुड़ते ही नारा बना—'राज समाज विराजे रूरे, रामचंद्र सहदेव झींगुरे' (कुमार, 1991:73)।

अवध के प्रतापगढ़ के रूरे में गठित किसान सभा से 1920 तक अखिल भारतीय कांग्रेस कमेटी का कोई संबंध न था। यहाँ तक कि तब तक संयुक्त प्रांत किसान सभा के गठन के बारे में रूरे किसान सभा को जानकारी तक न थी। रूरे किसान सभा द्वारा पहली बार 1920 में कांग्रेस से संपर्क साधा गया। (बेनेट, 72-73)

1920 में रूरे किसान सभा की गतिविधियों में तेजी आ चुकी थी। जून 1920 में इलाहाबाद में सप्तमी का गंगा नहान था। इसी बहाने रामचंद्र ने जौनपुर और प्रतापगढ़ के लगभग 500 किसानों को साथ लिया और इलाहाबाद पहुँचे। उन्हें उम्मीद थी कि अखिल भारतीय कांग्रेस कमेटी की बनारस में हो रही सभा के बाद गांधी जी इलाहाबाद लौटेंगे मगर गांधी जी नहीं आए। रामचंद्र ने इलाहाबाद के दूसरे कांग्रेसी नेताओं से आनंद भवन में संपर्क किया। उन्होंने पूरे दिन शहरी नेताओं से किसानों के दुखों का वर्णन किया। अंत में शाम को बलुआ घाट पर किसानों की सभा पी.डी. टंडन (अध्यक्ष, संयुक्त प्रांत किसान सभा) की अध्यक्षता में 7 जून को हुई। जिसमें पंडित जवाहरलाल नेहरू और गौरीशंकर मिश्र ने भी भाग लिया और उन्हें किसानों की बुरी दशा से अवगत कराया गया। उन शहरी कांग्रेसियों से कहा गया कि वे चाहे तो संयुक्त प्रांत किसान सभा या कांग्रेस कमेटी की ओर से जौनपुर और प्रतापगढ़ आकर किसानों की बुरी दशा को देख लें और ज़मींदारों के जुल्म से बचाएँ। कांग्रेसी नेताओं ने मदद का भरोसा दिया। शाम को किसानों को रुकने की व्यवस्था संयुक्त प्रांत किसान सभा द्वारा की गई। उसके अगले दिन किसान लौट गए। बाद में उक्त नेता प्रतापगढ़ आए और रूरे और अमरगढ़ की किसान सभा को ठीक से व्यवस्थित किया। पं. जवाहरलाल नेहरू और गौरीशंकर मिश्र के आने के बाद यहाँ की किसान सभा को बल मिला। यही वह बिंदु था जहाँ संयुक्त प्रांत किसान सभा और रूरे किसान सभा के प्रतिनिधि एक दूसरे के संपर्क में आए और बाबा रामचंद्र ने किसान आंदोलन को राष्ट्रीय राजनीति की अगुवाई करने वाली कांग्रेस से जोड़ दिया। (कुमार, 1991:29)

जून 1920 के बाद नेहरू ने कई बार इन क्षेत्रों का दौरा किया और इलाहाबाद से निकलने वाले कांग्रेसी अख़बार 'इंडिपेंडेंट' में किसान समस्याओं पर लेख लिखे। यद्यपि वे लेख गरीब किसानों की मूल समस्याओं को आंशिक रूप से ही व्यक्त कर सके। गौरीशंकर मिश्र ने प्रयास किया कि 'संयुक्त प्रांत किसान सभा' और 'रूरे किसान सभा' के बीच सामंजस्य स्थापित किया जाए क्योंकि अक्टूबर 1920 तक रूरे किसान सभा की सदस्यता 20 हजार तक जा पहुँची थी। इसी समय रूरे किसान सीाा का नाम 'अवध किसान सभा' रखकर इसका विस्तार किया गया।'

27 अक्टूबर, 1920 को माताबदल कोइरी के आमंत्रण पर बाबा रामचंद्र, प्रतापगढ़ जिले की सीमा पर स्थित रायबरेली जनपद के रसूलपुर गाँव पहुँचे। रसूलपुर स्टेट के गाँव कलकलियापुर में 28 अक्टूबर को एक सभा को संबोधित किया। 29 अक्टूबर को भी बाबा ने रसूलपुर और कलकलियापुर में पुनः सभा को सम्बोधित किया। (कुमार, 1991:220)

नवंबर-दिसंबर, 1920 में रायबरेली में निम्नलिखित स्थानों पर बाबा रामचंद्र ने किसानों को संबोधित कर किसान सभाओं का गठन कराया था। 5 नवंबर को मुस्तफाबाद में, 24 नवंबर को बछरावाँ में, 25 नवंबर को सेहंगो पश्चिम गाँव में, 3 दिसंबर को अरखा

में, 5 दिसंबर को जलालपुरधई में, 6 दिसंबर को लालगंज में, 7 दिसंबर को डलमऊ में, 8 दिसंबर को सरेनी में और 12 दिसंबर को रसूलपुर में। रसूलपुर पहले सलोन तहसील का हिस्सा था और इस प्रकार अवध किसान सभा का फैलाव सुल्तानपुर तथा फैजाबाद जिलों में हो गया था।

इसी बीच कौंसिल चुनाव में शामिल होने या बहिष्कार करने के प्रश्न पर कांग्रेस में फूट पड़ गई। जहाँ मालवीय जी चुनाव के पक्ष में थे वहीं नेहरू ग्रुप उसके बहिष्कार में। इसी कारण नेहरू ग्रुप ने प्रतापगढ़ और रायबरेली जिले में झिंगुरी सिंह और बाद में बाबा रामचंद्र द्वारा शुरू किए रूरे किसान सभा आंदोलन को जल्द से जल्द अपने पाले में लाने की कोशिश शुरू की थी। किसानों के बीच पैठ बनाने के पीछे पं. मोतीलाल नेहरू की मंशा यह थी कि अपने बेटे, पं. जवाहरलाल नेहरू को आने वाले चुनाव में प्रभावशाली बनाएँ, यद्यपि बाद में उनके गुट द्वारा चुनाव बॉयकाट का निर्णय लिया गया। इसी बीच अफवाह फैलाई गई कि झिंगुरी सिंह को रूरे का राजा घोषित कर दिया गया है। इसके बाद किसानों ने कुछ ज़मींदारों के आम के बागों को लूट लिया।

विभिन्न गाँवों में गठित किसान सभाओं को संगठित कर गौरीशंकर मिश्र, पं. नेहरू, माताबदल पांडेय और बाबा रामचंद्र ने 17 अक्टूबर, 1920 को रूरे किसान सभा का नाम 'अवध किसान सभा' कर दिया। इसमें किसान सभा वाले पाँच गाँवों के पाँच पंचों ने भाग लिया। इस एकता के गवाह प्रतापगढ़ के डिप्टी कमिश्नर वी.एन. मेहता भी थे। इस प्रकार अवध किसान सभा का गठन, मदनमोहन मालवीय के संयुक्त प्रांत किसान सभा के विरोध में किया गया था। पं. मदनमोहन मालवीय 'असहयोग आंदोलन' का विरोध कर रहे थे, इसलिए पं. मोतीलाल नेहरू, मालवीय को पछाड़ने के लिए सक्रिय थे। वास्तव में असहयोग आंदोलनकारी अक्टूबर, 1920 से कोशिश कर रहे थे कि संयुक्त प्रांत किसान सभा, असहयोग आंदोलन की एक इकाई के रूप में कार्य करे, लेकिन उन्हें सफलता नहीं मिल रही थी। असहयोग आंदोलन के प्रश्न पर उपजा आपसी विरोध ही संयुक्त प्रांत किसान सभा से अलग अवध किसान सभा के गठन का कारण बना। 24 अक्टूबर, 1921 को हुए संयुक्त प्रांत किसान सभा की कार्यकारिणी की बैठक में असहयोग आंदोलन में शामिल होने, न होने की नीति के संबंध में निरपेक्ष रहने की बात की गई। कारण यह था कि कुछ सदस्यों का विचार असहयोग आंदोलन में शामिल होने का था तो कुछ का नहीं था। टंडन की सहानुभूति असहयोग आंदोलन की ओर थी। इस प्रकार 1918 में जहाँ संयुक्त प्रांत में पुरुषोत्तमदास टंडन की अध्यक्षता में पं. मदन मोहन मालवीय ने संयुक्त प्रांत किसान सभा का गठन किया था वहीं पंडित जवाहरलाल नेहरू ने 1920 में 'अवध किसान सभा' का गठन करा कर प्रतिद्वंद्विता उजागर कर दी। प्रारंभ में पं. गौरीशंकर मिश्र की सहानुभूति दोनों किसान संगठनों से थी।

21 दिसंबर 1920 को 'अवध किसान कांग्रेस' का आयोजन फैजाबाद में सरयू के तट पर करने का निर्णय हुआ। 'अवध किसान कांग्रेस' का विचार गौरीशंकर मिश्र का

था। इसके माध्यम से मिश्र अपने प्रतिद्वंद्वी गुट 'संयुक्त प्रांत किसान सभा' को अपनी ताकत दिखाना चाहते थे। 'अवध किसान कांग्रेस' के कर्ता-धर्ता लोगों ने झिंगुरी सिंह व बाबा रामचंद्र के निर्देश पर काम किया। इस सभा में नेहरू नहीं आए किंतु वह प्रतापगढ़ के वकील माताबदल पांडेय के माध्यम से बाबा रामचंद्र के संपर्क में थे। बाबा रामचंद्र ने 'अवध किसान कांग्रेस' में पहली बार अपनी 14 सूत्री माँगों को रखा था। 23 दिसंबर 1920 की 'द लीडर' में छपी खबर के अनुसार महिलाओं की किसान आंदोलन में भागीदारी के लिए सीता देवी ने भाषण दिया और नागपुर अधिवेशन में दो महिला प्रतिनिधियों को भेजने की बात कही थी।

अयोध्या से लौटते समय बाबा रामचंद्र, बाराबंकी के काशी प्रसाद के निमंत्रण पर, जो अवध किसान कांग्रेस में भाग लेने आए थे, बाराबंकी की ओर चल पड़े थे। बाराबंकी शहर में बाबा का भव्य स्वागत हुआ। डरे हुए भू-स्वामियों ने उदारता बरतने का संकेत दिया। भयारा के जमींदार ने 26 दिसंबर, 1920 को बाबा के साथ बैठक के बाद अवैध करों को न वसूलने की बात की। चौधरी मोहम्मद अली ने भी नज़राना और बेगार न लेने की घोषणा की। गदिया, शाहपुर और बकर हुसैन राज ने बाबा रामचंद्र को अपने यहाँ बुलाया। तालुकेदारों से अच्छे संबंध बनाने के बाद बाबा ने रुदौली में 29 दिसंबर को सभा की और सरकारी अफसरों एवं पुलिस जुल्म की बात की। अब बाबा पूरी तरह से कांग्रेसी राजनीति के अनुसार चलने लगे थे। उन्होंने तालुकेदारों के जुल्म का उल्लेख नहीं किया। उन्होंने स्वदेशी और सूती कपड़े के इस्तेमाल की बात की तथा पंडित सूरज प्रसाद की अध्यक्षता में जिला किसान सभा का गठन कराया।

15 जनवरी, 1921 को आयोजित डलमऊ किसान सभा में बाबा रामचंद्र नहीं जा पाए। डलमऊ किसान सभा में आए किसानों को राष्ट्रीय नेताओं ने किनारे कर डलमऊ सभा स्थगित कर दी थी। अब्दुल बारी और जंगीलाल चौरसिया ने डलमऊ जाने के लिए लखनऊ रेलवे स्टेशन पर पहुँचे किसानों को वापस घरों को भेज दिया था।

पं. मोतीलाल नेहरू के कहने पर बाबा को लखनऊ से आनंद भवन पहुँचा दिया गया था। यह कार्य 20 जनवरी, 1921 के पूर्व हो चुका था, क्योंकि 20 जनवरी, 1921 के 'द लीडर' में बाबा के विरुद्ध छपे एक समाचार के बारे में प्रतिक्रिया देते हुए पं. नेहरू ने लिखा था कि इस समय बाबा आनंद भवन में ठहरे हुए हैं। जब बाबा आनंद भवन में रोक लिए गए थे तभी राष्ट्रीय किसान सभा या नया संयुक्त प्रांत किसान सभा का अध्यक्ष पं. मोतीलाल नेहरू को बना दिया गया। उधर झिंगुरी सिंह, माताबदल कोइरी और अन्य को पता चला कि बाबा रामचंद्र को आनंद भवन में रखा गया है तो वे वहाँ पहुँचे और बाबा को लेकर पैदल ही प्रतापगढ़ वापस आ गए। यह घटना 26 जनवरी 1921 के पूर्व की होगी, क्योंकि 27 जनवरी 1921 की गौहन्ना सभा में बाबा मौजूद थे। बाद में पं. गौरीशंकर मिश्र के आमंत्रण पर बाबा काशी विद्यापीठ के उद्घाटन समारोह में 10 फरवरी, 1921 को पहुँचे थे। (कुमार, 1991:155-157)

बाराबंकी में 12 जनवरी को दिए भाषण के कारण बाबा रामचंद्र को 10 फरवरी, 1921 को बनारस से काशी विद्यापीठ उद्‌घाटन समारोह के बाद गिरफ्तार कर लिया गया था। उन पर मुकदमा चला और दो माह तक सुनवाई हुई। अप्रैल 1921 के प्रथम सप्ताह में फैसला सुनाया गया और दो साल की सश्रम कारावास की सजा हुई। फैसले की प्रति 'द लीडर' के अप्रैल 8, 1921 के अंक में प्रकाशित हुई थी। इंटेलीजेंस ब्यूरो के अभिलेखानुसार बाबा का मुकदमा 4 मार्च 1921 को बाराबंकी स्थानांतरित कर दिया गया था जहाँ उनकी हिम्मत पस्त हो गई थी। वह कोर्ट में रो पड़े थे।

संयुक्त प्रांत किसान सभा की एक मीटिंग 7 फरवरी, 1921 को इलाहाबाद में तय थी। यू.पी. कांग्रेस कमेटी चाहती थी कि इस सभा के किसान उनकी राय मानें। जब किसानों ने उनकी राय नहीं मानी तो असहयोग आंदोलनकारियों ने सेवा समिति परिसर में आयोजित संयुक्त प्रांत किसान सभा बैठक में व्यवधान डाला। 20 से 26 जनवरी, 1921 के बीच आनंद भवन में पं. मोतीलाल नेहरू को राष्ट्रीय किसान सभा अर्थात् नए संयुक्त प्रांत किसान सभा का अध्यक्ष बना दिया गया था मगर उसकी औपचारिक घोषणा 7 फरवरी को ही की गई।

पं. मोतीलाल नेहरू ने अब्दुल बारी को पूरी गोपनीयता बरतते हुए बाबा रामचंद्र को आनंद भवन भेजने के लिए पत्र लिखा। अब्दुल बारी ने लखनऊ से अपने दो सशस्त्र अंगरक्षकों के साथ बाबा को बुर्का पहनाकर इलाहाबाद भेजा। बाबा सीधे आनंद भवन लाए गए। मोतीलाल की अध्यक्षता में ही आनंद भवन में आयोजित एक बैठक में नई किसान सभा का गठन किया गया और उसका नाम 'राष्ट्रीय किसान सभा' रखा गया। उसके बाद संयुक्त प्रांत किसान सभा का 700 शाखाओं में विभाजन हो गया। बाद में माताबदल कोइरी और झिंगुरी सिंह को जानकारी मिली कि बाबा रामचंद्र को इलाहाबाद के आनंद भवन में कैद कर रखा गया है तो वे उन्हें मुक्त कराने के लिए इलाहाबाद पहुँचे।

सरकार, बाबा रामचंद्र को गिरफ्तार करने के मामले में परेशान थी जो कई बार समन की अवहेलना कर चुके थे। उन पर जनवरी के शुरू में बाराबंकी जिले में भड़काऊ भाषण देने का अभियोग था। जिससे भू-स्वामियों और किसानों के बीच दुश्मनी बढ़ गई थी। अवध किसान कांग्रेस में बाबा रामचंद्र ने अपनी अलग पहचान बना ली थी। तब तक बाबा सरकार की आँखों में गड़ गए थे। सरकार उन्हें घेरना चाहती थी।

3 फरवरी, 1921 को बाबा मजिस्ट्रेट के कोर्ट में उपस्थित नहीं हुए। उनकी गिरफ्तारी महात्मा गांधी की उपस्थिति में काशी विद्यापीठ के उद्‌घाटन के तुरंत बाद सभी मुख्य कांग्रेसियों की उपस्थिति में 10 फरवरी, 1921 को हुई। ऐसा कहा जाता है कि किसान सभा पर अपनी पूरी पकड़ बनाने के लिए ही पं. मोतीलाल नेहरू ने बाबा को काशी विद्यापीठ बुलाकर गिरफ्तार करा दिया था। गिरफ्तारी के बाद उन्हें महात्मा गांधी के कमरे में बैठाया गया और उसके बाद बनारस सेंट्रल जेल ले जाकर पागल कुत्ते की

भाँति डाल दिया गया। बाद में पूरी सुरक्षा के साथ उन्हें लखनऊ जेल में स्थानांतरित कर दिया गया। (कुशवाहा, 2018:81)

फैजाबाद कमिश्नर द्वारा जी.बी. मूर को 14 जनवरी, 1921 को लिखे पत्र से स्पष्ट है कि बाबा की गिरफ्तारी एक प्रकार से चुनौतीपूर्ण थी और प्रतिहिंसा की संभावना थी, इसलिए राज्यपाल द्वारा संकेत मिलने के बाद ही ऐसा किया गया था। बाबा रामचंद्र को परिदृश्य से हटाकर और क्षेत्र के किसान नेताओं को गिरफ्तार कर असहयोग आंदोलनकारियों को स्वतंत्र छोड़ दिया गया ताकि वे किसानों के बीच अपना आधार स्थापित कर सकें।

यह कम आश्चर्य का विषय नहीं है कि गांधी जी की उपस्थिति में बाबा रामचंद्र की गिरफ्तारी हुई थी। बिना गांधी जी की रजामंदी के ऐसा संभव न था कि सरकार बाबा के विरुद्ध कार्यवाही करती। यह गिरफ्तारी उनके बाराबंकी में दिए गए सरकार विरोधी भाषणों की वजह से हुई थी। बाबा रामचंद्र की गिरफ्तारी का समाचार जैसे ही बाराबंकी पहुँचा, दुकानदारों ने 12 फरवरी, 1921 को हड़ताल कर दी। मुस्तफा और काशी प्रसाद ने बाबा को मुक्त कराने के लिए सभा की मगर कांग्रेसी नेता खुश नजर आए। (द इंडिपेंडेंट, 16 फरवरी 1921)

अब तक अवध किसानों के सभी वास्तविक नेता, छोटा रामचंद्र, देवनारायण, केदारनाथ, रघुनंदन साधु और बाबा रामचंद्र आदि जेल भेजे जा चुके थे। कांग्रेसियों के लिए मैदान साफ हो चुका था। अप्रैल, 1921 के अंत में पं. मोतीलाल नेहरू ने 'किसानों को संदेश' नामक पर्चा बँटवाया। यह पर्चा असहयोग आंदोलन और गांधीवादी तरीके से आंदोलन करने का पाठ पढ़ा रहा था। छह छात्रों, वंशनारायण सिंह, राधारमण, ज्वाला प्रसाद, रामहरख सिंह, मुरलीधर और मंगल प्रसाद ने प्रतापगढ़ शहर में पर्चा बाँटा। वे सभी 17 से 22 वर्ष की उम्र के थे, उन्हें 28 अप्रैल, 1921 को आपत्तिजनक सामग्री बाँटने के अभियोग में गिरफ्तार कर लिया गया। उन्हें सजा हुई मगर पर्चे के लेखक पं. मोतीलाल नेहरू को छुआ तक नहीं गया। वही पर्चे पं. जवाहरलाल नेहरू ने कचहरी और बाजार में बाँटे थे मगर उन्हें भी गिरफ्तार नहीं किया गया।

जब बाबा रामचंद्र गिरफ्तार किए गए तब वहाँ महात्मा गांधी मौजूद थे लेकिन उन्होंने गिरफ्तारी का विरोध नहीं किया। महात्मा गांधी जी ने लगातार अवध किसान आंदोलन के सीधे संपर्क में आने से खुद को बचाया था जबकि वे 1920-21 में इस क्षेत्र के दौरे पर रहे। (कुशवाहा, 2018:95)

दरअसल गांधी जी किसान आंदोलन को असहयोग आंदोलन के अंतर्गत चाहते थे और पूरी तरह से असहयोग के तरीके से चलाना चाहते थे। जबकि किसानों ने किसान आंदोलन की बागडोर अपने हाथों में ले रखी थी। गांधी जी लगान या ज़मींदारों को दी जाने वाली सेवाओं को रोकने के पक्ष में नहीं थे। वह ज़मींदारों को असहयोग आंदोलन का मुख्य आधार स्तंभ मानते थे। वह चाहते थे कि किसान पं. नेहरू की राय मानें।

सभी सरकारी आदेशों को मानें। किसान नेताओं को गिरफ्तार किए जाने पर पुलिस कार्य में व्यवधान न डालें।

असहयोग आंदोलनकारियों द्वारा किसान आंदोलन पर कब्जा कर लिया गया। उनके द्वारा किसान आंदोलन पर कब्ज़ा करने के बाद असहयोग आंदोलन, खिलाफत आंदोलन और किसान आंदोलन में फ़र्क़ समाप्त हो गया।

अवध किसान सभा, प्रतापगढ़ की नियमावली

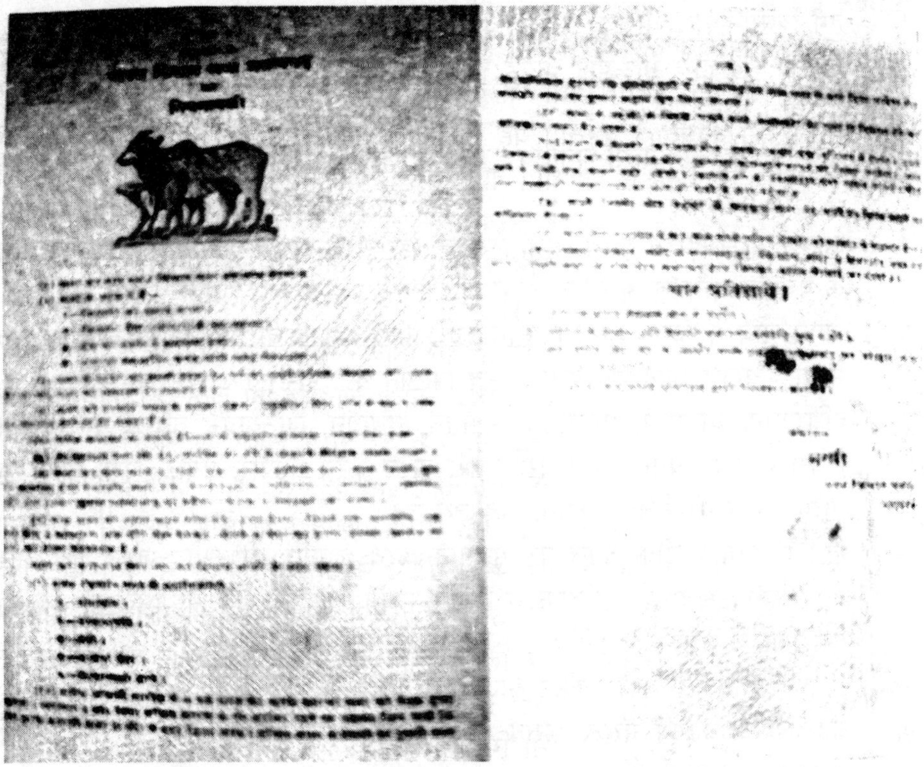

(संदर्भ-फाइल नं. 573, रेवन्यू डिपार्टमेंट, वी.एन. मेहता रिपोर्ट, उत्तर प्रदेश शासकीय अभिलेखागार, लखनऊ)

प्रतापगढ़ का किसान विद्रोह

अवध के किसान आंदोलन की शुरुआत 1917 में प्रतापगढ़ जनपद से हुई थी। बाबा रामचंद्र के प्रतापगढ़ आने से पहले झिंगुरी सिंह ने 22 से 25 किसान सभाओं का गठन कर लिया था। इसके एक किसान कार्यकर्ता ठाकुर दुर्गपाल सिंह को बाबा रामचंद्र 'आंदोलन की जान' कहते थे। ठाकुर दुर्गपाल सिंह के विषय में और जानकारी उपलब्ध

नहीं है। (बाबा रामचंद्र पेपर्स-1, फाइल नं. 2ए)

प्रतापगढ़ के किसान आंदोलन पर बाबा रामचंद्र का प्रभाव चमत्कारी पुरुष की तरह छा गया। वह 1920-21 में चरम पर पहुँचा। किसान सभा का सदस्य बनने के लिए निम्नलिखित प्रतिज्ञायें लेनी पड़ती थी-

बाबा रामचंद्र की पांडुलिपि के पृष्ठ 22, 23 और 24 पर उनकी हस्तलिपि में दर्ज प्रतिज्ञाएँ

1. हम किसान सच बोलब, झूठ न बोलब और अपने दुख के बात सच-सच कहब।
2. केतनों दुख होय मार-पीट कबहुँ न करब। न तो केहू के गारी देब और न केहू पर हाथ छोड़ब।
3. गाँव-गाँव किसान सभा बनाउब। सभा में जाब। केहू के रोके सभा में जाइब वह न करब।
4. आपस में झगड़ा न करब, सुमति रखब। हर गाँव या दुई-दुई, चार-चार गाँव मिल के पंचाइत बनाउब और जब कबौ कुछ झगरा-तकरार होई, वोही में तय कय लेब।
5. अपने गाँव में अगर कौनों किसान खाये-पीये के दुख या और कौनों तरह के दुख में होई ओकर मदद हम करब। सब किसान के दुख-सुख आपन समझब।
6. हथियावन, घोड़ावन, मोटरावन, मुड़ावन, नचावन, लठियावन वगैरह गैर कानूनी टिक्स न देब। बेगार बिना पूरी मजूरी के न करब। उपरि, पतोई, भूसा और रस बाजार भाव पर बेचब। रुपया लेब तबै देब।
7. खेत के लगान ठीक वक्त पर भुगतान करब, लगान की रसीद जरूर लेब और अगर रसीद न मिली तो डाक से लगान भेजब। आपन गाँव भर मिल के ठकुरे - इहाँ जायके लगान देब।
8. खेत चाहे निकरि जाय लेकिन 'नजराना' न देब।
9. बेदखली के कानून मंसूख करावे बरे हम सभा जरूर करब और जब तक मंसूख न होय हम दम न लेब।
10. बेदखल खेत के, जौने किसान के खेत रहा वह के छोड़ि के दूसर कौनों किसान खेत न लेई और अगर कौनों दूसर किसान लेइ ओके सभा से हटा दिया जाई। ओकर छूवा पानी न पिअब। ओकर सलाम-बंदगी बंद कय देब। ओसे कौनों तरह के लस्तगा न रखब।
11. तालुकेदार से बेदखल खेत जोते बदे माँगब। अगर न दीहैं तो भूखन मरब लेकिन जबरदस्ती कबौ न करब। हमारि सुधि न लीहैं तो उनसे भी लस्तगा न रखब।
12. अगर हमार ठाकुर परती में हमार गोरून चरे दीहैं, हम न चराइब, हमार गोरू मर जइहैं लेकिन कानून के खिलाफ न करब।

13. रुई बोउब, घर-घर में चरखा रखब। सूत कातब और अपने तहसील में जुलाहा भाई से कपड़ा बुनवाय लेब।

14. अपने लड़िकन के पढ़ाउब। कपड़ा बिनैके सिखाउब, ईश्वर में विस्वास रखब। भिन्नही और साँझ ईश्वर से आपन दुख मिटावे बरे हाथ जोड़ब। साहस, धीरज और निडर लाई के आपन दुख दूर होये बदे कोशिश करब। किसान भाई व बहीन! ऊपर के बात सच्चे मन से करौ ईश्वर बहुत जलदीयै तुहार दुख कटिहैं।

रामचंद्र शर्मा। तोहार सेवक।

संदर्भ : बाबा रामचंद्र पेपर्स, इन्सटालमेंट, स्पीचेज एंड राइटिंग, फाइल नं. 2ए, नेहरू स्मारक संग्रहालय एवं पुस्तकालय, तीनमूर्ति भवन, नई दिल्ली।

किसान सभा में आने के पूर्व जौनपुर, सुल्तानपुर और प्रतापगढ़ की सीमा पर रहते हुए बाबा रामचंद्र ने स्थानीय बोली, वहाँ के जमींदार मित्रों से सीखी थी। जमींदार मित्रों के सहयोग से ही उन्होंने मंदिर बनवाए और भंडारे का आयोजन किया। यहीं वह झिंगुरी सिंह और सहदेव के संपर्क में आने के बाद किसानों के दुखों से जुड़ते गए। बाबा रामचंद्र ने गाँवों में भ्रमण के समय सीताराम अभिवादन को मंत्र की तरह इस्तेमाल किया था। वह प्रत्येक पर्चे या पत्र के ऊपर पहले 'सीताराम' लिखते थे। तीनमूर्ति भवन स्थित संग्रहालय में रखे बाबा रामचंद्र के 1939 तक के अभिलेखों को देखने से स्पष्ट है कि उन्होंने कभी अपने नाम के साथ 'किसान सेवक अवध' तो कभी 'किसान सेवक' का इस्तेमाल किया है, मगर 'सीताराम' का प्रयोग जारी रहा है। वह 'रामचरितमानस' के दोहों और चौपाइयों को सामंती प्रवृत्तियों के विरुद्ध जनता को जोड़ने में इस्तेमाल करते। बाबा रामचन्द्र ने रूरे में किसान आन्दोलन के दौरान 'गोहार' लगाने की नयी अहिंसात्मक तकनीक अपनायी। जिसमें यदि किसी किसान पर जमींदार के कर्मचारी अत्याचार करते थे तो ग्रामवासी 'जय-जय सीतारा' का नारा लगाते थे। नारे को सुनकर अन्य गाँव के लोग भी सीताराम का उद्घोष करते हुए इकट्ठा हो जाते थे।

अवध किसान आंदोलन के दौरान किसान एक लोकगीत गाते थे, वह था **बाबा रामचंद्र के रजवा परजा मजा उड़ावे ना।।**

2 सितंबर, 1920 को पुलिस अधीक्षक प्रतापगढ़ ने वहाँ के पूर्व पुलिस अधीक्षक मि. स्कॉट को एक पत्र भेजा, जो उस समय आजमगढ़ में तैनात थे। अभिप्राय यह था कि जब कॉनर प्रतापगढ़ में थे तब कुछ किसानों पर धारा 379 आई.पी.सी. के अंतर्गत वाद दर्ज हुआ था। उन किसानों का संबंध किसान सभा से था और उन्होंने प्रतापगढ़ के एक तालुकेदार के फल के बाग को लूट लिया था। उन पर चले मुकदमे के दौरान किसानों द्वारा रामायण पाठ का शोर किया गया। बाद में डिप्टी कमिश्नर ने भविष्य में शांतिपूर्वक व्यवहार करने की चेतावनी देते हुए उक्त वाद को समाप्त कर दिया था। इसलिए तत्कालीन पुलिस अधीक्षक, पूर्व पुलिस अधीक्षक को बताना चाहते थे कि वह

निर्णय उचित नहीं था। मि. स्कॉट ने 4 सितंबर, 1920 को मि. एल.एम. केय, आई. जी. पुलिस, संयुक्त प्रांत को पुलिस अधीक्षक प्रतापगढ़ के अद्र्धशासकीय पत्र से सहमति जाहिर करते हुए उनके अध्ययन हेतु वह पत्र भेजा था। परिणाम यह हुआ कि उसके बाद प्रतापगढ़ के आसपुर थाना क्षेत्र में किसानों के उपद्रव की अनेक घटनाएँ हुईं। बाध्य होकर पुलिस ने सी.पी.सी. की धारा 107 के अंतर्गत 5 मुख्य रिंग लीडरों के विरुद्ध कार्यवाही की। एक वाद 107 क्रिमिनल प्रॉसिजर कोड और धारा 379, इंडियन पीनल कोड का भी दर्ज़ हुआ। बाबा रामचंद्र एवं झिंगुरी सिंह सहित 32 किसानों पर तालुकेदार छबिराज़ कुँवर के कारिन्दों ने चोरी का झूठा मुकदमा लिखवा दिया था। छबिराज कुँवर पर 5 लाख का कर्ज था। उसे चुकाने के लिए बाबा रामचंद्र ने लखरावाँ बाग में 80 हजार किसानों को बुला लिया था लेकिन तालुकेदार ने पुलिस बुलाकर किसानों को भगाया और बाबा सहित 32 किसानों को गिरफ्तार करा दिया। यद्यपि कि उस समय अवकाश पर चल रहे डिप्टी कमिश्नर वी.एन. मेहता ने बाबा की प्रसिद्धि को देखते हुए उन्हें गिरफ्तार करने से मना किया था। उनके निर्देश के बावजूद बाबा गिरफ्तार कर लिए गए थे। न्यायालय ने अभियोग निर्धारित करते हुए ज़मानत से इनकार कर दिया था जिससे सभी 32 अभियुक्तों को 28 अगस्त, 1920 को जेल भेज दिया गया था। इसी घटना ने बाबा को किसान नायक बना दिया। इसके बाद इस वाद की पैरवी के लिए इलाहाबाद के दो वकीलों, पं. जवाहरलाल नेहरू और गौरीशंकर मिश्र का प्रतापगढ़ आना शुरू हुआ। तब प्रतापगढ़ के कार्यवाहक डिप्टी कमिश्नर बृजलाल थे। 29 अगस्त, 1920 को पं. जवाहरलाल नेहरू और गौरीशंकर मिश्र इलाहाबाद से आए और पट्टी तहसील के कुछ गाँवों में सभा की। उन्होंने कुर्मियों से कहा कि समूह में सदर जाकर प्रशासन से रामचंद्र को छोड़ने को कहें या उनसे कहें कि हमें भी जेल में डाल दें। उन्होंने किसानों से यह भी कहा कि गांधी जी प्रतापगढ़ आने वाले हैं। 1 सितंबर, 1920 को सदर कचहरी में मामले की सुनवाई होनी थी। परिण ाम यह हुआ कि 1 सितंबर, 1920 को 4,000 से 5,000 किसानों की भीड़ शहर में जमा हुई और अपने दोनों मुख्य नेताओं को देखने सदर कचहरी आ पहुँची। किसान आक्रोशित थे और उनकी भीड़ बढ़ती जा रही थी। इसलिए कार्यवाहक डिप्टी कमिश्नर ने तय किया कि अभियुक्तों को जेल से बाहर नहीं लाया जाएगा और जेल में ही सुनवाई होगी। यह देख भीड़ 5 बजे शाम को जेल के पास जमा हो गई और माँग करने लगी कि हमारे दोनों नेताओं को दिखाओ अन्यथा हमें भी जेल में डाल दो। उनसे कहा गया कि अगले दिन कुछ लोग आएँ तो उन्हें अभियुक्तों को देखने का अवसर दिया जाएगा। किसान नेताओं द्वारा हिंदी और उर्दू में हाथ से लिखे पर्चे बाँटे गए और किसानों को प्रतापगढ़ पहुँचने को कहा गया। सिविल सर्जन और पुलिस अधीक्षक मोटरगाड़ी से भीड़ के पास गए और उन्हें समझाया। भीड़ कह रही थी कि वह अपने नेताओं के लिए मर जाना चाहेगी। अंत में जाकर भीड़ छंटी। पंडित नेहरू और गौरीशंकर ने किसानों से कहा कि बाबा रामचंद्र और अन्य के जेल जाने से वे हतोत्साहित न हों। अगली सुनवाई 4 सितंबर को होनी थी। पुलिस

अधीक्षक ने डी.आई.जी. रेंज को सूचना भेजते हुए आशंका जाहिर की थी उस दिन ज्यादा भीड़ आ सकती है। (कुशवाहा, 2018:96-97)

10 सितंबर को बेचैन किसानों की भारी भीड़ प्रतापगढ़ जेल के बाहर जमा हो गई और एक बार फिर अपने नेताओं को छुड़ाने के प्रयास में जुड़ गई। जमा भीड़ के बारे में कई तरह के अनुमान थे। लीडर और इंडिपेंडेंट अखबारों ने 20,000 का अनुमान लगाया था जबकि बाबा रामचंद्र ने अपने प्रपत्रों में 40,000 से 50,000 की भीड़ के बारे में लिखा है। बाबा द्वारा लगाया गया अनुमान वास्तव में बहुत ज्यादा था। एक बार फिर अफ़वाह उड़ाई गई कि बाबा रामचंद्र को मुक्त करने की सरकार से अपील करने के लिए गांधी जी प्रतापगढ़ जेल आने वाले हैं। पुलिस ने मोर्चा संभाल लिया मगर भारी भीड़ को देखते हुए गोली चलाने के बजाय संगीनों से भीड़ को हटाने का प्रयास किया जाने लगा। अधिकारियों ने भीड़ को वापस जाने का अनुरोध किया जिसे अनसुना कर दिया गया। अंत में स्थानीय वकील माताबदल पांडेय ने किसानों से कहा कि कल सुबह यानी 11 सितंबर की सुबह बाबा रामचंद्र को छोड़ दिया जाएगा। अधिकारी इस बात से परेशान थे कि अगर बाबा रामचंद्र को तत्काल छोड़ा नहीं गया तो किसान आगामी तिथि को परेशानी खड़ी कर सकते हैं। 10 सितंबर की रात किसान सई नदी के किनारे रुक गए थे। गांधी जी को तुरंत प्रतापगढ़ पहुँचने के लिए टेलीग्राम कर दिया गया था। इसके बाद कार्यवाहक डिप्टी कमिश्नर, जेल सुपरिटेंडेंट, माताबदल पांडेय और परमेश्वर दयाल जेल में बाबा रामचंद्र से जाकर मिले और उनसे भीड़ को हटाने के लिए सहयोग करने को कहा। बाबा रामचंद्र ने सभी को छोड़ने और किसानों को प्रतापगढ़ आने-जाने का व्यय देने को कहा। किसानों की भीड़ को बढ़ते देखकर अधिकारी तनाव में थे। उन्होंने बाबा रामचंद्र को छोड़ने का मन बना लिया था। इसलिए विचार-विमर्श के बाद 500 रुपए के व्यक्तिगत बांड और 500-500 रुपए के तीन जमानत और भविष्य में शांतिपूर्वक व्यवहार करने की चेतावनी देकर मामले को समाप्त कर दिया था। ये तीनों बांड लाला नन्दकुमार, भरतू सिंह और पं. रामभरोसे ने दिए थे। उसके बाद अगले दिन अर्थात् 11 सितंबर, 1920 को कार में बैठाकर बाबा को एक गन्ने के खेत में ले जाकर छोड़ दिया गया। जहाँ उस दिन सुगही बाग के सेना शिविर मैदान में बाबा को देखने के लिए लगभग 60 हजार की भीड़ जमा हो गई थी। वहाँ शाम को बाबा ने पेड़ पर चढ़कर लोगों को दर्शन दिए थे। बाबा ने झिंगुरी सिंह और अन्य के मुकदमे में वकीलों द्वारा पैसा माँगने का जिक्र किया जो भीड़ ने काफी पैसा जमा कर दिया, मगर बाबा ने कुल धनराशि केवल 100 रुपए बताई थी। इस प्रकार पहली बार औपनिवेशिक सत्ता को पीछे हटने के लिए किसानों ने मजबूर कर दिया था जबकि इलाहाबादी कांग्रेसी 10 सितंबर से 11 सितंबर तक, 38 घंटे के इस लंबे घेराव में दूरी बनाए रहे।

इस संबंध में पूर्व में ही कमिश्नर, फैजाबाद द्वारा मुख्य सचिव मि. कीन को लिखे पत्र से स्पष्ट है कि भीड़ द्वारा दबाव बनाकर बाबा रामचंद्र और झिंगुरी सिंह को

मुक्त कराने की कोशिश के बारे में 8 सितंबर, 1920 को सरकार को सूचित कर दिया गया था।

भीड़ द्वारा सुनवाई के दौरान 1 या 4 सितंबर को दबाव बना कर बाबा रामचंद्र का जेल से मुक्त कराने के प्रयास की खबर 'द इंडिपेन्डेन्ट ने 5 सितंबर को पृष्ठ चार पर 'टेरेरिज्म इन प्रतापगढ़' शीर्षक से छापा था जिस पर मुख्य सचिव ने अपने डी.ओ. नं. 1042-एस, सितंबर 5 द्वारा मि. एच.आर.सी. हेलेय कमिश्नर फैजाबाद से वस्तुस्थिति स्पष्ट करने को कहा था। कमिश्नर फैजाबाद ने अपने 5 सितंबर के पत्र द्वारा मुख्य सचिव को जवाब दिया था। उन्हें 28 अगस्त को बाबा रामचंद्र और गौरीशंकर मिश्र की गिरफ्तारी की जानकारी न थी। 5 सितंबर को वह नैनीताल में थे।

पं. मोतीलाल नेहरू और पं. मदनमोहन मालवीय के नेतृत्व में जो किसान सभाएँ बनी थीं वे किसानों की समस्याओं के लिए क्रांतिकारी संघर्ष के लिए नहीं बनी थीं। उनका उद्देश्य समय-समय पर सरकार के सामने कुछ माँग-पत्र प्रस्तुत करते रहना था जिससे कि लेजिस्लेटिव कौंसिल के चुनावों के लिए माहौल बनाया जा सके। इसी क्रम में गौरीशंकर मिश्र ने डिप्टी कमिश्नर के पास तार भेजा जिसको 'आज' अखबार ने 'प्रतापगढ़ में किसान, लाट साहब को तार' शीर्षक से छापते हुए लिखा कि 'आपने डिप्टी कमिश्नर के पास तार भेजकर किसानों के प्रति जो सहानुभूति प्रदर्शित की है उसके लिए मैं प्रतापगढ़ के किसानों की ओर से हार्दिक धन्यवाद देता हूँ। नज़राना, बेगारी और बेकायदा बेदखली, अनुचित कर और तालुकेदारों के कारिंदों के जुल्म ने अवध के किसानों की दशा बहुत ही शोचनीय बना दी है। किसानों की परिस्थितियों की जाँच के लिए एक जाँच कमीशन शीघ्र नियुक्त होना चाहिए, जिसमें किसानों के पर्याप्त प्रतिनिधि हों।'

दैनिक 'आज' में एक और समाचार देखने को मिलता है—'शुक्रवार, 8 अक्टूबर, 1920 को प्रतापगढ़ के तालुकेदारों की एक सभा डिप्टी कमिश्नर के बँगले के सामने हुई। गौरीशंकर मिश्र जो मुरादाबाद प्रांतीय कॉन्फ्रेंस में (ट्रेन से) जा रहे थे, प्रतापगढ़ के एक तालुकेदार के कहने पर उतर गए। कहा गया था कि तालुकेदार सभा के बाद किसानों और तालुकदारों में झगड़ा कम करने के लिए वार्तालाप किया जाएगा। मिश्र ने 8 बजे रात तक प्रतीक्षा कि मगर तालुकेदारों ने बुलाया ही नहीं। वार्ता में काम की बातें नहीं हुईं। डिप्टी कमिश्नर मि. मेहता महाशय ने कोशिश की कि बेदखल किसानों से एक आना पेशी लेकर खेत दे दिए जाएँ। तालुकेदारों ने इसका विरोध किया। अब मेहता साहब को किसानों के ऊपर उनके आपदोद्धार का भार छोड़ देना चाहिए। किसान अपने पैरों पर खड़े हो रहे हैं और वे आंदोलन करेंगे। उनकी जय हो-एक किसान।' इस प्रकार देखें, तो चाहें सरकारी पक्ष के मेहता हों या किसानों के रहनुमा बने पं. मालवीय या पं. मोतीलाल नेहरू, ये सभी संयुक्त प्रांत के गरीब किसानों के आँसू पोंछने का दिखावा मात्र कर रहे थे। (आज, 12 अक्टूबर, 1920)

दैनिक 'आज' ने 17 अक्टूबर, 1920 को समाचार का शीर्षक दिया 'प्रतापगढ़ के किसानों का दुख, नेताओं ने सान्त्वना दी'। अखबार लिखता है कि इलाहाबाद 16 अक्टूबर, प्रयाग जिले में मान्यवर पं. मदनमोहन मालवीय तथा पंडित मोतीलाल नेहरू ने रेलवे स्टेशन पर ठहर कर किसानों से अनुरोध किया कि उनको सब्र करना चाहिए और कोई भी अनुचित कार्य न करना चाहिए। साथ ही साथ उनको चाहिए कि जमींदार तथा तालुकेदार के विधान विरुद्ध कार्यों को कभी न मानें। उन्होंने किसानों से वादा किया कि उनके साथ न्याय किया जाएगा और उन्हें ज़मींदारों को केवल लगान देना चाहिए। उन्होंने यह भी कहा कि मिस्टर मेहता, डिप्टी कमिश्नर बड़ी दयालुता से दुखों की जाँच करते हैं। इसी तिथि को अखबार ने 'प्रतापगढ़ के किसान' शीर्षक से एक दूसरा समाचार छापा। उसमें लिखा था-'किसानों की गिरी हुई दशा की जाँच प्रारंभ हो गई है। डिप्टी इशरत हुसैन साहब खास इसी कार्य के लिए नियुक्त किए गए हैं। प्रतापगढ़ के भिन्न-भिन्न स्थान जाँच के लिए निश्चित कर लिए गए हैं। तारीख 6 अक्टूबर, 1920 को डिप्टी कमिश्नर मेहता और डिप्टी इशरत हुसैन साहब इसी काम से गए थे। करीब 3,000 किसान भिन्न-भिन्न रियासतों से उपस्थित थे। किंतु किसानों से कहा गया कि रियासत उडैय्याडीह और हरीपुर के किसानों से केवल पूछताँछ होगी। इसलिए अक्टूबर 7, 1920 को केवल 1,200 किसान रहे। किसानों से नजराना, अंदर मियाद पट्टे से बेदखली, कुपाग टिकस, हथियावन, घोड़ावन इत्यादि, तामिरानम करन, पेड़ी इत्यादि संबंधी प्रश्न किए गए थे। सभी किसानों से कहा गया कि अनवत के दिन एक रुपए में 14 छटाँक घी और 15 सेर भूसा दो। एक-आध किसान चुपचाप बैठे रहे। जाँच में किसान सभा का बहिष्कार किया गया। अच्छा होता कि सभी से एक या दो प्रतिनिधि बुला लिए जाते। अस्तु, किसानों से भूसा और घी दिलवाने की प्रतिज्ञा कराना ठीक नहीं। किसान इन अन्यायपूर्ण टिकसों के सामने कदापि अपना सिर न झुकाएँ। एक कृषक हृदय।'

बाबा रामचंद्र और गौरीशंकर मिश्र के संबंध बड़े विचित्र थे। एक ओर बाबा यह मानते थे कि प्रतापगढ़ किसान आंदोलन गौरीशंकर के बिना नहीं चल सकता था, तो दूसरी ओर वह यह कहते थे कि गौरीशंकर मिश्र अपने आलेखों में उन्हें किसान नेता के रूप में प्रचारित नहीं करते। साथ ही साथ पम्फलेटों की बिक्री से प्राप्त धनराशि की जानकारी नहीं देते।

तत्कालीन अवध में बेदखली की जितनी नोटिसें जारी होती थीं, उनका एक तिहाई वास्तव में लागू होता था। अर्थात् हरेक तीन में से एक मामले में बेदख़ली हो जाती थी बाकी मामलों में नज़राना की मोटी रकम वसूल कर बरकरार रखा जाता। इस प्रकार बेदखली का इस्तेमाल नज़राना को लागू करने के लिए किया जाता।

मेहता ने अपनी जाँच रिपोर्ट के समरी ऑफ फाइडिंग्स एंड रिकमेंडेशन्स में कुछ जरूरी बातें रखी। उन्होंने बेदख़ली के आँकड़ों को रखते हुए स्पष्ट किया कि मात्र 1916-17 की तुलना में 1919-20 में बेदख़ल की गई जमीन का क्षेत्रफल दूना हो चुका था।

किसानों को जमीन की स्थायी लीज के लिए तब 500 रुपए प्रति बीघा कर देना पड़ता था। नज़राना की धनराशि कई बार लीज़ कर का दूना हो जाती थी। नज़राने को चुकाने का स्रोत थी जिले की मनीऑर्डर अर्थव्यवस्था। जिले के ज्यादातर मजदूर बाहर काम पर जाते थे और कमा कर मनीऑर्डर भेजते थे। जिले में मनीऑर्डर का आय, कुल भू-कर का दूना था। मनीऑर्डर की धनराशि नज़राना देने और अपने पुश्तैनी जमीन से बेदख़ल रोकने में प्रयुक्त होती थी। खेती की आय से नज़राना दे पाना असम्भव था। नए किसानों से मई-जून में धान की बोआई से पहले नज़राना लिया जाता था इसलिए मई माह में सबसे ज्यादा मनी ऑर्डर पहुँचता।

मेहता ने नज़राना देने के लिए कर्ज़ लेने और कुछ न बचने पर भी खेती करने की प्रवृत्ति पर तुलसीदास का एक दोहा लिखा है–'तुलसी रामहीं यूँ भजो ज्यों किसान की रीति। दाम चौगुनो रिण घनो तोहूँ खेत से प्रीति।'

नज़राना वसूलने के कई अमानवीय तरीके थे। कई बार खेत को दो भागों में विभक्त कर दो किसानों से नज़राना वसूल लिया जाता। किसानों की हालत यह थी कि भिन्न बंदोबस्त वाले जौनपुर जिले के किसान, जहाँ दक्खिनी बंदोबस्त लागू था, अपने जिले की सीमा के बाहर अपनी बेटियों को प्रतापगढ़ वालों के यहाँ नहीं ब्याहते थे। वे जानते थे कि बेदख़ली से बचने के लिए उनकी बेटियाँ तक बेच दी जाएँगी।

प्रतापगढ़ जिले में कन्या-विक्रय के मामले

लड़कियों की उम्र	जिसके द्वारा बेचा गया	खरीदने वाले पति की उम्र	जितने रुपए में बेचा गया
5	भाई द्वारा	40	300
12	पिता द्वारा	60	300
7	”	50	200
12	”	30	300
5	”	40	300
7	”	40	200
10	”	40	400
10	”	40	500

(**संदर्भ** : मेहता रिपोर्ट, पृष्ठ 10-11, फाइल नं. 753/1920, रेवेन्यू, उ.प्र. शासकीय अभिलेखागार, लखनऊ)

मेहता ने लिखा है कि एक गरीब गयादीन दुबे ने रोते हुए बताया कि दो साल पहले मुफरीद जमींदार ने बकाया वसूली का कानूनी नोटिस दिया। उसने अपना मवेशी बेच कर रकम चुकाया। उसके बावजूद वह जमींदार उसे जमीन से बेदख़ल करने की धमकी देने लगा और 500 रुपए की माँग की। गयादीन के पास कुछ भी बचा नहीं था। उसने अपनी 10 साल की बेटी को 40 साल के आदमी के हाथ 500 रुपए में बेच दिया। ब्राह्मण की बेटी होने के नाते उसे 500 रुपए मिले अन्यथा निम्न जातियों की बेटियाँ मात्र 200 से 300 रुपए में बेच दी जाती थीं।

मुर्दाफ़रोशी का रिवाज़-किसान नज़राना की रकम चुकाने के लिए सम्मान बेचने को मजबूर हुए'। बीसवीं शताब्दी यानि सौ साल पहले अवध में मुर्दाफ़रोशी की कुप्रथा कायम थी। जिसमें परिवार के मुखिया की मृत्यु के बाद उसके वारिसों से नज़राना वसूल किया जाता था। सन् 1920 में मुर्दाफ़रोशी की वजह से करों टैक्स की जमा रकम में 12: से 86: की वृद्धि दर्ज़ की गई। (कुशवाहा, 2018:125) अवध में भूमि बंदोबस्त कानून लागू होने से किसानों की दुर्दशा लगातार बढती जा रही थी। बाद में कुछ संशोधन हुए तो 1886 ई. में कुछ तब्दीली हुई और किसानों को सात साला अधिकार मिला। किंतु जनपद के 286 तालुकेदारों के पास हजारों हथकंडे होते थे। लगाने अदा नहीं हुआ इस बिना पर बेदखली। काश्तकार मर गया इस कारण से बेदख़ली। किसान को बेदख़ली से बचना है तो नज़राना की रकम का इंतजाम करना पड़ता था। कितने आसामी नज़राने की रकम अदा करने के लिए बेटियाँ तक बेचने को मजबूर हुए और आसामी के मरने पर मुर्दाफ़रोशी का रिवाज ही देशी कानून बन गया था।

अब तो मुर्दाफ़रोशी तालुकेदारों की आमदनी का मुख्य ज़रिया बन चुका था। एक ओर परिवार के कमासुत मुखिया की मौत से टूटा परिवार रो धोकर क्रिया–कर्म के खर्च का जुगाड़ कर रहा होता तो दूसरी ओर तालुकेदार के कारिंदे बेदख़ली की कार्यवाही में लग जाते। घर के द्वार पर इधर मुर्दा पड़ा है उधर नज़राने के लिए बोलियाँ बोली जाने लगती थी। मकसद सिर्फ एक ही–ज्यादा-से-ज्यादा रकम उगाहना होता था।

प्रतापगढ़ के ठाकुर रामरखा सिंह ने पूरे इलाके का दौरा कर किसानों को समझाया कि अगर किसान कानून के खिलाफ कार्य करेंगे तो उन्हें इलाहाबाद के कांग्रेसी नेताओं का सहयोग न मिलेगा। इससे इलाहाबादी कांग्रेस नेताओं के मूल मकसद का आभास हो जाता है। यहाँ कि भू-व्यवस्था का स्वरूप ज़मींदारों और तालुकेदारों ने इतना आततायी बना दिया था कि किसान मरने को मजबूर थे।

बाबा रामचंद्र ने शुरू में किसानों से वसूले जा रहे अनाप-शनाप उप करों को न देने की नीति को नकारा नहीं था। जैसे उन्होंने माँग रखी थी कि किसान प्रति हल, 15 सेर भूसा, एक बोझा पुआल, एक बोझा करबी, एक जग गन्ने का रस, जमींदार को देंगे। बाद में उन्होंने इन उप करों को नकारते हुए केवल कर देने की बात की। मेहता ने भी पट्टी तहसील के किसानों की बातें सुनकर पट्टा और कबूलियत का निर्धारित फार्म तय करने की राय दी जिससे भू-स्वामी उसी के अनुसार आचरण करने को बाध्य हों। उन्हें

रकम सवाई का अधिकार न हो और किसान को अधिकतम प्रति हल 12 सेर भूसा, 12 सेर वजन का एक बोझा करबी, 12 सेर वजन का एक बोझा पुआल, होली और दशहरा पर एक-एक रुपए भेंट देना हो।

प्रांत के राज्यपाल हरकोर्ट बटलर को मेहता रिपोर्ट पसंद नहीं आई थी। उन्होंने 9 जनवरी, 1921 को मि. हेलेय को लिखे पत्र में कहा था कि ऐसा लगता है कि मेहता, अवध के विरोधाभासों से अनजान हैं। उनके अनुसार नज़राना पर रोक लगाने का मतलब होगा कि जे.आर रीड की राय पर सेंडर्स द्वारा उच्च किराया तय करनेवाले भू-बंदोबस्त का गला घोंट देना। अगर मेरी याददाश्त सही है तो पट्टी तहसील का कर पहले ही तीन बार कम किया जा चुका है।

संयुक्त प्रांत के राज्यपाल हरकोर्ट बटलर की तालुकेदारों से दोस्ती की चर्चा ब्रिटिश प्रशासन में भी होती थी।

कांग्रेसियों की मजबूत लॉबी इस दिशा में प्रयासरत थी कि किसी भी तरह प्रतापगढ़ के किसान आंदोलन के तीखे तेवर को नरम कर दिया जाए। उसे अहिंसा और असहयोग के साँचे में ढाल कर कांग्रेसी नेतृत्व प्रदान कर दिया जाए।

प्रतापगढ़ के डिप्टी कमिश्नर वी.एन. मेहता की छवि उदार प्रशासक की थी। उन्होंने अवध किसान सभा के गठन की तिथि 17 अक्टूबर, 1920 को उद्घाटन भाषण भी दिया था।

अवध किसान कांग्रेस, 20-21, दिसंबर 1920 का निर्णय, किसान आंदोलन को गति देने की दिशा में एक बड़ा कदम था। अयोध्या किसान कांग्रेस के बाद इलाहाबादी कांग्रेसी बाबा रामचंद्र के पर कतरने की ताक में थे। कांग्रेसियों की यह चाल तब स्पष्ट हो गई जब पं. मदनमोहन मालवीय द्वारा स्थापित अखबार 'द लीडर' जनवरी 1921 के मध्य से ही बाबा रामचंद्र को किनारे लगाने के लिए उनके ख़िलाफ माहौल बनाने में जुट गया।

उपर्युक्त ऐतिहासिक विवरण से स्पष्ट हो जाता है कि संयुक्त प्रांत में उभरे किसान विद्रोह का राष्ट्रीय स्वतंत्रता आंदोलन की अगुवाई करने वालों द्वारा पूरी तरह अपने कब्ज़े में लिया जा चुका था। 1930 में निराश होकर बाबा रामचंद्र ने कांग्रेसियों को धोखेबाज कहा था। (सरकार, 1989:192)

अवध किसान विद्रोह को कांग्रेस में समेटने के कई कारण थे। एक तो अवध से इलाहाबाद सटा हुआ था और भारतीय राष्ट्रीय कांग्रेस का गढ़ आनंद भवन था। दूसरा बाबा रामचंद्र का धार्मिक व्यक्तित्व उन्हें गांधी जी के करीब रखता था। बाबा रामचंद्र की पत्रावलियों में उनके स्पीच एंड राइटिंग्स को देखें तो हम पाते हैं कि सनातन धर्म पर बाबा रामचंद्र एवं गांधी जी की सोच समान है। दोनों वर्णाश्रमी व्यवस्था के पक्षधर हैं। कुर्मी महिला जग्गी से शादी कर लेने के बाद भी बाबा ने दलित उत्थान के लिए कोई सक्रिय आंदोलन नहीं किया। उज्जैन में गंगा नाम की महिला से संबंध बनाने के बाद

फ़ीजी में उन्होंने एक दलित महिला से शादी की थी। बाबा का पूरा जीवन विविध रूपों में प्रकट होता है। (कुशवाहा, 2018 : 185)

बाबा रामचंद्र द्वारा कुर्मी जाति की महिला जग्गी से शादी कर लेने के कारण कुछ स्थानीय यादव नाराज़ रहने लगे थे। एक बार बाबा दौरे पर गए थे तो रामपाल अहीर, (कुंडा, दाऊदपुर तकिया) ने 19 मई, 1939 को घर फूँकने की धमकी दी और उनकी पत्नी को मारने की कोशिश की थी। लौटने पर बाबा ने 22 मई को एफ.आई.आर दर्ज करने की अर्ज़ी थानेदार, तहसील पट्टी को दी थी।

बाबा रामचंद्र का अवध के किसानों पर जो प्रभाव पैदा किया गया वह धार्मिक आभामंडल से युक्त था। 1920-22 में गरीब किसानों की क्रांतिकारी पहल के दमन के बाद बाबा के नेतृत्व में किसानों ने कभी भी कोई विद्रोही रुख नहीं अपनाया। तहसील पट्टी, प्रतापगढ़ का देवीदीन कुर्मी उन्हें पत्र लिख कर हिरण्यकश्यप के अत्याचार से प्रह्लाद को बचाने वाले, बालि की हत्या कर सुग्रीव का कष्ट मिटाने वाले भगवान रामचंद्र के समान बताता है और अपील करता है कि उसकी पुश्तैनी 40 बीघा जमीन जो तालुकेदार, पटवारी और महाजन ने मिलकर हड़प ली है, उनसे रक्षा करें। मगर बाबा कुछ करने की स्थिति में नहीं थे।

इस प्रकार प्रतापगढ़ में 1917 में ठाकुर झिंगुरी सिंह और सहदेव सिंह की अगुवाई में जन्मी किसान सभा ने भारतीय राजनीति की बहुत महत्त्वपूर्ण घटना थी। इसने भारतीय राजनीति पर अपनी अमिट छाप छोड़ी। रूरे के किसान आंदोलन का नेतृत्व अपने हाथ में लेकर पंडित नेहरू का व्यक्तित्व देश का राजनीतिक व्यक्तित्व बन गया तथा 15 अगस्त 1947 को देश के प्रथम प्रधानमंत्री बने।

रकम सवाई	एक प्रकार से अतिरिक्त किराए (सवा गुना) की माँग जो नकद, वस्तु के रूप में या मजदूरी के रूप में वसूल की जाती थी।
बेगार	जमींदार और उनके कारिंदे मजदूर-किसान से बिना मजदूरी के काम कराते थे। यह प्रथा बेगार कहलाती थी।
सवाक प्रथा	बेगार का क्रूरतम रूप सवाक प्रथा था। जिसमें मजदूर गुलामों के रूप में काम करता था।
हारी	हारी के रूप में भू-स्वामी साल में 12 बार हल बैल बिना किसी भुगतान के ले सकता था।
नजराना	कर के अतिरिक्त वह धन/लाभ जो जमीन के लीज़ के नवीनीकरण पर या प्रतिवर्ष निर्धारित पट्टा राशि के अतिरिक्त, बिना रसीद के गैर-कानूनी रूप से लिया जाता था। नवीनीकरण के समय ज़मींदारों को वही किसान नजर आता, जो नज़राना दे देता था। इसे एक प्रकार की घूस भी कहा जा सकता है।

हथियावन	एक प्रकार का कर जिसे हाथी खरीदने के लिए तालुकेदारों द्वारा लगाया जाता था।
घोड़ावन	घोड़ा खरीदने के लिए लगाया जाने वाला कर।

हिंदी दैनिक 'हिंदोस्थान' समाचार पत्र का प्रकाशन

राजा रामपाल सिंह एक रियासत के ताल्लुकेदार अवश्य थे, परंतु उन्होंने अपने पिता लाल प्रताप सिंह से जो सन् 1857 के प्रथम स्वतंत्रता संग्राम युद्ध में अंग्रेजों से लड़ते हुए वीरगति को प्राप्त हुए थे, स्वाधीनता की चिन्गारी विरासत में प्राप्त की थी। जब वे इंग्लैंड गए तो उन्होंने अनुभव किया कि समाचार-पत्र किस प्रकार राजनीति को प्रभावित कर सकते हैं, लोगों के अभावों-अभियोगों को उजागर कर सकते हैं और शासन को अपना उत्तरदायित्व निभाने के लिए बाध्य कर सकते हैं।

राजा रामपाल सिंह ने 1871 ई. में इंग्लैंड गए। 1883 ई. से 1885 ई. तक 'हिंदोस्थान' इंग्लैंड में प्रकाशित होता रहा। उस समय यह पत्र लेथो प्रेस में छपता था और अंग्रेजी में निकलता था। 14 वर्ष बाद रामपाल सिंह के इंग्लैंड से भारत लौटने पर नवंबर 1885 से उक्त पत्र भारत में भी छापा जाने लगा। जब वे ब्रिटेन में ही थे, तब वहाँ पर 'हिंदोस्थान' नाम से हिंदी, उर्दू और अंग्रेजी में यह पत्र निकालना शुरू किया। सन् 1885 ई. से लेकर 1890 ई. तक साप्ताहिक पत्र के रूप में हिंदोस्थान छपता रहा तथा सन् 1890 ई. से 1905 ई. तक इसका प्रकाशन सप्ताह में तीन दिन होने लगा। सन् 1906 ई. से 'हिंदोस्थान' के अंग्रेजी संस्करण ने भी दैनिक पत्र का रूप ग्रहण कर लिया। इसके सम्पादन के लिए राजा रामपाल सिंह ने श्री टेम्पल और श्री पियरसो जैसे अंग्रेजी के प्रसिद्ध लेखकों को विलायत से बुलाया था। अंग्रेजी में उनकी सहायता श्री टेम्पल नाम के एक सज्जन करते थे, पर हिंदू-उर्दू पत्रों को उन्हें स्वयं देखना पड़ता था। ब्रिटेन में यह पत्र मासिक था। भारत में आकर इसे पहले साप्ताहिक बनाया और फिर दैनिक कर दिया। इस पत्र की स्थापना भारत में राष्ट्रीय कांग्रेस की स्थापना से लगभग दो महीने पूर्व नवम्बर 1885 में हुई थी। लेकिन इसे दैनिक का स्वरूप थोड़े समय बाद प्राप्त हुआ।

दैनिक 'हिंदोस्थान' का प्रकाशन भारतीय स्वाधीनता संग्राम और हिंदी पत्रकारिता, दोनों के लिए अभूतपूर्व था। अगर 'हिंदोस्थान' की स्थापना का एकमात्र परिणाम यही मान लिया जाए कि इसने महामना मदनमोहन मालवीय को पूरी तरह से समाज सेवा, राजनीति और पत्रकारिता में डाल दिया, तो यह स्वयं ही एक अपूर्व योगदान था। 'हिंदोस्थान' में आने से पहले श्री मदनमोहन मालवीय समाज सेवक भी थे और कलकत्ता कांग्रेस अधिवेशन में 1886 में उन्होंने वह महत्त्वपूर्ण भाषण भी दिया था, जिसने राजा रामपाल सिंह को उनकी ओर आकृष्ट किया। परंतु यदि यह घटना न

घटती और मालवीय जी सरकारी स्कूल में अध्यापक बने रहते, तो यह कहना कठिन है कि वे कब राजनीति से जुड़ पाते, क्योंकि थोड़े दिनों बाद ही जब उत्तर प्रदेश में कांग्रेस का अधिवेशन हुआ, तो तत्कालीन गवर्नर ने उन्हें सरकार विरोधी माना और सभा स्थल से भी वंचित कर दिया। सरकारी नौकर तब कैसे उस संगठन से संबद्‌ध रहते और मालवीय जी की जो पारिवारिक स्थिति थी, उसमें उन्हें नौकरी करना अनिवार्य हो गया था। राजा रामपाल सिंह जी ने उन्हें सम्पादक बनाकर उनको पूर्णरूपेण पत्रकारिता और समाज सेवा में खींच लिया। उन्होंने मालवीय जी को जो वेतन दिया, वह उस समय जिले में डिप्टी कलेक्टरों को भी नहीं मिलता था और इस पर उन्हें पूरी स्वाधीनता थी।

जब मालवीय जी ने हिन्दोस्थन पत्र से नौकरी छोड़ दी, तो भी राजा रामपाल सिंह ने उन्हें नहीं छोड़ा। उन्हें जो दो सौ रुपए मासिक वेतन दिया जाता था, वह तब तक कायम रखा, जब तक मालवीय जी ने वकालत की परीक्षा पासकर अपनी स्वतंत्र वकालत शुरू नहीं कर ली।

मालवीय जी को सरस्वती का वरदान था। उनकी वाणी जब खुलती थी, तो उसका जादू सब पर चढ़ने लगता था। वकालत के धंधे में और फिर राजनीति और समाजसेवा, दोनों में राजा रामपाल सिंह ने बराबर मालवीय जी को सहयोग दिया।

कालाकाँकर के 'हिंदोस्थान' में हिंदी के बड़े से बड़े पत्रकारों ने योगदान दिया। श्री प्रताप नारायण मिश्र, श्री बालमुकुन्द गुप्त, श्री अमृतलाल चक्रवर्ती, श्री गोपालराम गहमरी जैसे अनेक पत्रकार 'हिंदोस्थान' से अलग होकर हिंदी पत्रकार जगत में चमके। स्वयं कालाकाँकर विद्या का केंद्र बना रहा। जब प्रसिद्‌ध पत्रकार पंडित बालकृष्ण भट्ट के 'हिंदी प्रदीप' को 1908 के प्रेस कानून में बंद कर दिया गया, तो उन्होंने भी कालाकाँकर आकर पत्रकारिता के द्वारा अपनी जीविका का प्रबंध किया। राजा रामपाल सिंह के मरने के बाद रियासत कोर्ट आफ वार्ड्स् के अधीन हो गई और उस पर अंग्रेजी सरकार का कब्जा हो गया। लेकिन जैसे ही श्री अवधेश सिंह बालिग हुए और उन्होंने राज संभाला, फिर कालाकाँकर राजनीति और साहित्य का केंद्र बन गया।

कालाकाँकर से ही 'सम्राट', 'बानर' व 'कुमार' जैसे समाचार पत्रों का प्रकाशन हुआ। 'बानर' व 'कुमार' का सम्पादन कुँवर सुरेश सिंह द्वारा 1947 तक होता रहा।

HINDOSTHAN.

Malo [illegible]

Industria [illegible]

'Hear him ye senates, hear this truth sublime!
He who allows oppression shares the crime.' — Dr. Erasmus Darwin.

Vol. IX.
Vol. IV. | KALAKANKER, SUNDAY, 20th MAY, 1894. | 2518. 176.

CONTENTS.

FOREIGN INTELLIGENCE.

[Reuter's Press Telegrams.]

THE BRAZILIAN FUGITIVES.

London, May 13th.

Diplomatic relations have been broken off between Brazil and Portugal owing to the latter Power harbouring Admiral da Gama and other insurgents on board the Portuguese warships at Rio.

A CIRCULAR ENJOINING ECONOMY.

A resolution has been issued by the Government of India enjoining on all expending and controlling officers the necessity of observing every practicable economy in expenditure, and directing them to scrutinise and reduce, to the lowest amount, the expenditure which they have to incur or control, compatible with the efficient administration of their duties. These officers are reminded to keep their expenses well within the budget allotments—so that as large a saving as possible may accrue; and to keep down all new expenditure so that no fresh grants will be required. In the expenditure of money, all officers are reminded that the following two considerations must be present independently:—(a) It must be within the limits of the originally sanctioned budget estimate, or of some "extra grant," sanctioned by competent authority, in addition to the original estimate (b) it must have been sanctioned, as expenditure, by superior authority, unless it is within the sanctioning power of the expending officers.

INDIAN TELEGRAMS.

BENGAL.

THE DUMRAON RAJ.

Calcutta, Tuesday.

At a durbar held at Dumraon yesterday the Collector, in company with the Dewan, Rai Jai Prakash Lal, Bahadur, C. I. E., waited on the Maharani and conveyed to Her Highness the decision of the Government devolving the management of the Raj on her and the Dewan. The latter, at the conclusion of the ceremony, was formally installed in the management.

APPOINTMENT OF A COMMITTEE.

Simla, Wednesday.

The Viceroy's initiative upon retrenchment in every direction has been met by the appointment of a committee to consider the question of the reduction of establishment charges and percentages in the Military Works Department. It will report, on as early a date as possible, on the best means of effecting economy without interfering with efficiency in Executive, Military and Public Works.

The committee is composed of the Hon. D. B. Lyall, president, Colonel [illegible], R. A., Colonel Ottley, R. E., Mr. [illegible], C. E., Mr. [illegible], C. E., and [illegible], R. E., members. Captain Lyall, R. E., is secretary.

The committee has already commenced work, and is taking the evidence of the officials in Simla. Meanwhile, it is awaiting sanction to record the evidence of witnesses at other places.

PUNJAB AND FRONTIER.

SCARLET FEVER AT SIMLA.

Several cases of scarlet fever are reported from Simla.

Weekly Summary of Articles in *Hindosthan*, (Nagari [illegible]),

By its Editor.

Tuesday, 15th, Wednesday, 16th, and Thursday, 17th January. The *Hindosthan*, of these days, deals with the subject of the Police Department of India, and the rules for the appointment of sub-Inspectors of Police in the Bengal Presidency, and says that in a country like India where uneducated men and ignorant of law are to be found in great number it is very natural that there should be mutual distrust, and money is generally hoarded in the house. This is, of course well-known both to dacoits and to the police; hence so many robberies. The *Hindosthan* is quite of opinion that the Police Department is very unpopular, not because it performs its duty; but because it so frequently trumps up charges against innocent people, and, otherwise harasses them to such an extent, that the appearance of these guardians in the public is a source of dread to the villagers. The whole system needs thorough reform. The *Hindosthan* is pleased to comment favourably on the recent regulations affecting Police Inspectors in Bengal. In concluding the articles, the *Hindosthan* hopes that inducements will be held out, so as to attract to the Police a far better class of men, and properly educated.

Friday 18th May. The *Hindosthan* of to-day, deals with the subject of the Educational Department of these Provinces and regrets very much to see a decrease in the numbers of schools as well as of scholars; but is, at the same time, glad to find that, now, drawing has been introduced into the course of study in some of the High Schools. In 1887-88 the number of all the private and public schools was 11,763, in which 311,883 boys were reading. In 1892-93, both these numbers were decreased to 10,865 and 299,416 respectively. We hope, to see an improvement in the next financial year.

Saturday. Yesterday the office of *Hindosthan* was closed on account of *Narsingh Chaturdashi* and, therefore, there was no issue to-day.

EDITORIAL NOTES.

Lord Stanley of Alderley has, for a number of years, taken an interest in Indian affairs, and, recently, in the House of Lords, he called attention to, amongst other matters, the Salt Laws, and the Behar Cadastral Survey. In reference to the first subject, the noble lord asked, in calling attention to an article in an Anglo-Indian paper, headed "A Salt Hunt in Orissa," which, probably, will be in the recollection of some our readers, and in which a raid upon the houses of villagers suspected of manufacturing and secreting salt, is graphically but rather revoltingly described (1) whether the Secretary of State would revive the the orders issued by Viscount Cross against prosecutions for trivial infractions of the Salt Laws; and (2) whether the quantities of consumption of salt per head of population given in the official Salt Report included the amount of salt consumed by cattle. Now, these are two very appropriate questions, and the answer given to the first by Lord Reay is by no means a satisfactory comment on the mode in which the officials in the Salt Department have carried out their instructions. Lord Stanley of Alderley was justified in stating that "the circular issued in Bengal, two or three years ago, in consequence of orders from Viscount Cross, forbidding prosecutions for trivial infractions of the Salt Laws had become a dead letter," and in proof of this assertion, the statistics of prosecutions, under the Salt Laws, given by Lord Stanley of Alderley were amply corroborative. In reply, Lord Reay said: "There might be instances of excessive zeal on the part of some official, such as had been mentioned by the noble lord, but they were opposed to the spirit in which Government desired the provisions of the Salt Law should be carried out. He thought the noble lord would perceive that anything like a "Salt hunt" was against the wishes and orders of the Government." This is all very fine, and may serve as an answer in Parliament; but when we consider the universal detestation in India of these Salt Laws, we scarcely think that "good intentions" of the Government—even if they are known to the ignorant peasantry—are likely to remove the impression created by Government—officers breaking into their huts, and seizing their little store of salt—that they have scraped together to render palatable and wholesome their scanty food. Why should the Salt officials, in the "hunt," referred to have exceeded their duty, and brought discredit on the Government they serve by their illegal zeal? It is surely incumbent on the Government of India to issue strict orders in the spirit of the circular of Viscount Cross, and to punish any infringement of them. Attention has been, before Lord Stanley of Alderley asked the question, drawn to the figures in the Salt Report, showing the consumption of salt. From these it would appear that, notwithstanding the tax, the people were well able to afford this luxury in India. If however, under the head of consumption, cattle are included the deduction is obviously false. Lord Reay, therefore, prudently abstained from reply.

The next question of Lord Stanley of Alderley had reference to a point urged by the opponents of the Behar Cadastral Survey, incidental to the expenses connected with it. This was the creation of new European appointments in each district. Lord Reay in reference to this, said that no proposals have been received from India for the creation of such appointments. This may be so; but what has given rise to apprehension on the subject in India?

Those enthusiasts who so loudly urge the advantages of universal higher education would do well to reflect on the present state of the labour market and ponder over the words of that intelligent English newspaper the *Standard*. That paper observes in its issue of April the 19th that—"If we may judge by the complaints that are everywhere becoming so frequent, all occupations that task the energies of the mind rather than those of the body are largely overstocked." Of eight thousand barristers in England about only two thousand six hundred "can be said to be in practice." And yet, in the face of these and similar statistics, we are all enamoured of higher education and what is called the refinement of the masses. We are making people so refined and so educated that manual labour is repugnant to them. As for doing anything disagreeable, or following an occupation that is irksome or "inferior," how can a lad who has passed creditably the Sixth Standard, or a young man who has attended a course of Local Examination lectures, be expected to hear of such a thing."

If these remarks are applicable to England where the dignity of honest labour of any kind is always upheld, how much more do they apply to this country where manual labour has ever been considered a sign of degradation?

The burden of "State intervention, in almost everything, sapping as it does individual freedom and causing men to walk as though in government leading strings, is beginning to be found almost

HINDOSTHAN

हिन्दोस्थान

दैनिकपत्र

सत्पथप्रमाण्यासकलार्थसिद्धिः

Mohata [illegible] — A Daily Hindi Journal.

"[illegible] this truth [illegible] / He who allows oppression shares the crime."

[illegible] — Dr. Erasmus Darwin

Vo. IX
No. [illegible]

कालाकांकर शुक्रवार १८ मे सन् १८[illegible] ई०

सूचना ॥

[illegible]

विविध समाचार ॥

साप्ताहिक सूचना ॥

[illegible]

स्वतंत्रता संग्राम के प्रमुख सेनानियों शहीदों का योगदान

आज़ादी की जंग में प्रतापगढ़ के वीर सपूतों का त्याग और बलिदान उल्लेखनीय है। इन सपूतों ने ब्रितानी हुकुमत के खिलाफ़ विभिन्न संग्रामों व आन्दोलनों में बढ़-चढ़ कर भागीदारी की। 1857 का प्रथम स्वतंत्रता आन्दोलन 1922 का 'किसान आन्दोलन' 1942 को भारत छोडत्रे आन्दोलन, आजाद हिन्द फौज में भर्ती हो, सभी में भारत मां पर प्राण न्यौछावर करने वालों की कतार लग गई। किसी ने ब्रिटिश सेना की नौकरी छोड़कर वर्दी फूंकी और बसन्ती चोला ओढ़ लिया तो कोई बहुरूपिया बनकर अंग्रेजों को छकाता रहा। किसी ने 'गोहार' लगाकर तो किसी गीत गाकर लोगों को एकजुट किया।

ब्रितानी हुकुमत को चोट पहुँचाने के लिए ट्रेन रोकी पटरियाँ उखड़ी, जेलों की सजा भगती, गोली खाई, पैदल मार्च किया किन्तु अपने कदम वापस नहीं खींचें। आज भी इन वीर सेनानियों की कथाऐं जनपद की माटी में रची-बसी है।

राजा हनुमंत सिंह

राजा हनुमंत सिंह प्रारंभ से ही स्वतंत्रता प्रकृति तथा दृढ़ निश्चयी पुरुष थे। तोप चलाने में उनको महारत हासिल थी।

अवध के नवाब को ईस्ट इंडिया कंपनी शासन तथा उसके रेजीडेंट ने बहुत कमजोर कर दिया था। सुरक्षा के नाम पर सेना के रख-रखाव के लिए काफी रूपया अवध के नवाब का खर्च करना होता था जिसके लिए नवाब को ज़मींदारों और ताल्लुक़ेदारों पर निर्भर रहना पड़ता था।

राजा हनुमंत सिंह मनमाने रूप से माँगी गई मालगुज़ारी को देना पसंद नहीं करते थे। सन् 1801 के संधि द्वारा कंपनी ने अवध के नवाब पर जो आर्थिक बोझ डाला था उसको पूरा करने के लिए राजा हनुमंत सिंह से मालगुज़ारी जमा करने को कहा गया, किंतु हनुमंत सिंह ने जमा नहीं किया। उनका तर्क था कि वे पैतृक ताल्लुकेदार हैं। एक निश्चित रकम से अधिक वे जमा नहीं कर सकते। इस कारण नाजिम एहसानअली ने सन् 1834 में धारूपुर पर चढ़ाई की लेकिन राजा हनुमन्त सिंह ने उसे हराकर उसकी दो

तोपे छीन लीं। पुनः मालगुज़ारी न देने पर सन् 1935-36 में ताल्लुक़ा हुजूर तहसील में ले ली गई। सन् 1939 में उन्होंने फिर मालगुज़ारी जमा नहीं की। इस कारण राजा दर्शन सिंह के भाई इच्छा सिंह ने धारूपुर पर चढ़ाई की। आठ दिन तक युद्ध चलता रहा। किंतु इच्छा सिंह कोर्ट पर कब्ज़ा नहीं कर सके। अंत में दर्शन सिंह के यह विश्वास दिलाने पर युद्ध बंद हुआ कि यह युद्ध सरकार की प्रतिष्ठा का प्रश्न बन गया था। प्रस्ताव आया कि यदि राजा हनुमंत सिंह कुछ समय के लिए धारूपुर छोड़ दें तो दर्शन सिंह अपनी फौज हटा लेंगे और आपस में मैत्री कर लेगें। राजा हनुमंत सिंह इसको स्वीकार करके कालाकाँकर चले आये जो उस समय मुहम्मदाबाद के नाम से प्रसिद्ध था। राजा हनुमंत सिंह ने यहीं पर अपना कोर्ट बनवाया जो आज भी पुरानी कोर्ट के नाम से प्रसिद्ध है। गाँव में व्यवसाय-व्यापार के लिए उन्होंने हनुमानगंज बाजार को बसाया।

उत्तर के प्रांतों में भूसंपत्ति वाले तीन वर्ग थे—(1) जमींदार (2) ताल्लुक़ेदार (3) माफ़ीदार। इनके साथ प्रारंभ में जो बंदोबस्त किया गया। वह किसी निर्दिष्ट सिद्धांत के आधार पर नहीं था। फिर भी ये मान लिया गया था कि राजा के हाथ में भूमि का कुल अधिकार है। एक तरफ मालगुज़ारी बढ़ी तो दूसरी तरफ अवध के नवाब के कर्मचारियों तथा अधिकारियों में भ्रष्टाचार बढ़ा हुआ था। नवाब के नाजिम निश्चित मालगुजारी से अधिक वसूल करने की कोशिश करते।

अवध का रेजीडेंट मेजर जनरल डब्लू.एच.स्लोमेन से राजा हनुमंत सिंह की मुलाकात हुई। स्लोमन ने ब्रिटिश सरकार की आज्ञा से सन् 1840-41 में सारे अवध का दौरा किया था। स्लोमेन ने लिखा,'धारूपुर के राजा जो रामपुर में रहते हैं, जो हमारा अंतिम पड़ाव है, गंगा के बाएँ किनारे पर एक लंबे भू-भाग के स्वामी हैं जो कालाकाँकर के नाम से प्रसिद्ध है। वहाँ उन्होंने एक कोर्ट बनवा लिया है। लखनऊ गवर्नमेंट के अधिकारी उनकी समय से मालगुज़ारी न देने की शिकायत करते हैं, जिसमें काफी सत्यता है। उनका कहना है कि लखनऊ दरबार के अधिकारीगण मालगुज़ारी का एक निश्चित रेट नहीं लिखते और जब वे लखनऊ दरबार में इसकी शिकायत करते हैं तो कोई सुनवाई नहीं होती। निराश होकर लौटना पड़ता है। उन्होंने मुझसे कहा कि सभी स्वाभिमानी ताल्लुक़ेदार जिसमें अपनी रियासत और प्रजा की रक्षा की भावना है, उनके सामने बुरे अधिकारियों के कहने पर सिवाय और कोई मार्ग नहीं रह जाता कि वह सरकार के विरुद्ध हथियार उठाकर जंगलों में रहने के लिए तैयार है। उन्होंने आगे कहा कि इस समय अवध में वही सुरक्षित रह सकता है जो अपने को शक्तिशाली बना ले और लखनऊ के नवाब के अधिकारियों के अन्याय के विरुद्ध सदैव युद्ध के लिए तैयार रहे।'

सन् 1849 में राजा हनुमंत सिंह को अवध दरबार से राय राया से राजा का पुश्तैनी खिताब प्राप्त हुआ।

सन् 1857 का भारतीय स्वतंत्रता का प्रथम संग्राम राजा के लिए परीक्षा का वर्ष सिद्ध हुआ। कर्नल बैरो और मि. कारनेगी भागकर सपरिवार इनकी शरण में धारूपुर आये और राजा ने उन्हें 14 दिन तक संरक्षण प्रदान किया। बाद में भदरी तथा दहियावां राज्यों की सहायता से उन्हें सकुशल प्रयाग पहुँचा दिया।

विदा के समय अंग्रेजों ने भारतीयों को दबाने में सहायता का आग्रह किया। राजा ने कहा—"तुम हमारी शरण में आए, उस समय मेरा धर्म तुम्हारी रक्षा करना था, जिस प्रकार मैं अतिथि रक्षा का धर्म जानता हूँ उसी प्रकार अन्याय के विरुद्ध संग्राम में जूझने का क्षात्र धर्म भी भलीभाँति समझता हूँ। पहले की तरह मैं अपने दूसरे धर्म को भी नहीं भूल सकता।" राजा की शरणागत रक्षा की बड़ी आलोचना हुई। राजा हनुमंत सिंह शरणागत रक्षा के व्रत का ही पालन कर रहे थे।

पुत्र लाल प्रताप सिंह की चाँदा में की मृत्यु के बाद राजा हनुमंत सिंह ने कालाकाँकर के किले से अंग्रेजों के खिलाफ मोर्चाबंदी को और अधिक सख़्त कर दिया। अपनी 27 तोपों में 22 का मुँह हमेशा शत्रुओं की ओर किए थे। अंग्रेजों को गंगा से होकर इलाहाबाद या कानपुर की तरफर गुजरना अथवा सामग्री भेजना अथवा सेना को ले जाना खतरे से खाली नहीं था।

स्टीमर पर गोलाबारी करने के पहले हनुमंत सिंह लखनऊ तथा उसके आस-पास निरंतर युद्ध करते रहे। मौलवी अहमद शाह (फैजाबाद के ताल्लुक़ेदार और क्रांतिकारी) की हत्या के पहले लार्ज केनिंग ने यह एलान करवा दिया कि जो लोग हथियार रख देंगे उन्हें क्षमा कर दिया जाएगा तथा उनकी जागीरें भी वापस कर दी जाएँगी। परंतु इस एलान का अवध के ऊपर कोई विशेष प्रभाव नहीं पड़ा। 5 जून 1858 को मौलवी अहमद शाह की हत्या हुई। अवध निवासियों का क्रोध एक बार फिर जोरों से भड़क उठा। सारे योद्धा ताल्लुक़ेदार, ज़मींदार अपनी-अपनी सेनाएँ लेकर फिर अंग्रेजों पर हमला करने लगे। घाघरा नदी के किनारे चौक घाट पर बेगम हजरत महल और मामू खाँ की सेना थी, शहजादा फ़िरोजशाह भी इस समय अवध में थे। इनके अलावा रुइया के राजा नरपत सिंह, राम बख़्श सिंह, रघुनाथ सिंह, चंदा सिंह, गुलाब सिंह, भूपाल सिंह तथा कालाकाँकर राजा हनुमंत सिंह की भाँति अनेक बड़े-बड़े ताल्लुक़ेदार, जमींदार अपने-अपने सैन्य दल लेकर अंग्रेजों से अवध को छीनने में लग गये।

लखनऊ में हो रहे उस स्वतंत्रता संग्राम समर का वर्णन स्वयं अंग्रेज सेनापति होप ग्रांट के शब्दों में—"हम लोगों पर उनके हमले असफल रहे, किंतु वे हमले अत्यंत जोरदार थे। हमें उनका मुकाबला करने के लिए कठिन परिश्रम करना पड़ा। अनेक सुंदर और साहसी ज़मींदारों ने दो तोपें खुले मैदान में लाकर पीछे की तरफ से हम पर हमला किया। मैंने हिंदुस्तान में बहुत से संग्राम देखे और बहुत से बहादुरों को इस दृढ़ता के साथ लड़ते देखा कि या तो वह विजय प्राप्त करेंगे या मर मिटेंगे, किंतु मैंने इन ज़मींदारों के व्यवहार

से बढ़कर शानदार कोई दृश्य नहीं देखा था। हमारी दो तोपें, जो उस पलटन के साथ थी बड़े खतरे में पड़ गई। मैंने एक दूसरी सात नम्बर की पलटन को आगे बढ़ने का हुक्म दिया। उनके साथ चार और तोपें थीं। ये तोपें शत्रुओं से पाँच सौ गज के फासले पर लगा दी गई। उन पर गोले बरसाने शुरू किए। वे बुरी तरह कट-2 कर गिरने लगे, उनका नेता एक लंबा चौड़ा आदमी थी। उसने अपने तोपों के पास दो हरे झंडे गड़वाकर नीचे अपने आदमियों को जमा किया किंतु हमारे गोले इतनी बुरी तरह से बरस रहे थे कि जो लोग तोपों के पास तक पहुँचते थे। वहीं मर कर गिर पड़ते थे। इसके बाद दो और पलटने हमारी सहायता के लिए पहुँच गई। तीन घंटे के संग्राम के बाद विजय हमारी रही।''

इस संग्रामों में लड़ रही क्रांतिकारी सेनाओं को राजा हनुमंत सिंह, तरौल के बाबू गुलाब सिंह ने बहुत सहयोग दिए और अंग्रेजों से खूब लड़े, सेना का अधिकांश खर्च स्वयं वहन किया।

राजा हनुमंत सिंह के साहस और उत्साह में लखनऊ युद्ध के बाद और वृद्धि हुई। उनके द्वारा कालाकाँकर में गंगा घाट पर की गई मोर्चाबंदी अंग्रेजों के लिए भयंकर सरदर्द बन गया था। अंग्रेज सरकार ने हनुमंत सिंह से समझौता करना ठीक समझा। इसके लिए मांटगोमरी ने एक पत्र राजा हनुमंत सिंह को एक प्रार्थना पत्र के साथ लिखा कि गंगा नदी के तट पर की किलेबंदी को समाप्त कर दे। राजा हनुमंत सिंह अंग्रेजों के विरुद्ध भयंकर संघर्ष करते हुए अक्टूबर के मध्य तक यह समझ गए थे कि अब अंग्रेजों से युद्ध में विजय प्राप्त करना कठिन है, क्योंकि धीरे-धीरे अंग्रेजी सेनाएँ हर जगह क़ाबिज़ होती जा रही थीं। अतएव उनके सामने अब एक ही रास्ता रह गया था कि अंग्रेजों से सम्मान पूर्वक समझौता कर लिया जाए। मांटगोमरी के पत्र का उत्तर देते हुए हनुमंत सिंह ने लिखा था–

"अपनी याचिका के उत्तर में आपका उत्तर मुझे प्राप्त हुआ। नदी के तट पर किलेबंदी समाप्त करने तथा तोपें हटा लेने के संबंध में आपके आदेश का पालन कर दिया गया है और स्टीमर धारा के ऊपर की ओर तथा आगे की ओर आ जा सकते हैं और हमारे द्वारा किसी भी प्रकार की हानि नहीं पहुँचायी जाएगी।"

सचिव, भारत सरकार ने चीफ कमिश्नर अवध को पत्र लिखकर या सूचित किया था कि राजा हनुमंत सिंह के संबंध में पढ़कर उन्हें (गवर्नर जनरल को) खुशी हुई। राजा हनुमंत सिंह एक दूरदर्शी एवं यथार्थवादी दृष्टिकोण रखने वाले व्यक्ति थे। उन्होंने विजय की आशा में अपने पुत्र तथा अनुज की आहुति दे दी। अपने पुत्र और अनुज को उन्होंने देश के लिए न्यौछावर कर दिया। किंतु शायद अब तक उन्हें स्पष्ट हो गया था कि स्वतंत्रता आंदोलन सफलता से पूरी तरह दूर है और उनका विरोध प्रभावी न हो सकेगा। फलतः निरुपाय राजा ने अंग्रेजों की बात मान लेना ही उचित समझा।

अंग्रेज शासक भी राजा द्वारा की गई सेवाओं का महत्त्व समझते थे। उनके कार्यों का उन्होंने पूरा आंकलन किया और उचित महत्त्व प्रदान किया। राजा हनुमंत सिंह के पूर्ववर्ती नरेश राय राया कहे जाते थे, किंतु एफ.डी. संख्या 2672-पी. दिनांक दिसंबर 4, 1877 को उन्हें राजा की उपाधि वंशानुगत रुप से प्रदान की गई। (लाल, 2018 : 22)

सन् 1885 में राजा हनुमंत सिंह का देहावसान हो गया। इसके बाद इनके पौत्र राजा रामपाल सिंह ने राज्य की सारी जिम्मेदारी अपने हाथों में ले ली।

राजा हनुमन्त सिंह के विषय में इतिहास-लेखक मालेसन लिखता है–'इस उदार राजपूत की अधिकांश जागीर अंग्रेज़ों की नयी लगान पद्धति के कारण छीनी जा चुकी थी। वह इस अन्याय और अपमान को बहुत महसूस करता था। फिर भी वह स्वभाव से इतना उदार था कि जिस क़ौम ने उसको क़रीब-क़रीब बर्बाद कर दिया था, इस क़ौम के भागे हुए अफ़सरों के साथ वह वैसा ही बर्ताव करता था, जैसा कि दुखियों के साथ। उसने मुसीबत में उनकी सहायता की, उसने उन्हें उनके स्थानों तक सुरक्षित पहुँचा दिया।' किन्तु जब विदा होते समय कप्तान बैरो ने राजा हनुमन्त सिंह से कहा कि 'मुझे आशा है, आप इस विप्लव को शान्त करने में अंग्रेज़ों को मदद देंगे', तो राजा हनुमन्त सिंह सीधा खड़ा हो गया और बोला कि 'साहब, तुम्हारे मुल्क के लोग हमारे मुल्क में घुस आये और उन्होंने हमारे बादशाह (वाजिद अली शाह) को निकाल दिया। तुमने अपने अफ़सरों को ज़िलों में भेजा ताकि वे पुराने रईसों और ज़मींदारों के पट्टों की जाँच करें। एक बार में तुमने मुझसे वे सब ज़मीनें छीन लीं जो प्राचीनकाल से मेरे कुटुम्ब में चली आती थीं। मैंने सह लिया। अचानक तुम पर आफ़त आयी। तुमने मुझे बर्बाद किया था और तुम मेरे ही पास आये। मैंने तुम्हें बचा लिया। किन्तु अब, अब मैं अपनी सेना जमा करके लखनऊ जा रहा हूँ और तुम्हें मुल्क से बाहर निकालने की कोशिश करूँगा।' इतिहास से पता चलता है कि उस समय अवध के अन्दर अनेक हिन्दू और मुसलमान हनुमन्त सिंह जैसे मौजूद थे, जिनमें जितना ज़बरदस्त स्वाधीनता का प्रेम था, उतनी ही ज़बरदस्त वीरोचित उदारता भी थी।

राजकुमार लाल प्रताप सिंह

कालाकाँकर राजघराने के अमर स्वतंत्रता सेनानी व क्रांतिकारी लाल प्रताप सिंह ने मात्र 26 वर्ष की उम्र में ही अंग्रेजों से लोहा लिया था। लाल प्रताप सिंह कालाकाँकर के राजा हनुमंत सिंह के ज्येष्ठ पुत्र थे जिनका जन्म सन् 1831 में हुआ था। 21 जनवरी 1858 जनरल फ्रेक्स ने सिकन्दरा के लिए प्रस्थान किया। इस स्थान पर जनरल फ्रेक्स ने कब्ज़ा करके गोरखपुर से आने वाली गोरखा की सेना की सिंगरामऊ में प्रतीक्षा की और उनके आ जाने पर उसने 19 फरवरी 1858 को चाँदा (सुल्तानपुर) नामक स्थान पर क्रांतिकारियों से लोहा लिया।

इसी युद्ध में अपने चाचा माधव सिंह के साथ अपनी नवविवाहिता पत्नी तथा 8 वर्ष के बालक रामपाल सिंह को छोड़कर अपनी पिता की आज्ञा का पालन तथा अंग्रेजों को नेस्तनाबूत करने के लिए लाल प्रताप सिंह भी मौजूद थे। इनके पिता राजा हनुमंत सिंह ने ही इनको युद्ध के लिए आज्ञा दी थी। पिता की आज्ञा पाते ही बिना एक क्षण गवाये लाल प्रताप सिंह युद्ध के लिए निकल पड़े थे। लाल माधव सिंह अपने युवा भतीजे को युद्ध क्षेत्र में अकेले जाते देख नहीं सके, अतः वे साथ हो लिए।

इस युद्ध में लाल प्रताप सिंह अपने चाचा लाल माधव सिंह के साथ एक हजार प्रशिक्षित सैनिकों को साथ लेकर अंग्रेजों से लड़ने पहुँचे थे। उस समय उस सेना का नाम 'प्रताप जंग' रखा गया था। उस युद्ध में अमेठी और दियार की फ़ौज सलौन के विद्रोही नाजिम के आहूवाहन पर वहाँ पहुँची थी। लेकिन अंग्रेजों की विशाल सेना के सामने उनको पीछे हटना पड़ा। लाल प्रताप सिंह की प्रतापगंज सेना अंग्रेजों के विरुद्ध अत्यंत वीरता से लड़ी। बड़ा ही घोर युद्ध हुआ। लाल प्रताप सिंह वीरता से सेना का नेतृत्व करते रहे। किंतु शत्रु सेना के सामने उनकी सेना संख्या अत्यल्प थी, फिर भी इस महान योद्धा ने हार नहीं मानी। वीरतापूर्वक लड़ते हुए अंततः 19 फरवरी 1858 को अपनी सेना सहित वह वीर सेनानी, महान योद्धा, महान देशभक्त शहीद होकर वीरगति को प्राप्त हुआ। उनके साथ वीरगति पाने वाले अन्य बहादुर देश भक्तों में जगमोहन सिंह (मोंगरहा), विन्दा सिंह (वझगोती) और महावीर आदि थे। इसी युद्ध में चाचा लाल माधव सिंह भी शहीद हो गए थे।

अंग्रेज सेनापति जनरल फ्रेक्स ने लाल प्रताप सिंह का सिर अपनी बरछी में लगाकर लखनऊ की ओर प्रस्थान किया। लाल प्रताप सिंह का शव राजा हनुमंत सिंह के सम्मुख कालाकाँकर लाया गया। राजा हनुमंत सिंह का हृदय काँप उठा। लेकिन उस वीर ने सीना तानकर कहा—"आज मुझे पुत्रवान होने का सौभाग्य प्राप्त हुआ है।"

लाल प्रताप सिंह का दाह संस्कार कालाकाँकर में ही किया गया। उस स्थान पर उनकी चिर-स्मृति के लिए एक बारादरी का निर्माण किया गया जो आज भी राजभवन के नाम से जाना जाता है।

लाल प्रताप सिंह की याद में कालाकाँकर में प्रताप द्वार का भी निर्माण किया गया है। उस महान नायक की याद को स्थायी बनाने के लिए उनके शहादत तिथि 19 फरवरी 2001 को भारतीय डाक विभाग ने एक विशेष स्मारक डाक टिकट जारी किया।

लाल प्रताप सिंह के वीरता पूर्ण बलिदान से प्रेरित होकर अनेक लोक कवियों ने वीर रस पूर्ण लोकगीतों की रचना की। घर-घर लाल प्रताप सिंह की वीरता पूर्ण कहानियाँ सुनाई जाने लगी। एक लोकगीत का बोल इस प्रकार है—

"कालाकाँकर का बिसेनवा गाडे बा निसनवां।
चाँदा के मैदनवा।।"

उस समय के प्रसिद्ध कवि 'प्राग' निम्न पंक्तियों की रचना की थी।

श्रीमान् लाल प्रताप, चांदे जुरयों रन धीर है।
वाके बिसेन वंस के, संग में सिपाही वीर हैं।।
पाये हुकुम जब लाल को, धायो मनोहन काल को।
लीन्हों चहुँ देसि घेरि कै, दीहों सुमुरचा फेरि के।।
विछुआ, कटारि ढाल है, कर में गहयो करवाल है।
लीहो चमंचा तमकि कै; बरछी छबीली लाल है।।
माधो बने रनधीर है, पहिरे केसरिया चीर है।
मारयों-मारयो मैदान में, मुरक्यो न मुरचान है।।
गोंदे उनके चहूँ ओर से, धावा करे बहु जोर से।
तोपे जलाले छुटती, आदि भगना सिर कूटती।।
मुहरा पत्यो प्रताप को, उन कौन वैरिन ताप को।
ऐसे प्रतापी लाल हैं, प्रगटयों जो वैरिन काल है।।
भूषण बिसेन वंस को, छौना रहयो मानो हंस को।
हुक्की रहयों हनुमंत को, धायो सदा श्री कंत की।।
जो चली गयो सुरधाम को, करि गई जग में नाम को।
विरदावली यह छंद है, कवि प्राग करत प्रबंध है।।

राजा लाल माधव सिंह

राजा लाल माधव सिंह विजईमऊ कोट के राजा, शहीद लाल प्रताप सिंह के चाचा और कालाकाँकर के राजा हनुमंत सिंह के अनुज थे।

चाँदा की ऐतिहासिक लड़ाई में लाल प्रताप सिंह के साथ गोरो से लड़ते हुए वीरगति को प्राप्त हुए थे। जब राजा हनुमंत सिंह अपने पुत्र को चाँदा की लड़ाई में अंग्रेजों से मोर्चा लेने के लिए भेज रहे थे, तब लाल माधव सिंह भी अपने भतीजे के मोह में साथ जाने के लिए तैयार हो गए थे। एक हजार सैनिकों के साथ चाचा-भतीजा अंग्रेजों से लोहा लेने चाँदा (सुल्तानपुर) की ओर निकल पड़े थे। वीरता से लड़ते हुए दोनों इतिहास के पन्नों पे सदा-सदा के लिए अमर हो गए।

अठेहा के राम गुलाम सिंह

अठेहा के राम गुलाब सिंह का सारा जीवन अंग्रेजों से लड़ते हुए बीता। सई नदी के मोड़ पर रामपुर कसिया का किला है। राम गुलाब सिंह ने अंग्रेजों से बड़ा दारुण संग्राम यहाँ पर किया था।

इस लड़ाई में कर्नल फर्कवार बुरी तरह घायल हुआ था तथा अंग्रेजों को काफी क्षति उठानी पड़ी। बैसवाड़ा के प्रसिद्ध योद्धा राणा बनी माधव सिंह के साथ मिलकर राम बुलाब सिंह ने बहुत सी लड़ाईयों में भाग लिया इसलिए इनका सारा इलाका ज़ब्त करके दूसरे ताल्लुकेदारों को दे दिया गया।

बाबू गुलाब सिंह

1857 के प्रथम स्वतंत्रता संग्राम के संघर्ष में प्रतापगढ़ के तरौल के राजा बाबू गुलाब सिंह महान क्रांतिकारियों में से एक थे। राजा गुलाब सिंह का महत्त्व प्रतापगढ़ के इतिहास में अविस्मरणीय है। उन्होंने अपने निजी संगठन और सैन्य शक्ति के बल पर अंग्रेजों को कई बार आतंकित और पराजित किया। कहा जाता है कि प्रतापगढ़ से इलाहाबाद मार्ग पर विश्वनागंज से लेकर सोरांव तक के क्षेत्र में बाबू गुलाब सिंह ने अंग्रेजों से बीसियों लड़ाइयाँ लड़ीं। एक बार की बात है जब विद्रोह प्रारंभ हुआ, सुल्तानपुर के 44 अंग्रेज व्यक्ति इलाहाबाद की ओर प्रस्थान कर रहे थे। प्रतापगढ़ में उन्हें लूट लिया गया। वे सब बाबू गुलाब सिंह के शरण में गए परंतु गुलाब सिंह ने अंग्रेजों सहायता देने से तत्काल ही इंकार कर दिया। गुलाब सिंह ने शरण देने से जब इंकार कर दिया तब अंग्रेज भागने पर विवश हुए। कुछ दूर जाने के बाद जब वे आराम करने को रूके तभी भारतीयों की एक भीड़ द्वारा घेर लिए गए। जब यह खबर अजीत सिंह (बाबू गुलाब सिंह के भतीजे, जमींदार अवध) के कानों में पहुँची, तब तत्काल प्रभाव से उन्होंने अंग्रेजों की सुरक्षा करके बचाया और अपने घर कुछ दिनों तक सुरक्षित रखा। फिर सुरक्षित आदरपूर्वक उन्हें इलाहाबाद पहुँचा दिया।

उस मसय अवध का चीफ़ कमिश्नर राबर्ट कान्टगोमरी था। इस संदर्भ में कास्टन कल्विन और मांटगोमरी का मूल पत्र 'अवध' पत्रिका में प्रकाशित हुआ। (24 अक्टूबर 1973 को)

कैंप सोरांव
जि. इलाहाबाद, मई 11-1857 ई.

प्रिय मांटगोमरी

ठाकुर अजीत सिंह जमींदार अवध, जिसने विद्रोह के समय बहुत से अंग्रेजों की प्राण रक्षा की, उन्होंने मुझसे कहा कि मैं एक परिचय पत्र आपके लिए लिख दूँ। मैं सहर्ष उनकी प्रार्थना को कबूल करता हूँ कि ब्रिटिश गवर्नमेंट उन्हें कुछ न कुछ पारितोषिक दे। मि. कारनेगी मुझसे ज्यादा अजीत सिंह के बारे में जानते हैं और निःसन्देह अवसर पाकर आपसे इस बारे में आग्रह करेंगे।

मैं, आपको यह पत्र इसलिए भी दे रहा हूँ कि जब ये आपकी सेवा में लखनऊ में उपस्थित हो तो आप स्वयं उन्हें सम्मान दें।

इनके चाचा गुलाब सिंह, जो शासन के प्रति खुली बगावत कर अपने समर्थकों के साथ इस परगने में उत्पात मचाये हुए हैं, मैं चाहता हूँ, उसको एक सबक सिखलाया जाए। मैं फतेहगढ़ से इलाहाबाद ट्रान्सफर गया हूँ।

आपका विश्वासपात्र

कांस्टन कल्विन

मान्टगोमरी को सम्बोधित पत्र में कारनेगी ने लिख–

प्रिय मांटगोमरी।

मुझे आशा है कि मैं आपको बाबू अजीत सिंह निवासी मल्लूपुर, परगना प्रतापगढ़ का परिचय दूँ। इस व्यक्ति ने अंग्रेजों के साथ वह कार्य किया जो शायद पूरे अवध के सूबे में एक भी व्यक्ति ने नहीं किया है। इससे बढ़कर वफादार अवध में दूसरा कोई न मिला। जिस समय विद्रोह प्रारंभ हुआ, सुल्तानपुर में 44 व्यक्ति जिनमें स्त्रियाँ व बच्चे भी थे, जो सुरक्षा के लिए इलाहाबाद भेजे जा रहे थे, प्रतापगढ़ में लूट लिए गए। उस स्थान पर वे लेफ्टिनेंट ग्रांट असिस्टेंट कमिश्नर से मिले, ग्रांट उन लोगों को लेकर, इस बाबू अजीत सिंह के चाचा गुलाब सिंह के घर तरौल गया। गुलाब सिंह ने कोई भी सहायता देने से इंकार कर दिया। बहुत सा सामान भी सुरक्षा के बहाने रख दिया गया जो आज तक वापस नहीं मिला। गुलाब सिंह ने शरण देने से इंकार करने पर, सभी लोग भागने को विवश हुए। कुछ एक नालों को पार करने के बाद जब पानी व आराम के लिए रूके तो खतरनाक इरादों से युक्त एक भीड़ द्वारा घेर लिए गए। जब सारी स्थिति का विवरण अजीत सिंह को मिला तो वे अपने 20 या 30 सशस्त्र साथियों के साथ नाले पर पहुँचे और सारे भगौड़ों को अपने घर मल्लूपुर लिवा लाये। वहाँ उन्होंने सभी को कुछ दिन रखा और गुलाब सिंह की धमकियों की कोई प्रवाह न की और 300 साथियों को एकत्र कर सुरक्षा के साथ इलाहाबाद पहुँचा दिया गया। इस बीच जब कि सभी लोग इलाहाबाद के दुर्ग को रवाना हो रहे थे मिस्टर गोल्डनी, मि. ब्लाक और मि. स्ट्रायन अमेठी गए। जब ये लोग अमेठी से सुल्तानपुर वापस आये तो अजीत सिंह ने दुबारा इलाहाबाद जाकर उन्हें सुरक्षित किले में पहुँचाया।

पिछली सितंबर में जब जौनपुर में एक गुप्तचर विभाग कायम किया गया, मैंने अजीत सिंह को वहाँ भेजा और वे मेरे साथ रहे। उन्होंने मुझे विशेष सूचनाएँ दी। 50 दक्ष व्यक्तियों की एक टुकड़ी बनाई गई। इन्होंने मेरे साथ जब मैं लखनऊ की ओर कूच किया, जनरल फ्रेक्स की सेना के साथ शहर के (लखनऊ) पतन के समय भी ये मेरे साथ रहे।

मैं आशा करता हूँ, कि मैं आपको कुछ सुझाव दूँ, जो आपको कोई निर्णय लेने के लिए सहायक होगें–

(1) अगर गुलाब सिंह के दुर्व्यवहार व विद्रोह के कारण तरौल का पूरा इलाका या इसका कुछ भाग ज़ब्त किया जाय तो वह अजीत सिंह को दे दिया जाये।

(2) और अगर ऐसा नहीं होता तो एक अच्छी से जागीर इन्हें दी जावे जैसा कि इलाहाबाद के कमिश्नर ने इनसे वादा किया है।

(3) कुछ तत्कालीन सहायता के लिए इन्हें तुरंत आदेश दिए जाये। कष्ट के लिए क्षमा करेंगे। अजीत सिंह की वफ़ादारी के लिए कुछ करना चाहिए।

आपका

पी. कारनेगी

इसी प्रकार अंग्रेज सैनिक फ्रेडरिक कात्विन ने भी मान्टगोमरी को लिखा–

प्रिय मांटगोमरी।

हम लोग (कैप्टन होप ग्रांट व अन्य लोग) एकाएक अजीत सिंह से मिल गए। वह हमें अपने गाँव ले गया। वह हमें खिलाया और सुरक्षात्मक तरीके से इलाहाबाद पहुँचाया। मैं समझता हूँ कि यह एक अच्छा वफ़ादार देशी व्यक्ति (नेटिव) है जो सरकार का ख़ैर-ख़्वाह है। मैं पूर्णरूपेण आशा करता हूँ आप इनके लिए कुछ न कुछ करेंगे।

फ्रेडरिक काल्विन

पी. कारनेगी ने पुनः अवध के चीफ कमिश्नर मान्टगोमरी को अजीतसिंह के समर्थन में पत्र लिखा–

चीफ कमिश्नर (अवध)
फ्राम पी. कारनेगी टु एस.टी.
ई.एस.क्यू. जार्ज टक्कर ई.ए.क्यू.
कमिश्नर तथा सुपरिंटेंडेंट
फैजाबाद डिवीजन।

सर मैं आपका आवश्यक आदेश पत्र नं. 6 दिनांक आठ प्राप्त किया जिसमें बहुत से पत्र व्यवहार भी थे।

मैं आपका ध्यान आकर्षित करता हूँ कि आप अजीत सिंह के आचरण पर तुरंत रिपोर्ट दें और दूसरे मुझे सुझाव दे, उन्हें उनके माफ़िक़ इनाम देने की।

मेरे विचार में अजीत सिंह ज्यादा से ज्यादा पाने के अधिकारी हैं, जो सूबे अवध में किसी भी व्यक्ति को दिया जावे। उनसे ज्यादा का सूबे में कोई पाने का अधिकारी नहीं।

सुल्तानपुर से भागते हुए क़ाफ़िले को जून की प्रचण्ड गर्मी में पीने का पानी तक नहीं मिला। ऐसी विकट परिस्थिति में भी अजीत सिंह ने हमें खाना और पानी तथा सुरक्षा प्रदान की। इसके बाद अपने 300 सशस्त्र साथियों के साथ इलाहाबाद तक सुरक्षित पहुँचाया।

'सितंबर 1857 में जौनपुर में एक खुफिया विभाग की स्थापना हुई। मैं अजीत सिंह के साथ जौनपुर में था और वह आज भी मेरे साथ है। मैं जब उस जिले में था तो 50 विश्वासपात्र तथा दक्ष गुप्तचर इनकी अधीनता में काम कर रहे थे। इन्हें इसके लिए 100 रू. मासिक वृत्ति दी गई।'

उस समय से सिविल व सैनिक अधिकारियों की ये पूर्ण वफ़ादारी से सेवा कर रहे हैं।

सोराँव की सैनिक छावनी में रहकर भी इन्होंने महत्त्वपूर्ण सूचनाएँ दीं।

मैं समझता हूँ कि उपर्युक्त प्रकार से जो सेवायें इन्होंने (अजीत सिंह) ने की है, सूबे अवध में सबसे बड़े इनाम पाने के अधिकारी हैं।

फसली सन् 1262 के कानूनगो की कबूलियत से 110 ग्राम गुलाब सिंह की कबूलियत में हैं। तालुका तरौल के 20 ग्राम बिलालगानी, आगा अली नाजिम द्वारा दिए गए हैं।

अजीत सिंह ने उपर्युक्त इलाकों के अलावा प्रतापगढ़ (बेला छावनी) बेल्हाघाट की भी माँग की है। छावनी इलाका पत्थर के खम्भों से घिरा हुआ था। यह अंग्रेजी सेनाओं के लिए स्थाई छावनी थी।

आपका
पी. कारनेगी

अंग्रेजों और राजा गुलाब सिंह का अंतिम युद्ध तरौल स्थित किले में लड़ा गया था जिसमें हार जाने के बाद भी गुलाब सिंह अंग्रेजों के चक्कर में नहीं फंसे। इस युद्ध में तरौल का किला ध्वस्त कर दिया गया। लेकिन गुलाब सिंह के बारे में कुछ पता नहीं चला। जन श्रुति के आधार पर लोग उन्हें तरौल के युद्ध में वीरगति को प्राप्त होना स्वीकार करते हैं लेकिन कुछ लोगों ने उनके अज्ञातवास पर चले जाने की भी पुष्टि की है। इस प्रकार राजा गुलाब सिंह ने अपने भतीजे अजीत सिंह को विश्वासघात भी झेला किन्तु अंग्रेजों से जमकर लोहा लिया।

सहदेव सिंह और झिंगुरी सिंह

सहदेव सिंह बंगाल मिल में काम करते थे जो रूरे गाँव के निवासी थे। अवध काश्तकारी कानून किसानों पर सैकड़ों प्रकार के कर लाद दिए। उसके विरोध में उन्होंने किसान सभा की नींव रखी थी।

किसान आंदोलन के समय सहदेव सिंह रायबरेली में एक भाषण में कहा था कि जो हमको हमारी जमीनों से बेदख़ल कर रहे हैं, हम उनको हिंदुस्तान से बेदख़ल कर देंगे। बाद के दिनों में वह मानसिक रोग से पीड़ित हो गए थे। सहदेव सिंह के साथ झिंगुरी सिंह भी किसान आंदोलन में सदैव साथ रहे। सुभाष चंद्र कुशवाहा ने अपनी किताब अवध का किसान विद्रोह में लिखा है कि 1917 के रूसी बोल्शेविक क्रांति के साल ही जिला प्रतापगढ़ तहसील पट्टी के ग्राम रूरे में दो भू-स्वामियों, झिंगुरी सिंह और सहदेव सिंह ने किसान सभा जैसी छोटी संस्था का गठन किया था। दोनों राजपूत थे। झिंगुरी सिंह को जौनपुर जिले की उनकी भू-स्वामित्व से बेदखल किया गया था और वह रूरे में एक छोटी-सी भूमि के गैर वैधानिक स्वामी थे। सहदेव सिंह भी किसी भू-स्वामी के अधीन काम करनेवाले किसान थे और उनका स्वामित्व भी समाप्त कर दिया गया। इस प्रकार दोनों पीड़ितों ने किसान सभा की नींव रखी। रूरे किसान सभा की प्रारंभिक गतिविधियों के बारे में ठीक-ठीक जानकारी नहीं है। शुरूआत में यह संगठन केवल छोटे किसानों की समस्याओं को ज़मींदारों के सम्मुख रखता था। उनसे अनुरोध करता था। इस संगठन ने 1918-19 के बीच व्यापक स्वरूथ ले लिया।

“अवध किसान आंदोलन के जनक ठा. झिंगुरी सिंह पुत्र विक्रमाजीत सिंह का जन्म जनपद प्रतापगढ़ की पट्टी तहसील के रूरे गाँव में सन् 1876 में हुआ था। बचपन से ही वे सत्याग्रही व अन्याय अपमान के विरुद्ध संघर्षशील जिद्दी स्वभाव के थे। तभी तो प्रतापगढ़ के तालुकेदारों द्वारा हो रहे उत्पीड़न नहीं सह सके। जमींदार होते हुए भी किसानों को संगठित करना शुरू किया। आगे चलकर, ग्राम रूरे देश के प्रथम किसान आंदोलन की योजना स्थली बन गया। संघर्ष के दौरान ही आजादी का यह वीर सदा-सदा के लिए अपनी आँखें बंद कर लीं, मृत्यु वर्ष 1946 ‘‘आजादी आंदोलन में झिंगुरी सिंह को मिली जेल यातनाएँ रवीन्द्र गुप्ता जि.अ. प्रतापगढ़”, ज्येष्ठ उपनिरीक्षक स्थानीय अभिसूचना इकाई प्रतापगढ़ की रिपोर्ट के आधार पर निम्नलिखित प्रमाणित किया जाता है कि ठा. झिंगुरी सिंह सुत विक्रमाजीत सिंह ग्राम रूरे, थाना पट्टी प्रतापगढ़ दिनांक 10.12.1971 को जेल गये, 19.12.1971 को तीन माह का कठोर कारावास फिर 18 माह का कारावास 2.29-4.30 धारा 7 साल्ट एक्ट के अंतर्गत 6 माह का कठोर कारावास, 30 जुर्माना न देने पर 1 माह की सजा 3.22-12.30 को धारा 108 सी.आर. पी.सी. 1 साल कैद 4.30-6.31 को सी.आर.पी.सी. धारा 1 साल साधारण कैद 6.22-1.41 को धारा 3.8 डी.आई.आर. के अंतर्गत एक साल का कठोर कारावास हुआ था।’’ (कहला के शिलालेख से उद्धृत)

बाबा रामचन्दर

प्रतापगढ़ के किसान आंदोलन पर बाबा रामचंद्र का प्रभाव चमत्कारी पुरुष की तरह छा गया। वह 1920-21 में चरम पर पहुँचा। उसके बाद बाबा की गिरफ्तारी के बाद शांत होता गया। कहा जा सकता है कि जिस तरह भारतीय राजनीति पर गांधी के चमत्कारी व्यक्तित्व की छाप चढ़ी, उसी प्रकार अवध किसान आंदोलन पर बाबा रामचंद्र की।

बाबा रामचंद्र का असली नाम श्रीधर था (महाराष्ट्र में पिता का नाम जोड़ने की परंपरा के कारण पूरा नाम रामचंद्र श्रीधर बलवंत जोधपुरकर कहा जाता है)। वह मराठी ब्राह्मण थे। उनका गाँव ग्वालियर राज में पड़ता था। जहाँ उनका जन्म 28 मार्च, 1863 को हुआ था।

बाबा 42 वर्ष की उम्र में (सन् 1905) मद्रास से पानी की जहाज में बैठकर मजदूरी करने फ़िजी गए। वहाँ गिरमिटिया मजदूरों के आंदोलन में शामिल हुए तथा गिरफ्तारी से बचने के लिए 1916 के अंत में पानी के जहाज में बैठकर कलकत्ता भाग आए। कलकत्ता से अपने कुछ फ़िजी साथियों के साथ वे आजमगढ़ की ओर निकल पड़े। फिजी में बड़े नारकीय जीवन में उन्हें कार्य करना पड़ता था। इसी कारण उनको फ़िजी पसंद न आया। फिजी में मजदूरी के लिए ईस्ट इंडिया कंपनी कंपनी ब्राह्मण को ले जाना पसंद नहीं करती थी।

बाबा रामचंद्र को भी भर्ती के दिन निकाल दिया गया। लेकिन साथियों ने फिजी चलने का जोर दिया तो उन्होंने अपना नाम बदल कर श्रीधर की जगह रामचंद्र राव और पिता का नाम बलवंत की जगह लक्ष्मण राव बता दिया।

बाबा को फ़िजी में एक मजिस्ट्रेट के यहाँ खाना बनाने का काम मिला था। समय निकाल कर बाबा वहाँ भी हिंदुस्तानी मजदूरों की बस्ती में जाकर सत्यनारायण और रामायण कथा सुनाने लगे। वहाँ एक दलित स्त्री से विवाह भी किया।

फ़िजी में रामचंद्र का संपर्क डॉ. मानीलाल से हुआ जो सी.एफ. एंड्रयू के साथ काम कर रहे थे। एंड्रयू एक सामाजिक कार्यकर्ता थे और फ़िजी के बंधुआ मजदूरों की बुरी दशा के विरुद्ध संघर्ष कर रहे थे। बाबा रामचंद्र ने भी उस आंदोलन में भाग लिया। चूंकि वह रामलीला में भाग लेते, धार्मिक कथा सुनाते इसलिए उनके प्रभाव में मजदूर आसानी से आ जाते। उन्होंने मजदूरों की बुरी दशा के बारे में एक लेख भारत भेजा जो कलकत्ता के "भारत मित्र" अख़बार में प्रकाशित हुआ। फ़िजी सरकार उसके बाद सतर्क हो गई और पत्र लेखक की तलाश में जुटी। यह देख रामचंद्र ने वहाँ से भाग लेना उचित समझा। बाद में बाबा का अवध आना हुआ और उन्होंने किसानों के दुखों का अध्ययन किया।

आजमगढ़ के एक कबीरपन्थी साधु सरजूदास, जो फ़िजी में साथ थे और साथ ही लौटे थे, वे पाँच-सात दिने तक बाबा के साथ आजमगढ़ में रहे।

अवैध करों से आजिज़ आकर अवध के किसान स्वतः उद्वेलित होकर विद्रोह का बिगुल बजाने निकल पड़े थे। फ़िजी से लौटकर आए बाबा रामचंद्र उनके बीच एक चमत्कारिक पुरुष के रूप में अवतरित हुए। वह देश-दुनिया को देखे हुए थे। पढ़े-लिखे होने के साथ-साथ रामचरितमानस कथावाचक होने के कारण जल्द ही किसानों के तारण बन गए। उनके ज़मींदारों से जो प्रगाढ़ संबंध थे, वे आड़े नहीं आए। सुमित सरकार ने भी इस तथ्य को स्वीकारा है कि 1921 के आस-पास तक बाबा रामचंद्र कांग्रेसियों के इशारे पर काम करते रहे। किसान सभा में आने से पूर्व जौनपुर, सुल्तानपुर और प्रतापगढ़ की सीमा पर रहते हुए बाबा रामचंद्र ने स्थानीय बोली, वहाँ के ज़मींदार और प्रतापगढ़ की सीमा पर रहते हुए बाबा रामचंद्र ने स्थानीय बोली, वहाँ के जमींदार मित्रों से सीखी थी। जब वह झिंगुरी सिंह और सहदेव सिंह के संपर्क में आये तब से वह प्रतापगढ़ के किसान आंदोलन से जुड़ गए।

बाबा किन कारणों से रूरे गाँव में (प्रतापगढ़ जिले की पट्टी तहसील का एक गाँव, इसी गाँव में सर्वप्रथम किसान आंदोलन प्रारंभ हुआ) झिंगुरी सिंह के घर आए, यह स्पष्ट नहीं है। फैजाबाद के डिप्टी कमिश्नर, मेहता ने इस बात की ओर संकेत किया है कि रूरे के किसानों की दशा अन्य गाँवों के किसानों की तुलना में ज्यादा खराब नहीं थी, फिर भी किसान मुद्दे पर संघर्ष करने की नीयत, रूरे आने का कारण स्पष्ट नहीं होता। मेहता ने तुलसीदास की पंक्ति—'राजा समाज विराजे रूरे', रूरे अर्थात् अति सुंदर और धार्मिक वजहों को कारण बताते हुए कहा है कि इन्हीं वजहों से बाबा रामचंद्र रूरे आए होंगे। मगर इतिहासकार कपिल कुमार और सुभाष चंद्र कुशवाहा इससे सहमत नहीं है। सुभाष चंद्र कुशवाहा का मानना है कि रूरे में पहले से ही गठित किसान सभा और अंडर प्रोपराइटर्स गाँव होने के कारण वहाँ ताल्लुकेदार का दमन कम था। इसलिए सुरक्षित स्थान देखकर देखते हुए ही रूरे को किसान आंदोलन का केंद्र बनाया गया होगा।

बाबा रामचंद्र ने प्रतापगढ़ में ही भगवानदीन कुर्मी की पुत्री जग्गी देवी से विवाह किया जिसका नाम जग्गी देवी था। जग्गी देवी से तीन पुत्री और एक पुत्र भी हुआ था।

एक बार बाबा ने झिंगुरी सिंह और सहदेव सिंह को एक हजार स्त्री और पुरुषो को साथ ले डिप्टी कमिश्नर के यहाँ धरना देने तथा उन तक लिखित शिकायत पहुँचाने के लिए चलने को कहा। जब किसान डिप्टी कमिश्नर के यहाँ जा रहे थे, बाबा ने डिप्टी कमिश्नर के कहने पर किसानों को बीच रास्ते से लौटा दिया। वह स्वयं डिप्टी कमिश्नर के किसानों की समस्याओं से अवगत कराने गए, लेकिन उसका कोई ठोस परिणाम नहीं निकला। जून 1920 तक बाबा ने प्रतापगढ़ में किसान सभा की 50 शाखाएं खोल दी थीं। बाबा रामचंद्र, गांधी जी से प्रभावित थे। उसी समय उन्हें खबर मिली की गांधी जी इलाहाबाद पहुँचने वाले हैं। बाबा 500 किसानों को साथ लिया और 70 किलोमीटर

की यात्रा पैदल तय करते हुए इलाहाबाद जा पहुँचे थे। इलाहाबाद में गांधी जी से मुलाकात तो नहीं हुई परंतु नेहरू जी से मुलाकात हो गई। कुछ समय बाद जवाहरलाल नेहरू प्रतापगढ़ आये और यहाँ तीन दिन रहे तथा किसानों की सभाओं को उन्होंने संबोधित किया।

सितंबर 1920 में बाबा रामचंद्र और झिंगुरी सिंह गिरफ्तार कर लिए गए। दोनों को छुड़ाने के लिए 50 हजार किसान प्रतापगढ़ कचहरी में एकत्रित हुए और वहाँ से जेल की ओर मार्च किया। जेल परिसर में इतनी भीड़ देखकर अधिकारी घबरा गए। जेल के अंदर ही डिप्टी कलेक्टर ने बाबा रामचंद्र व झिंगुरी सिंह का बयान लिया और दोनों जेल से रिहा कर दिए गए।

स्वतंत्रता आंदोलन के दौरान प्रतापगढ़ किसान आंदोलन की धुरी बन गया था। बाबा रामचंद्र और उनके साथी रात के समय रामायण पाठ का आयोजन करते। किसान इसमें आकर यह शपथ लेते थे कि अगर टैक्स न दे पाने कारण ताल्लुक़ेदार किसी किसान से ज़मीन वापस लेते हैं और नया कर लेकर उसे किसी दूसरे किसान को देते हैं, तो वे ऐसे खेतों में काम नहीं करेंगे। बाबा रामचंद्र ने किसान आंदोलन में जान फूँक कर गति दी थी।

बाबा रामचन्द्र ने किसान आन्दोलन को पहले कुर्मी वर्ग में ही विकासित किया। उनका कहना था कि कुर्मी ही यहाँ के असली किसान है। बाबा ने 'गोहार' लगाने की नयी अहिंसात्मक तकनीकि किसान आन्दोलन में अपनायी। जिसमें यदि किसी व्यक्ति पर जमींदार या तालुकेदार के कर्मचारी अत्याचार करते थे तो वह व्यक्ति और उसके गाँव वाले 'जय-जय सीताराम' का नारा लगाते थे। जिसे सुनकर अन्य गाँव के लोग भी सीताराम का नारा लगाते हुए पहुँच जाते थे। इस प्रकार हजारो की भीड़ एकत्र हो जाती थी।

बाबा रामचन्द्र यद्यपि मराठी थे किन्तु उन्होंने स्थानीय अवधी भाषा सीखी। यहाँ तक कि किसानों के लिए उन्होंने जो प्रतिज्ञा लिखी वह अवधी भाषा में ही लिखी।

बाबा रामचन्द्र का योगदान स्वतन्त्रता आन्दोलन में स्वणाक्षरों में अंकित है। बाबा से सम्बन्धित अभिलेख नई दिल्ली के तीन मूर्ति भवन संग्रहालय में सुरक्षित है।

राजा राय बजरंग बहादुर सिंह

आधुनिक हिमांचल प्रदेश के जनक भदरी नरेश राजा राय बजरगंज बहादुर सिंह का जन्म सन् 1906 ई. में भदरी राजा परिवार में हुआ। राजा साहब बहुमुखी प्रतिभा के धनी व्यक्ति थे। वह उच्चकोटि के राजनीतिज्ञ, कुशल प्रशासक, दूर द्रष्टा, कुशल पारखी एवं कुशल कलाकार थे।

राजा साहब की आत्मीयता प्राणिमात्र से थी। उन्होंने पशु-पक्षियों को भी प्यार अपनत्व की दृष्टि से देखते हुए थे। राजा साहब प्रतापगढ़ जिला परिषद के अध्यक्ष, हिमांचल प्रदेश के राज्यपाल, उत्तर प्रदेश विधान सभा परिषद के सदस्य, पंतनगर कृषि विश्वविद्यालय के उपकुलपति, बद्रीनाथ मंदिर के अध्यक्ष, रिजर्व बैंक ऑफ इंडिया के निदेशक, पंजाब सरकार के कृषि सलाहकार जैसे महिमामय पदों को आपने सुशोभित किया।

राजा राय बजरगंज बहादुर सिंह एक कुशल शिक्षाविद् भी थे। इन्होंने एक महाविद्यालय और कई इंटरमीडिएट कोलेजों की स्थापना की। राजा साहब महात्मा गांधी, पं. जवाहरलाल नेहरू, पं. गोविंद बल्लभ पंत जैसे नेताओं के संपर्क में रहे और भारत छोड़ो आंदोलन में सक्रिय सहभागिता निभाया। सन् 1930 ई. में राजा साहब के आमंत्रण पर गांधी जी भदरी आए और उनकी उपस्थिति में राजा साहब ने विदेशी वस्त्रों की होली जलाई थी।

राजा रामपाल सिंह

राजा रामपाल सिंह का जन्म 1848 ई. को उत्तर प्रदेश के प्रतापगढ़ जिले में हुआ था। इनके पिता लाल प्रताप सिंह सन् 1857 के प्रथम स्वतंत्रता संग्राम में अंग्रेजों के साथ 'चाँदा', जिला-सुल्तानपुर में संघर्ष करते हुए शहीद हुए थे। रामपाल सिंह का पालन-पोषण इनके पितामह राजा हनुमंत सिंह के द्वारा हुआ। इनकी प्रथम पत्नी सुभंग कुअरि थी। सुभंग कुअरि के पिता रीवा राज्य के प्रतिष्ठित जागीरदार थे व मिर्जापुर के पास सन् 1857 में ही अंग्रेजी राज्य के खिलाफ संघर्ष किया था। इस प्रकार पितृ पक्ष एवं ससुराल पक्ष दोनों ने ही स्वतंत्रता संग्राम में अपने अपूर्ण बलिदान के द्वारा राजा रामपाल सिंह को प्रभावित किया। राजा रामपाल सिंह आजीवन भारत के स्वतंत्रता तथा स्वाभिमान के लिए संघर्ष करते रहे। बाबू श्याम सुंदर दास ने अपनी पुस्तक 'हिंदी के निर्माण' भाग-1 के पृष्ठ 22, 23 पर लिखा है–

"राजा साहब बाल्यावस्था से अत्यंत तीव्र बुद्धि और चंचल स्वभाव के थे। पर साथ ही विद्याध्ययन में अनुराग भी स्वाभाविक था। सात वर्ष की अवस्था में इन्होंने हिंदी में पूर्ण रूप से योग्यता प्राप्त कर ली थी।

नागरी पढ़ लेने के बाद फ़ारसी का अध्ययन आरंभ किया और पाँच वर्ष में फ़ारसी में पूर्ण योग्यता प्राप्त करके अंग्रेजी और संस्कृत का अध्ययन आरंभ किया। संस्कृत के क्लिष्ट और गूढ़ छंदों का मर्म समझने और अंग्रेजी में बार्तालाप करने लगे।

भिन्न-भिन्न भाषाओं के और भिन्न-भिन्न मत मतांतरों से संबंध रखने वाले ग्रंथों को पढ़कर उनके हृदय में नवीन सभ्यता ने स्थान प्राप्त कर लिया। रूढ़िवादिता के घोर विरोधी हो गए। इससे इनके सब संबंधी और इनके पितामह, राजा हनुमंत सिंह जो स्वयं इनसे अप्रसन्न हो गए। परंतु इन्होंने किसी की भी बात पर ध्यान नहीं दिया और

अपने सिद्धांत पर दृढ़ रहे। 18 वर्ष की अवस्था में इन्होंने आनरेरी मजिस्ट्रेट का दायित्व स्वीकार किया और इसके पश्चात् मध्यम और उच्च श्रेणी की परीक्षाओं को पास किया। राजा साहब एक न्यायशील और देश हितैषी पुरुष थे। इस लिए अदूरदर्शी लोगों की दृष्टि में खटकने लगे।"

सर्वप्रथम राजा रामपाल सिंह ने ग्रेट ब्रिटेन को समझने के लिए सन् 1871 में इंग्लैंड के लिए प्रस्थान किया था और इंग्लैंड में रहते हुए प्रथम पत्नी की मृत्यु का सामना भी करना पड़ा था। इन्होंने इंग्लैंड में एक सम्मानित व्यक्ति की हैसियत से प्राप्त की और 'इंडियन एसोसिएशन' के सक्रिय सदस्य बन गए थे।

1872 में लंदन में 'इंडिया सोसाइटी' की स्थापना की गई थी। इसका उद्देश्य इंग्लैंड में रहने वाले भारतीयों में घनिष्ठता, एकता कायम करना और भावनाओं के आदान-प्रदान के लिए अवसर प्रस्तुत करना था।

आयरलैण्ड के राष्ट्रीय नेता ओडोनेल की प्रेरणा से इस सोसाइटी की एक सभा 12 जनवरी 1883 को कालाकाँकर के राजा रामपाल सिंह की अध्यक्षता में हुई। ओडोनेल ने इस सभा में 'लंदन इंडियन इंटेलीजेंस कमेटी' बनाने की योजना पेश की। कमेटी का काम भारतीय जनता के विभिन्न हिस्सों को मदद कर भारतीय राष्ट्र का एक संघ बनाना था, जिसका अध्यक्ष राजा रामपाल सिंह को बनाया गया। राजा रामपाल सिंह ग्रेट ब्रिटेन में रहते हुए भारतीय विद्यार्थियों को बहुत सहायता देते रहे। वे उनको अपने निवास पर बुलाकर सत्कार करते। समय-समय पर भोज देते और उनके पठन-पाठन में आर्थिक सहायता भी करते।

राजा रामपाल सिंह ग्रेट ब्रिटेन की पार्लियामेंट के हाऊस ऑफ कामन्स में स्वयं एक सदस्य बनकर जाना चाहते थे। इसके लिए उन्होंने उत्तरी लंका शायर की सीट को चुना था। इस अवसर पर प्रतापगढ़ के रीडिंग क्लब तथा अन्य नागरिकों की तरफ से एक विदाई पत्र राजा रामपाल सिंह के संबोधित करते हुए दिया गया था जिसमें उनके द्वारा प्रारंभ किए जनोपयोगी कार्यों की प्रशंसा की गई थी और कहा गया था कि राजा रामपाल सिंह ने अपने ताल्लुक़े की किसानों की उन्नति तथा शिक्षण के लिए अनेक महत्त्वपूर्ण कार्य प्रारंभ किया था। साथ ही इस पत्र में पार्लियामेंट में उनकी विजय के प्रति शुभकामना प्रकट की गई थी। इसका उत्तर देते हुए राजा रामपाल सिंह ने कहा था—"यद्यपि मैं देश के लिए ही, इंग्लैंड में कार्य करूंगा, किंतु मैं जानता हूँ कि मेरी अनुपस्थिति में भी हमारे किसानों की उन्नति की उचित देखरेख की जाएगी। मैं चाहता हूँ कि मेरी आय का एक भाग मेरी स्वर्गवासी प्रिय पत्नी की याद में आप सबके उत्थान तथा विकास में लगायी जाए। मुझे विश्वास है कि जब आप सब की आकांक्षाएँ और मेरी आकांक्षा एक होगी तो निश्चित ही मेरे पास ब्रिटिश पार्लियामेंट के सामने अपनी आकांक्षाओं को रखने के अनेक अवसर प्राप्त होंगे।"

सन् 1885 ई. में स्वदेश लौटने पर राजा रामपाल सिंह ने अपना सारा समय देशवासियों की सेवा में अर्पित कर दिया। इसी वर्ष श्री ए.ओ. ह्यूम ने भारत में 'इंडियन नेशनल काँग्रेस' की स्थापना की जिसकी स्थापना में राजा रामपाल सिंह ने भी सक्रिय रूप से भाग लिया। इसी बैठक को कांग्रेस का प्रथम अधिवेशन कहा जाता है। राजा रामपाल सिंह ने कांग्रेस के द्वितीय और तृतीय अधिवेशनों में जो ओजस्वी भाषण दिया, वह कांग्रेस के इतिहास में स्वर्णाक्षरों में अंकित रहेगा। सन् 1885 में राजा रामपाल सिंह इलाहाबाद-कांग्रेस अधिवेशन में स्वागत समिति के सेक्रेटरी नियुक्त हुए। राजा रामपाल सिंह कांग्रेस में भाग लेने वाले तथा उसके संस्थापक नरेशों में भारत के प्रथम नरेश थे। अपने पितामह की भाँति राजा रामपाल सिंह अपने राज्य के एक बड़े भाग को अलग करके उसे ट्रस्ट (रामपाल-हनुमंत ट्रस्ट) में परिवर्तित कर दिया जिसके अंतर्गत कालाकाँकर में आज भी एक इंटर कॉलेज, एक डिग्री कालेज, एक अस्पताल तथा एक अनाथालय इत्यादि गतिशील हैं। राष्ट्रभाषा हिंदी के प्रथम दैनिक पत्र 'हिंदोस्थान' के जनक कालाकाँकर जैसे एक छोटे से गाँव के नरेश राजा रामपाल सिंह ही हैं।

राजा साहब सन् 1871 ई. में पहली बार लंदन गए जहाँ वे 14 वर्षो तक रहे। सन् 1883 ई. में उन्होंने 'हिंदोस्थान' नाम का एक त्रैमासिक पत्र हिंदी, उर्दू तथा अंग्रेजी में निकाला जो उस समय लेथो प्रेस पर छपता था।

इस पत्र में भारतीयों के दुःख दर्द, आवश्यकताएँ तथा उनके स्वामित्व की रक्षा के लेख रहते थे। राजा साहब के संपादित लेख बड़ा ही चुटीले हुआ करते थे। अपने लेखों से इतने प्रसिद्ध हो गए थे कि लंदन फिगर ने 'आगत पुरुष' शीर्षक लेख में राजा रामपाल सिंह के संपूर्ण जीवन चरित्र प्रकाशित किया था।

राजा रामपाल सिंह जब बिलायत से भारत वापस लौटे तो पंडित मदनमोहन मावलीय के कुशल नेतृत्व में राजा साहब ने इसे दैनिक पत्र के रूप में निकालना प्रारंभ किया। कुछ दिनों बाद राजा साहब ने 'हिंदोस्थान' का अंग्रेजी संस्करण भी प्रकाशित किया। 'हिंदोस्थान' के अंग्रेजी संस्करण ने भी दैनिक पत्र का रूप ग्रहण कर लिया। इसके सम्पादन के लिए राजा साहब ने मिस्टर टंपल और मिस्टर पियर्सो जैसे अंग्रेजों के प्रसिद्ध लेखकों को विलायत से बुलाया था। सन् 1885 से लेकर 1908 ई. तक राजा रामपाल सिंह ने लगभग ग्यारह लाख रुपए का घाटा सहकर 'हिंदोस्थान' के माध्यम से हिंदी की सेवा की। यह सेवा हिंदी पत्रकारिता के इतिहास में स्वर्णाक्षरों में अंकित है।

देश की आजादी, साहित्य और पत्रकारिता के क्षेत्र में योगदान देने वाले राजा रामपाल सिंह ने सन् 1909 ई. में अंतिम साँसे लीं।

राजा रमेश सिंह

राजा रमेश सिंह ने राजा रामपाल सिंह के द्वारा प्रारंभ किया गया पत्रकारिता का आंदोलन को अक्षुण्ण बनाए रखा।

राजा रामपाल सिंह की मृत्यु के कारण जो दैनिक 'हिंदुस्तान' बंद हो गया था। उसको राजा रमेश सिंह द्वारा प्रकाशित पत्रिका 'सम्राट' में राजा रामपाल सिंह के स्मारक रूप में सम्मिलित कर लिया गया।

विदेशी वस्तुओं की जगह स्वदेशी वस्तुओं के इस्तेमाल का आंदोलन भारत में उन्नीसवीं सदी के सातवें दशक में प्रारंभ हो गया था। राजा रमेश सिंह ने कालाकाँकर के हलवाइयों से अपील की वे विदेशी चीनी का प्रयोग न करें। परंतु जब भ्रष्ट हलवाइयों ने विदेशी चीनी का प्रयोग बंद न किया तो राजा रमेश सिंह ने मिठाई खाना ही छोड़ दिया।

राजा रमेश सिंह लगातार अपने इस आंदोलन को आगे बढ़ाते रहे। उन्होंने अपने 'सम्राट' के 30 मार्च 1910 के अंक में लिखा–"लोगों की बाहरी (विदेशी) से घृणा हो गई है, अनेकशः लोग इसको खाना धर्म विरुद्ध समझने लगे हैं। फलतः स्वदेशी चीनी खरीदकर खाए क्योंकि प्रथमतः तो इससे अपने धर्म की रक्षा होगी और देश का धन देश में ही रहेगा।"

रमेश सिंह का विचार था कि स्वराज्य प्राप्ति के आंदोलन को अधिक से अधिक तेज किया जाए। संघर्ष को इतना सघन तथा तीखा बनाया जाए कि अंग्रेज स्वयं इस देश को छोड़कर जाने के लिए बाध्य हो जाए। इसके लिए भारतवासियों को हर प्रकार का कष्ट सहन करने के लिए तैयार रहना चाहिए क्योंकि कोई भी बड़ी उपलब्धि बिना कष्ट और त्याग के नहीं प्राप्त होगी। राजा रमेश सिंह एक धर्मनिष्ठ तथा कर्तव्यपरायण व्यक्ति थे। भारतीय संस्कृति में अगाध श्रद्धा रखते थे। विभिन्न धार्मिक-सांस्कृतिक उत्सवों का आयोजन प्रारंभ कराया बल्कि अनेक मंदिरों का जीर्णोद्धार भी कराया।

स्वतंत्र देश राजा रमेश सिंह का सपना था। इसके लिए वह चाहते थे कि चाहे जैसा और जिस सीमा तक संघर्ष करना पड़े, स्वतंत्रता इस देश को मिलना ही चाहिए।

राजा रामपाल सिंह की गौरवशाली परंपरा को आगे बढ़ाने वाले कवितावनीय एवं भारतभूषण की उपाधि से विभूषित राजा रमेश सिंह शुद्ध साहित्यिक व्यक्ति थे और अपने अल्प जीवनकाल में रमेश शतक, रामविलाप, पूर्तिसभा, विष्णु विनय, पंचानन पपंचकम, रमेशरहस्य, ऋतुविलास आदि साहित्यिक रचनाएँ कीं। साहित्य के माध्यम से वे अपने देश, जाति, धर्म, भाषा के प्रति गौरव भाव उत्पन्न किया।

राजा अवधेश सिंह

राजा अवधेश सिंह का जन्म सन् 1906 ई. में राजा रमेश सिंह की द्वितीय रानी श्री धर्मराज कुमारी से प्रथम पुत्र के रूप में हुआ था।

13 नवंबर 1929 को राजा अवधेश सिंह के आग्रह पर गांधी जी रायबरेली से इलाहाबाद जाते समय कालाकाँकर पहुँचे। यहाँ का प्राकृतिक सौंदर्य तथा शांत वातावरण उनको बहुत भाया। 14 नवंबर 1929 की शाम को राजा साहब ने एक सभा का आयोजन कर महात्मा गांधी के हाथों से विदेशी कपड़ों की होली जलवायी। 15 नवंबर, 1929

में महात्मा गांधी ने प्रातः कालाकाँकर में पुनः एक सभा की और भाषण के उपरांत कालाकाँकर राजभवन पर तिरंगा फहराया। 20 अप्रैल सन् 1930 को कालाकाँकर के कुँवर सुरेश सिंह के नेतृत्व में आये हुए सत्याग्रही जत्थे ने दो हजार से अधिक भीड़ के समक्ष नमक बनाकर उसे वितरित किया था। जनवरी 1931 में गांधी जी से प्रभावित होकर राजा साहब ने 'लोकतांत्रिक राज परिषद' की स्थापना की जिसमें 58 सदस्य थे। उन्होंने अपने राज्य में गाँजा-भाँग तथा शराब की दुकान को समाप्त करा दिया था जिसके कारण उन्हें अंग्रेजों का कोपभाजन भी होना पड़ा। विदेश में भी राजा साहब ने अपना स्वदेशी लिबास नहीं छोड़ा। उन्होंने राजा रामपाल सिंह के पुराने हनुमंत प्रेस का पुनरोद्धार किया और पूज्य बापू के आदेशानुसार 'दरिद्र नारायण' नामक एक पाक्षिक पत्र भी सन् 1931 में कालाकाँकर से निकाला। मई 1932 में राजा अवधेश सिंह ने प्रतापगढ़ जिले का व्यापक दौरा करके जनता से सामाजिक स्थिति सुधारने, खद्दर का प्रयोग करने तथा पंचायतों का गठन करने की अपील की।

1933 में वे ग्राम संगठन में इस तत्परता से लग गए कि जैसे दीन दुनिया से अलग हो गए। सच्चे अर्थों में वे पंचायती राज व्यवस्था के हिमायती एवं लोकतंत्र के महानायक थे। अपने राज्य में 15 रु. मासिक वेतन पर उन्होंने पंचायत सेक्रेटरी की नियुक्ति की जो ग्राम विकास व ग्राम पंचायतों के महत्त्व की जानकारी कराते थे। सविनय अवज्ञा आंदोलन में कालाकाँकर का राजभवन कांग्रेस का दुर्ग बन गया था। आर्य समाज द्वारा सामाजिक कुरीतियों तथा परंपरागत रूढ़ियों के विनाश की आशा देखकर राजा साहब आजीवन आर्यसमाज के सदस्य रहे। इसी कारण प्रति वर्ष व कालाकाँकर में आर्यसमाज का वार्षिक अधिवेशन धूम-धाम से करते रहे। जन्मगत जाति व्यवस्था को वे भयावह मानते थे। गुण एवं कर्मानुसार वर्णाश्रम की सृष्टि रची जानी चाहिए। दहेज प्रथा, बाल विवाह, अनमेल विवाह, बहु-विवाह के वे ख़िलाफ थे तथा विधवाओं के पुनर्विवाह के समर्थक थे। मातृभाषा के प्रबल समर्थक थे। शाम को जब वे गंगा किनारे घूमने जाते थे, वही रात्रि को सभी बूढ़ों और अधेड़ व्यक्तियों को चरखा चलाना और वर्णमाला रटाने के लिए समय निकाल लेते थे।

20 सितंबर 1934 को केवल 28 वर्ष की अल्पायु में उनका देहावसान हो गया।

डॉ. सीतारमैया ने अपने कांग्रेस का इतिहास नामक पुस्तक में लिखा है कि अपने पौत्र अवधेश सिंह कालाकाँकर के नौजवान राजा, जो अभी कुछ दिन पहले अल्पायु में ही दिवंगत हो गए के रूप में, राजा रामपाल सिंह का सच्चे अर्थों में पुनर्जन्म हुआ था।

कुँवर ब्रजेश सिंह

कालाकाँकर राजा रमेश सिंह के द्वितीय पुत्र कुँवर ब्रजेश सिंह बचपन से ही उग्रवादी विचारधारा के थे। पिता के बचपन में ही स्वर्गवासी हो जाने के कारण पालन-पोषण कोर्ट

आफ वार्ड् के समय में हुआ। पहले उनका नाम काल्विन स्कूल, लखनऊ में लिखवाया गया, जहाँ उन्होंने पाँच वर्ष तक अध्ययन किया। इसके बाद बनारस गए। आठ महीने बाद स्वास्थ्य ठीक न होने के कारण वहाँ से भी चले आए। एक बार काल्विन स्कूल से 'ओल्ड ब्वायज डे' का जलसा आयोजित हुआ जिसमें ब्रजेश सिंह को बुलाया गया, जिसमें वह खद्दर के बने हुए वस्त्र पहन कर सम्मिलित हुए, जहाँ इसके लिए प्रिंसिपल ने उनको अपमानित करना चाहा।

ब्रजेश सिंह महात्मा गांधी द्वारा चलाये जा रहे असहयोग आंदोलन से पूरी तरह प्रभावित थे। अंग्रेजी शासन के प्रति उनमें गहरी वितृष्णा थी और वे समझते थे कि यदि असहयोग आंदोलन को पूरी तरह चलाया जाय तो अंग्रेजी शासन को काफी कमजोर किया जा सकता है।

अंततः उन्होंने खद्दर के कारण लामा टिंनियर कालेज में भी पढ़ने से इंकार किया और उन्होंने किसी ऐसे स्कूल में प्रवेश लेने की इच्छा व्यक्त की जहाँ देशी पोशाक पहन कर पढ़ने जाया जा सकता था। तब उनको पढ़ाने के लिए कैप्टन लैथम नामक अंग्रेज ट्यूटर की नियुक्ति की गई। किंतु अंग्रेज ट्यूटर से भी इनकी पटरी नहीं बैठ पाई क्योंकि ब्रजेश सिंह का यह मानना था कि वह पढ़ाने की जगह उनके भाइयों में फूट डालने तथा धार्मिक भावनाओं को चोट पहुँचाने का कार्य करता है। ब्रजेश सिंह ने धर्मराज कुमारी रानी कालाकाँकर को पत्र लिखकर स्वतंत्र रूप से अपने मान-मर्यादा तथा धर्म की रक्षा की बात कही तथा कैप्टन लैथम के दुर्गुणों एवं दुर्व्यवहारों का वर्णन किया।

ब्रजेश सिंह का राष्ट्रीय आंदोलनों के प्रति लगाव तथा भागीदारी ने अंग्रेज शासकों को बहुत सशंकित कर दिया था। इसलिए अंग्रेज अधिकारी उनकी तथा उनके भाइयों की शिक्षा की ऐसी व्यवस्था कराना चाहते थे, ताकि पूरी तरह राष्ट्रीय आंदोलन तथा राष्ट्रीय चेतना से अलग हो जाए।

अंग्रेजों ने ब्रजेश सिंह और उनके भाइयों के धार्मिक और नैतिक शिक्षा को हटा दिया ताकि ये लोग पूरी तरह से अपनी संस्कृति और शिक्षा से अलग हो जाएं।

इस प्रकार अंग्रेजी प्रशासन ब्रजेश सिंह को भारतीय संस्कृति एवं भारतीय स्वतंत्रता आंदोलन के प्रति विकसित हो रहे उनके विचारों को नष्ट करना चाहते हुए भी सफल नहीं हो पाया।

सन् 1927 में कालाकाँकर राज्य कोर्ट ऑफ वार्ड् के नियंत्रण से मुक्त हुआ। ब्रजेश सिंह को अध्ययन करने के लिए ब्रिटेन भेजा गया, वहाँ कुछ समय तक उन्होंने अध्ययन कार्य जारी रखा परंतु पढ़ाई बीच में ही छोड़कर राजनीति के अखाड़े में कूद पढ़े।

12 जुलाई सन् 1929 को उन्होंने प्रतापगढ़ मुख्यालय तथा धारूपुर में बड़ी जनसभाओं को संबोधित किया और जनता से खद्दर पहनने, आपस में एकता बनाए रखने तथा बहिष्कार आंदोलन की पूर्ण रूप से सफल बनाने की अपील की।

सन् 1929 के अंत में वे इंग्लैंड पुनः चले गये। इस बार उन्होंने इंग्लैंड के अलावा जर्मनी आदि देशों का भी भ्रमण किया। जर्मनी में उनकी मुलाकात साम्यवादी नेता मानवेंद्र नाथ राय से हुई। वह राय से इतने प्रभावित हुए कि कम्युनिस्ट पार्टी के कार्यों में तन-मन से लग गए। इसके बाद जब ब्रजेश सिंह भारत लौटे तो राय भी उनके साथ भारत आए। एक बार दोनों साथ में बंबई गए जहाँ राय गिरफ्तार कर लिए गए। परंतु ब्रजेश सिंह ने किसी भी प्रकार से उनको मुक्त करवाया।

जर्मनी की एक चेक महिला, लीजल से परिचय हुआ, जिससे इन्होनें भारत लौटकर वैदिक रीति से विवाह किया।

3 अप्रैल सन् 1941 में ब्रजेश सिंह भारत रक्षा कानून के अंतर्गत लखनऊ में गिरफ़्तार हुए। ब्रजेश सिंह उस समय किसानों को संगठित कर साम्राज्यवाद के ख़िलाफ़ आंदोलन को तेज कर रहे थे। सरकार ने इनको कुछ दिनों तक आगरा जेल में बंद रखा। बाद में अल्मोड़ा में 6 जून 1941 से सुरेश सिंह के साथ नज़रबंद कर दिया। जब फासिस्ट शक्तियों ने सोवियत रूस पर आक्रमण किया और रूस तथा ब्रिटेन की आपस में फासिस्ट शक्तियों के विरुद्ध मैत्री हुई तब जाकर सरकार ने ब्रजेश सिंह और उनके छोटे भाई सुरेश सिंह को रिहा किया था। नज़रबंदी से मुक्त होने के बाद ब्रजेश सिंह फिर अपने जिले प्रतापगढ़ में कम्युनिस्ट पार्टी का कार्य करने लगे।

सन् 1957 में सरकार के आगे 10 सूत्री माँग रखकर आंदोलन प्रारंभ हुआ तो ब्रजेश सिंह भी उसमें सम्मिलित हुए और प्रतापगढ़ में गिरफ़्तार हुए। उनको तीन माह के कारावास का दंड मिला। कुछ समय बाद ये बहुत ही अस्वस्थ हो गए जिसका इलाज कराने के लिए मास्को गए। वहीं पर उनकी मुलाकात जोसेफ स्टालिन की पुत्री स्वेतलाना से हुई। दोनों एक-दूसरे के प्रति निकट आ गए। स्वेतलाना ने उनकी बहुत सेवा की। स्वेतलाना से वहाँ उन्होंने विवाह कर लिया। परंतु अस्वस्थता बढ़ती गई। गंभीर दिल का दौरा पड़ने से उनको बचाया नहीं जा सका।

कुँवर सुरेश सिंह

राजा रमेश सिंह के सबसे छोटे पुत्र कुँवर सुरेश सिंह का जन्म सन् 1910 ई. में हुआ था। अपने भाइयों तथा पूर्वजों के समान कुँवर सुरेश सिंह भी राष्ट्रीय स्वतंत्रता-संघर्ष अपने आरंभिक काल से ही सक्रियतापूर्वक जुड़े रहे। जब भी कभी इन्हें संघर्ष करने का अवसर मिला, इन्होंने आगे बढ़कर भाग लिया।

सन् 1929 में महात्मा गांधी ने संयुक्त प्रांत तथा अवध का व्यापक दौरा करके असहयोग तथा बहिष्कार आंदोलन के प्रति जनता में एक नई जागृति पैदा की थी। नमक सत्याग्रह आंदोलन असहयोग तथा बहिष्कार आंदोलन पूरे देश की जनता में स्वतंत्रता के प्रति एक नया उमंग पैदा किया था। जिस समय नमक सत्याग्रह आंदोलन प्रारंभ करने

का निर्णय लिया गया और आंदोलन के लिए विभिन्न केंद्रों की घोषणा की गयी, उस समय कुँवर सुरेश सिंह महामना मदन मोहन मालवीय की छत्रछाया में रहकर काशी हिंदू विश्वविद्यालय में अध्ययन कर रहे थे। उन्होंने इस आंदोलन की खबर वही सुनी और आंदोलन में सम्मिलित होने का निर्णय किया।

कुँवर सुरेश सिंह ने नमक आंदोलन में भाग लेने के लिए महात्मा गांधी जी की आज्ञा चाहते थे, जिसके ख़ातिर उन्होंने महात्मा गांधी को पत्र लिखा।

महात्मा गांधी ने कुँवर सुरेश सिंह के पत्र के उत्तर में लिखा—"तुमने ठीक ही निर्णय लिया है, लेकिन यह आंदोलन तो सारे देश का होगा। तुम अपने साथियों के साथ पैदल रायबरेली जाकर वहाँ नमक सत्याग्रह का संचालन करो। रायबरेली को तुम्हारे प्रदेश का केंद्र बनाया गया है। भाई शीतला सहाय तुम्हारे लिए आदेश लेकर जा रहे हैं।"

कुँवर सुरेश सिंह ने महात्मा गांधी के खत को मालवीय जी को दिखाया, जिसके बाद मालवीय जी ने भी आज्ञा दे दी। रायबरेली जाने से पहले आंदोलन की पूरी रूप-रेखा समझने के लिए पं. जवाहरलाल नेहरू से मिलने इलाहाबाद गए। जहाँ आनंद भवन के कमरे में बैठकर नेहरू जी ने सुरेश सिंह को आंदोलन की सारी रूप रेखा समझाई।

जवाहरलाल नेहरू से मिलने के बाद सुरेश सिंह कालाकाँकर वापस आये और अपने भाई राजा अवधेश सिंह से मिलकर उनके सहयोग से सत्याग्रहियों का जत्था तैयार किया। पैदल ही रायबरेली के लिए प्रस्थान किया। उस समय रायबरेली में सरकार का दमन चक्र तेजी से चल रहा था। जनता इतनी भयभीत थी कि वह सत्याग्रह के निकट आने में भी सहम रही थी।

अब इन लोगों ने जनता में जागृति लाने तथा उत्साह पैदा करने के लिए प्रारंभिक तौर पर शाम को सभायें करके तथा अन्य तरह से लोगों से संपर्क करके नमक सत्याग्रह का प्रचार करने लगे। धीरे-धीरे जनता संगठित तथा उत्साहित होने लगी।

कुँवर सुरेश सिंह ने कोड वाईस के आधार पर निरंतर पं. जवाहरलाल नेहरू तक सूचना प्रेषित करते रहे। सुरेश सिंह ने नमक सत्याग्रह प्रारंभ करने का उचित अवसर समझ पं. जवाहरलाल नेहरू को नमक सत्याग्रह प्रारंभ करने के लिए तिथि सुनिश्चित करने हेतु कहा।

पं. जवाहरलाल नेहरू ने इसके उत्तर में पत्र लिखा और उसमें उन्होंने मोहनगंज (रायबरेली) में यदि स्थिति अनुकूल हो तो नमक सत्याग्रह प्रारंभ करने के लिए कहा था। मगर मोहनगंज में नमक सत्याग्रह शुरू करने का इंतजाम नहीं हो सका। अतः सारी तैयारी करके रायबरेली के 'तिलकहाल' में नमक बनया गया। बने हुए नमक को विजयलक्ष्मी ने 50 रु. में नीलाम किया।

कुछ समय बाद रायबरेली में नमक सत्याग्रह आंदोलन काफी फैल गया था। सुरेश सिंह के एक पत्र के उत्तर में पं. जवाहरलाल नेहरू ने आल इंडिया कांग्रेस कमेटी, 52, हीवेट रोड, इलाहाबाद से दिनांक 13-4-1930 को एक पत्र लिखा—

"आज आपकी रिपोर्ट से मालूम हुआ कि अब रायबरेली में कुछ गर्मी आ चली है, यह बहुत अच्छा है। आशा है कि सिलसिला जारी रहेगा। मैं खुद वहाँ आना चाहता हूँ, लेकिन मजबूर हूँ। कल मुझे रायपुर जाना है। वहाँ से आने पर जरूर कोशिश करूँगा एक दिन के लिए आने का।

कोई खबर हो तो मुझे तार से लिखिएगा। मेरा पता 15 की रात तक प्राविंशियल कांग्रेस रायपुर सी.पी. होगा। मैंने जो रफ़ी अहमद को खत लिखा है, वह पढ़ लीजिएगा।"

पं. नेहरू को 14 अप्रैल, 1930 को रायपुर जाते हुए इलाहाबाद के आगे 'छिउकी' रेलवे स्टेशन पर ही गिरफ़्तार कर लिया गया। इस संबंध में रफ़ी अहमद किदवई ने सुरेश सिंह को पत्र लिखा—"मेरे प्रिय कुँवर साहब—पं. जवाहरलाल नेहरू को 14 अप्रैल, 1930 को रायपुर जाते हुए इलाहाबाद से आगे छिउकी रेलवे स्टेशन पर ही गिरफ़्तार हो जाने की ख़बर मुझको मिली इसलिए मुझे यहाँ रुक जाना पड़ा। मैं कल सबेरे या तो इलाहाबाद से या कानपुर से कुछ कार्यकर्ताओं को रायबरेली भेजने का प्रबंध करूंगा। व्यवस्था ठीक होते ही मैं जल्दी ही इस स्थान को छोड़ दूँगा। मैं तुमसे कल दोपहर बाद मिलने की आशा करता हूँ।"

कुछ दिन बाद गांधी जी ने एक पत्र के माध्यम से सुरेश सिंह को नमक बनाने का आदेश दिया और अपने पत्र में यह भी लिखा कि नमक बनाने के लिए उन्हें भेजा जाए, चाहे वे भले ही जेल चले जाए।

गांधी जी की आज्ञा पाकर दूसरे दिन जत्था लेकर मोहनगंज में नमक बनाया, परंतु दूसरे दिन पता चला कि सरकार ने नमक बनाने पर गिरफ़्तारी बंद कर दी है। इसके बाद लखनऊ जाकर दफा 144 तोड़कर गिरफ़्तार हुए। छः महीने जेल की सज़ा भुगत कर मुक्त हुए। परंतु सुरेश सिंह की इच्छा रायबरेली के नमक-सत्याग्रह में गिरफ़्तार होने की पूरी नहीं हो पायी थी। अतः जब उन्होंने यह सुना कि मालवीय जी पेशावर गोली कांड की जांच के लिए रावलपिंडी जा रहे हैं, उनकी गिरफ्तारी जरूर होगी, वह अकेले ही रावलपिंडी चले गये। मालवीय जी उनको रावलपिंडी में देखकर आश्चर्यचकित हो गए, लेकिन उनको अपने साथ रहने की अनुमति दे दी।

लगभग दो सप्ताह बाद मालवीय जी पेशावर के लिए प्रस्थान किया। जिस ट्रेन से ये लोग जा रहे थे, उसी में गिरफ़्तार कर लिए गए। पुलिस के घेरे में उतार कर एक मकान में इन लोगों को बैठाया गया। शाम को गाड़ी से रावलपिंडी के कैम्पूलर में लाकर मुक्त कर दिया गया। रावलपिंडी से मालवीय जी से आज्ञा लेकर सुरेश सिंह वापस अपने घर कालाकाँकर चले आए।

सन् 1940 में इनके बड़े भाई श्री ब्रजेश सिंह को कम्युनिस्ट होने के कारण भारत सुरक्षा कानून के अंतर्गत गिरफ़्तार किया गया तो इन्हें भी बंदी बना लिया गया। कुछ

दिनों तक वे जेल में रखे गए और बाद में दोनों लोगों को अल्मोड़ा में एक मकान में नज़रबंद कर दिया गया। सन् 41 में जब रूस और इंग्लैंड में मित्रता हो गई तो दोनों लोग मुक्त हुए।

बापू के नेतृत्व में स्वतंत्रता का आंदोलन चलता रहा। इस समय वह बापू जी, पं. जवाहरलाल, रफी अहमद किदवई और गोविंद बल्लभ पंत आदि नेताओं के संपर्क में बने रहे और अपना योगदान करते रहे।

15 अगस्त 1947 को देश स्वतंत्र हुआ। 26 जनवरी 1950 को देश ने गणतंत्रात्मक व्यवस्था स्वीकार की और डॉ. राजेंद्र प्रसाद राष्ट्रपति बने। इस जनतंत्रात्मक व्यवस्था के अनुसार प्रथम महानिर्वाचन सन् 1952 में संपन्न हुआ और संसद तथा प्रांतीय विधानसभाओं एवं विधान परिषद के निर्वाचन में सुरेश सिंह स्थानीय निकायों की ओर से विधान परिषद के सदस्य निर्वाचित हुए। सन् 1954 में वे पुनः इसी क्षेत्र से सदस्य चुने गए और सन् 1960 में विधान सभा की ओर से परिषद के सदस्य निर्वाचित हुए थे। एक अपराधिक अभियोग में उनका नाम आने के कारण उन्होंने परिषद की सदस्यता से त्याग पत्र दे दिया। उच्च न्यायालय ने तथा उच्चतम न्यायालय ने उन्हें निरपराध घोषित किया। उनकी सामाजिक, साहित्यिक, राजनीतिक आदि सेवाओं के कारण 5-10-71 को राष्ट्रपति वराहगिरि वेंकट गिरि ने उन्हें पद्मश्री से सम्मानित किया।

अनंतपाल सिंह

साँगीपुर के मुरैनी गाँव में 2 फरवरी 1915 में जन्मे अनंतपाल सिंह स्वतंत्रता के लिए जिये तो स्वतंत्रता दिवस के दिन उन्होंने आखिरी साँस ली। अनंतपाल सिंह 1940 में आजाद हिंद फौज में भर्ती हुए। दो साल तक नेता जी सुभाष चंद्र बोस की आजाद हिंद फ़ौज का हिस्सा रहने के बाद देश को आजाद कराने के लिए गांधी जी के सत्याग्रह से प्रभावित होकर उनके रास्ते पर चल पड़े। उनपर अंग्रेजी शासन के खिलाफ देशवासियों को एकजुट करने ओर जगह-जगह मीटिंग व बैठक के जरिए स्वतंत्रता आंदोलन को मुखर करने के आरोप लगे।

उनके विवाह के कुछ दिन बाद अंग्रेजी सेना ने उन्हें गिरफ़्तार कर नेपाल के जेल में डाल दिया। सात साल की सज़ा काटकर 1949 में घर वापस आये। अनंतपाल सिंह का 15 अगस्त 1995 में पैतृक आवास मुरैना में देहांत हो गया।

जय नारायण लाल सक्सेना

जय नारायण लाल सक्सेना डाक्टरी की पढ़ाई के बाद 1944 में आजाद हिंद फ़ौज में भर्ती हो गए थे। इनके पिता का नाम राम नारायण सक्सेना था, जो एक शिक्षक थे। जय नारायण लाल सक्सेना का निवास स्थान कटरा गुलाब सिंह में स्थित है।

1944 में आजाद हिंद फ़ौज में भर्ती होने के उपरांत, जयनारायण लाल जापान और वर्मा गए, वहाँ फौज के घायल सैनिकों का इलाज करते रहे। 1947 में देश आजाद होने के बाद, वर्मा से कोलकाता पहुँचे और फिर प्रतापगढ़ आ गए। यहाँ आने के बाद उन्हें पहाड़पुर स्थित प्राथमिक स्वास्थ्य केंद्र में नौकरी मिल गई। इसके बाद वह कटरा गुलाब सिंह बाजार में घर बनवाकर निवास करने लगे। सन् 2009 में जयनारायण लाल सक्सेना का निधन हो गया।

शिवबालक सरोज

शिवबालक सरोज 14 वर्ष की उम्र में आजादी के आंदोलन में कूद पड़े। वह परिवार वालों को बिना बताए ही 12 दिसंबर 1919 को जिला मुख्यालय स्थित सुगाही बाग (रामलीला मैदान) पहुँच गए। यहाँ नमक सत्याग्रह को लेकर आयोजित आंदोलन में शामिल होकर, आजादी के नारे लगाने लगे, जिसके बाद अंग्रेजी हुकूमत ने किशोर शिवबालक को चार साल तक जेल में रखा। इस बीच उन्हें तरह-तरह की यातनाएँ दी गई। उनकी हालत देखकर लोगों की रूह कांप गई थी। बाद में वह वर्मा जाकर नेताजी सुभाष चंद्र फ़ौज की आजाद हिंद फ़ौज में शामिल हो गए और अंग्रेजों से सीधी लड़ाई में कूद पड़े। वर्ष 2012 में उनका निधन हुआ। आज गाँव में बना शहीद स्मारक लोगों में देशभक्ति की भावना भर रहा है।

रामसमुझ शुक्ल

इलाके के सांगीपुर गाँव के निवासी रामसमुझ शुक्ल को अंग्रेजी हुकूमत की ज्यादती ने व्यथित कर दिया था। वह 20 वर्ष की उम्र में स्वतंत्रता संग्राम सेनानी दानपाल सिंह के संपर्क में आने के बाद, भारत माँ की गुलामी की जंजीरे तोड़ने का संकल्प लेकर घर छोड़कर निकल गए। इस दौरान वह नेता जी सुभाष चंद्र बोस के संपर्क में आए और 1937 में वर्मा जाकर आजाद हिंद फ़ौज में भर्ती हो गए। इसके बाद उनका कई साल तक घर से संपर्क नहीं हुआ। देश आजाद होने के बाद वह घर आए और सरकार की ओर से उन्हें आजीवन स्वतंत्रता संग्राम सेनानी की पेंशन के साथ ही सभी सुविधाएँ मिलती रहीं। सन् 2012 में रामसमुझ शुक्ल का निधन हो गया।

सरदार रामसिंह

प्रतापगढ़ शहर के सदर बाजार निवासी सरदार रामसिंह ने आजादी की लड़ाई में धन की कमी आने पर डाकघर ही लूट लिया था। इसके लिए अंग्रेजी हुकूमत ने उन्हें लंबे काल तक जेल में बंद रखा।

जिले में आजादी के आंदोलन की हर गतिविधि में बढ़-चढ़ कर शामिल होते रहे। यही नहीं जिले में आने वाले स्वतंत्रता सेनानियों को उनके मंजिल तक सुरक्षित पहुँचाने का रास्ता भी सरदार रामसिंह बताते रहे।

जिला मुख्यालय में रहने के कारण इधर से गुजरने वाले सेनानियों का लगातार उनसे संपर्क होता रहा। वर्ष 2009 में सरदार रामसिंह ने अंतिम साँस ली।

पंडित रामनारायण दुबे

मान्धाता इलाके पनियारी गाँव में 1895 में जन्में पं. राम नारायण दुबे क्रांतिकारियों के बड़े मददगार थे। वह घर के आस-पास के जंगल में स्वतंत्रता सेनानियों को रोककर उनकी मदद करते थे।

1942 में इन्होंने प्रयागराज जाकर वहाँ के घंटाघर पर तिरंगा फहरा दिया था, जिसके बाद उन्हें गिरफ्तार कर लिया गया। इसके बाद आजादी के दीवानों ने विश्वनाथगंज व चाँदपुर के बीच प्रयाग की ओर से आ रही, मालगाड़ी रोककर उसे तोड़कर लूट लिया। पं. रामनारायण दुबे भी इसमें शामिल थे। बताते हैं कि क्रांतिकारियों ने पटरी उखाड़ कर ट्रेन को रोक दिया था।

पं. रामनारायण दुबे अच्छी नस्ल के घोड़े से चलते थे। वह जंगल या गाँव में अंग्रेज सैनिक के देखते ही, उनमें ख़ौफ़ पैदा करने के लिए, उन पर घोड़े चढ़ा देते थे। पं. रामनारायण दुबे का निधन 107 वर्ष की उम्र में सन् 2002 में हुआ था।

प्रभुनाथ मिश्र विशारद

कुंडा के ओझा का पुरवा बसवाही गाँव में 18 सितंबर 1913 को जन्मे प्रभुनाथ मिश्र विशारद के मन में बचपन से ही देश को आजाद कराने की तमन्ना रही।

1929 में महात्मा गांधी कालाकाँकर आए तो उनके सम्मुख प्रभुनाथ ने खादी धारण कर देश की सेवा की प्रतिज्ञा ली।

1932 में सविनय अवज्ञा आंदोलन के दौरान प्रभुनाथ, राम लाल एवं मदनलाल द्विवेदी के साथ प्रतापगढ़ में गिरफ़्तार हो गए, जिसके बाद प्रतापगढ़ जेल में चार महीने सजा काटी। 1941 में व्यक्तिगत सत्याग्रह आंदोलन करते हुए फिर गिरफ़्तार हुए। उन्हें एक साल के कठोर कारावास की सजा सुनाई गई। 10 दिसंबर 1941 को जेल से मुक्त हुए। ताल्लुक़ेदारों के जुल्म ज्यादती के खिलाफ मुखर रहे। 1942 में भारत छोड़ो आंदोलन में शामिल होने के लिए परिजनों के रोकने के बावजूद घर से निकल पड़े और आंदोलन में अपनी सहभागिता दी।

6 सितंबर 2006 को प्रभुनाथ मिश्र विशारद ने अंतिम साँस ली। 8 सितंबर 2006 को तत्कालीन जिलाधिकारी आर.एस. वर्मा ने मरणोपरांत प्रशस्ति-पत्र प्रदान किया।

भगवती प्रसाद पटेल

मडौली प्रतापगढ़ के भगवती प्रसाद पटेल के मन में बचपन से अंग्रेजी हुकूमत के खिलाफ ज्वाला धधक रही थी। वह कानपुर में रेलवे में नौकरी कर रहे थे। स्वतंत्रता संग्राम आंदोलन के दौरान भगवती प्रसाद ने सरकारी सेवा में रहते हुए भी रेलवे की पटरी तोड़ी ओर मालगाड़ी को बेपटरी कर दिया। इस जुल्म में उन्हें गिरफ़्तार कर 1942 में फाँसी की सज़ा सुनाई गई। काँग्रेस कमेटी की तरफ से अपील करने के बाद, न्यायालय ने उनकी फाँसी की सज़ा को 10 साल के कठोर कारावास में बदला और आगरा सेंट्रल जेल में कैद कर दिया। देश आजाद होने के बाद 1948 में उनको जेल से रिहा किया गया। जेल से रिहाई के बाद भी वह समाज के लिए आजीवन समर्पित रहे। 105 वर्ष की उम्र में सन् 2009 में भगवती प्रसाद पटेल का देहावसान हो गया।

रामकृष्ण विश्वकर्मा

बिहार के तारापुर कदई के स्वतंत्रता संग्राम सेनानी रामकृष्ण विश्वकर्मा का भी आजादी की लड़ाई में अहम योगदान रहा। रामकृष्ण डेरवा बाजार में रुकनेवाले क्रांतिकारियों को भोजन ओर राशन पहुँचाते थे। रामकृष्ण अपने साथी भागवत के साथ कई दिनों तक क्रांतिकारियों को भोजन पहुँचाते रहे। इसी बीच अंग्रेजों की नज़र उन पर पड़ गई और उन्हें गिरफ़्तार कर लिया गया। 8 जून, 1941 को गिरफ्तार किए गए रामकृष्ण को कठोर कारावास में रखा गया। इसके अलावा 100 रुपये के जुर्माना की सज़ा देकर चुनार जेल में बंद कर दिया गया। जुर्माना न दे पाने पर उनकी सज़ा और बढ़ा दी गई थी। जेल में उन्हें तरह-तरह की यातनाएँ दी गयीं। बाद में सवा 32 रुपये जुर्माना चुकाने पर 20 दिन की सज़ा कम हुई। 10 जनवरी, 1942 को उनको चुनार जेल से रिहाई मिली।

मिश्रीलाल द्विवेदी

बाबागंज के तेजऊ का पुरवा झींगुर में 28 दिसंबर, 1897 में जन्मे मिश्री लाल द्विवेदी ने स्वतंत्रता संग्राम आंदोलन में बढ़-चढ़कर हिस्सा लिया। 1936 में आंदोलन करते हुए गिरफ़्तार हुए, उन्हें प्रतापगढ़ जेल में रखा गया। जेल में भी उन्होंने आंदोलन जारी रखा। इसी कारण चार महीने में ही उनको प्रतापगढ़ जेल से नैनी जेल भेज दिया गया। नैनी जेल में एक साल दो महीने 13 दिन रहे। फिर वहाँ से उनहें चुनार जेल भेज दिया गया। 3 साल 8 महीने 26 दिन तक जेल में रहने के बाद वह चुनार जेल से रिहा किए गए।

जेल के अंदर इन्हें कड़ी यातनाएँ दी गईं कि जिसे देखने वालों के रोंगटे खड़े हो गये। पूरे शरीर पर कोड़ों के निशान थे। फिर भी मिश्री लाल अपने पथ से डिगे नहीं। 13 मार्च, 1960 को मिश्री लाल द्विवेदी का देहावसान हो गया।

रामसजीवन उपाध्याय

सांगीपुर के जोगपुर गाँव में 1914 में जन्मे रामसजीवन उपाध्याय ने गीत गाकर लोगों को अंग्रेजों के खिलाफ संगठित किया। उन्हें 1947 में अंग्रेजी सैनिकों ने गिरफ्तार कर लिया। रामसजीवन अंग्रेजी हुकूमत के ख़िलाफ़ होने वाले हर कार्यक्रमों में बढ़-चढ़ कर हिस्सा लेते रहे। अंग्रेजों से आजादी दिलाने के लिए लोगों को एकजुट करने उनके अंदर देश प्रेम की भावना जाग्रत करने के लिए तरह-तरह के गीत बनाकर गाते रहे। उनके गीत अंग्रेजी हुकूमत की जड़ हिला देने वाले गीत थे। डेढ़ वर्ष की जेल काटने के बाद 1945 में वह रिहा हुए। सन् 1966 में रामसजीवन उपाध्याय का निधन हो गया।

चंद्रदत्त सेनानी

स्वतन्त्रता संग्राम सेनानी माताचरन पट्टी के कहला गाँव के निवासी थे। 16 फरवरी 1931 को लगानबन्दी को लेकर कहला ग्राम में विशाल जनसभा का आयोजन हुआ था। इस जनसभा में अंग्रेजी हुकुमत ने लाठी डण्डों व गोलियों की बौछार कर दी। मायाचरन भी घायल हुए। माताचरन पर उल्टा पुलिस की बन्दूक छीनने का मुकदमा चलाया गया। मुकदमें में माताचरन को जेल हुई। यद्यपि 1947 देश के आजाद होने पर ये जीवित थे किन्तु कालान्तर में कुष्ठ रोग से पीड़ित होने पर एक कुटिया में इनका देहावासन हो गया।

स्वतंत्रता संग्राम सेनानी चंद्रदत्त सेनानी का जन्म 6 अप्रैल सन् 1915 ई. को ग्राम शुकुलपुर, जनपद प्रतापगढ़ में पं. राम चरित्र मिश्र के घर हुआ था।

सन् 1942 में भारत छोड़ो आंदोलन से ही अपने नाम के साथ सेनानी की उपाधि जोड़ते थे। सेनानी कुल तीन भाई थे। स्वराज्य की भावना से प्रेरित होकर तीनों भाइयों ने विद्यालय में लगे यूनियन जैक के झंडे को निकाल कर फेंक दिया और वहाँ तिरंगा झंडा फहरा दिया था, जिस पर उन्होंने 15 वर्ष की अल्पायु में ही एक वर्ष के कारावास की सजा हुई।

1942 ई. में महात्मा गांधी जी के भारत छोड़ो आंदोलन में 'करो या मरो' नारे के आह्वाहन पर उन्होंने पायलट अफसर की नौकरी को त्याग दी तथा इलाहाबाद व प्रतापगढ़ के छात्रों का नेतृत्व कर सत्याग्रह की अलख जगाई, जिस पर उन्हें 2 वर्ष के कारावास की सजा हुई।

श्री सेनानी सन् 1969 में भारत के राष्ट्रपति के पद हेतु चुनाव के प्रत्याशी भी रहे। इन्होंने अपने जीवन काल में अनेक महत्त्वपूर्ण रचनाएँ भी की थीं, जिसमें शोषण का अंत, विश्व पार्लियामेंट की परिकल्पना, 15 अगस्त 1947 ब्रिटिश सभ्यता एवं अंग्रेजों का विवाद, आचरण से बोलो, जुबान से, कम भाषा दर्शन, वैचारिक असांप्रदायिक भ्रांति, भूतपूर्व भारत भूखंडों की जनता, भारत में परिश्रमिकों की बारी आदि चिरस्थायी रचनाएँ

प्रमुख हैं। असांप्रदायिक नामक साप्ताहिक समाचार पत्र का प्रकाशन व संपादन भी आप द्वारा लंबे अर्से तक किया गया।

पं. माता बदल पांडेय

पं. माता बदल पांडेय का जन्म 20 मार्च 1889 को ग्राम-सराय खांडेराय, प्रतापगढ़ में एक धर्मनिष्ठ परिवार में हुआ था। उनकी शिक्षा क्रिश्चियन हाईस्कूल बस्ती, क्वीन्स कालेज, वाराणसी, आगरा कालेज आगरा तथा सेंट जॉन्स कालेज आगरा में हुआ। स्नातक की उपाधि 1915 में और एल.एल.बी. की उपाधि 1917 में प्राप्त कर उन्होंने हाईकोर्ट के वकील का पंजीकरण 1917 में कराया। वे सिविल तथा राजस्व मुकदमा के विशेषज्ञ थे।

अवध में किसान सभा आंदोलन का 1920 से सन् 1930 तक उन्होंने प्रभावी ढंग से संचालन किया। भारत के प्रथम प्रधानमंत्री पं. जवाहरलाल नेहरू तथा पं. मुनीश्वर दत्त उपाध्याय के वे राजनीतिक गुरु थे। वे राष्ट्रपिता महात्मा गांधी तथा सरोजिनी नायडू के जनपदीय कार्यक्रमों के संचालक तथा व्यवस्थापक रहे। स्वामी करपात्री जी महाराज के विचारों तथा कार्यक्रमों में वे गहरी आस्था रखते।

जनपद में सबसे अधिक प्रतिष्ठित अधिवक्ताओं में उनकी गणना होती थी। आजीवन वे भारतीय राष्ट्रीय काँग्रेस के प्रति निष्ठावान रहे। वे आकर्षक मुखमंडल तथा सुगठित शरीर के स्वामी थे।

कथा सम्राट मुंशी प्रेमचंद से छात्र के रूप में पढ़ने का उन्हें सौभाग्य प्राप्त था। मुंशी प्रेमचंद का उपन्यास 'प्रेमाश्रय' प्रतापगढ़ तथा अवध क्षेत्र के किसान आंदोलनों से प्रभावित होकर लिखा गया था।

युगद्रष्टा पं. माताबदल पांडेय द्वारा लिखी गई पुस्तक 'किसानों की फाँसी' में उन काले कानूनों का उल्लेख किया गया है, जो ताल्लुक़ेदारों और ज़मींदारों को अधिक अधिकार प्रदान करते थे, जिनके बल पर वे निरीह जनता और कृषकों पर अमानवीय जुल्म करते थे।

ऐतिहासिक दस्तावेज 'अवध के किसानों की दुर्दशा' दासता के युग में किसानों पर हुए भयावह अत्याचार का कारुणिक चित्रण है। इसके लेखक पं. माता बदल पांडेय थे। तत्कालीन युग में जब कि अवध के क्षेत्र में घोर अशिक्षा व्याप्त थी, उन्होंने उच्चांकों में बी.ए. तथा एल.एल.बी. की उपाधियाँ प्राप्त की थीं। वे अवध किसान सभा, प्रतापगढ़ के सम्मानित मंत्री थे। किसान सभा का संचालन पूर्ण तन्मयता तथा सक्रियता से करते थे। जनपद न्यायालय के साथ-साथ वे उच्च न्यायालय में भी वकालत करते थे।

आदरणीय पं. माता बदल पांडेय जी में अभूतपूर्व सृजनात्मक शक्ति थी। उन्होंने किसानों की दुर्दशा तथा किसानों की फाँसी पुस्तकों का लेखन करके कृषकों की दयनीय स्थिति को उजागर किया।

दान पाल सिंह

स्वाधीनता संग्राम में अग्रणी भूमिका निभाने वाले लालगंज तहसील के राजमतीपुर गाँव निवासी दानपाल सिंह का जन्म 10 सितंबर 1915 को हुआ था। आंदोलन को धार देने के लिये साँगीपुर के पास कटरा गाँव के एक बाग में 15 जनवरी 1941 की रात रणनीति बनाते समय अंग्रेजी सेना ने दानपाल को गिरफ़्तार कर प्रतापगढ की एक जेल में बंद कर दिया। जेल के अंदर रहकर भी वह आंदोलन की योजनाएँ बनाते रहे। इसी आरोप के चलते उनको 9 फरवरी 1941 को प्रतापगढ़ जेल से गोंडा जिला कारागार भेज दिया गया। नौ महीने के कठोर कारावास काटने के बाद 10 सितंबर 1941 को उन्हें रिहा कर दिया गया ।

शंभूनाथ उपाध्याय

पट्टी के रूरे से उठी स्वतंतत्रता संग्राम की गूँज ने सोनपुरा के रहने वाले शंभूनाथ उपाध्याय को भी भारत माँ की गुलामी की बेड़िया काटने के लिए आंदोलन में लड़ने को प्रेरित किया। शंभूनाथ बालिग होने से पहले क्रांतिकारियों के साथ अपने घर से निकल पडे। उन्होंने सुल्तानपुर जिले के कोइरीपुर में स्थित डाकखाना अपने साथियों के साथ लूट लिया। इसी दौरान शंभूनाथ और उनके साथियों को पता चला कि जौनपुर से अंग्रेज सिपाही आ रहे है। इसकी जानकारी होने पर उन्होंने जिले की सीमा पर बदलापुर स्थित नदी का पुल तोड़ दिया ताकि अंग्रेज सिपाही यहाँ न पहुँच सकें। अंग्रेजी हुकूमत ने उन्हें आजीवन फरार करार दिया। वह कभी अंग्रेजों के हाथ नहीं आये। देश की आजादी के बाद शंभूनाथ को केंद्र व प्रदेश सरकार ने पेंशन के साथ ही अन्य सुविधाएँ दीं। 05 अक्टूबर 2005 को उनका निधन हो गया।

अनिरुद्‌ध शुक्ल

पट्टी के कर्मजीतपुर में जन्मे अनिरुद्‌ध शुक्ल ने देश की आजादी में भाग लिया। वह बहरूपिया बनकर अंग्रेजों को भ्रमित कर देते थे। अनिरुद्‌ध शुक्ल चंद्रशेखर आजाद की हिंदुस्तान सोसलिस्ट रिपब्लिक पार्टी के सक्रिय सदस्य थे। उन्हें क्रांतिकारियों ने डाक व तार विभाग का जिम्मा दिया और कार्यक्षेत्र बुदेलखंड निर्धारित कर दिया। वह अलग-अलग वेशभूषा और नाम से स्वाधीनता की अलख जगाते रहे। उनकी मुलाकात बाद में क्रांतिकारी शचींद्रनाथ सान्याल से हुई तो वह बम पार्टी के सदस्य बन गए। उसके बाद वह गाँव के लोगो को बम बनाने का प्रशिक्षण देने लगे। छिंदवाड़ा में किसान व ज़मींदार के बीच विद्रोह फैलाने में अनिरुद्‌ध शुक्ल का हाथ रहा। 1938 में ललितपुर बम कांड में उन्हें तीन साल की जेल हुई। 1942 में ललितपुर में जिला मजिस्ट्रेट नें उन्हें

एनएसए के मामले में नजरबंद कर दिया। 06 जुलाई 1990 को अनिरुद्‌ध शुक्ल का निधन हो गया।

भागवत सिंह

पट्टी के ही लौवार गाँव निवासी भागवत सिंह भी स्वाधीनता आंदोलन में अग्रणी भूमिका निभाते रहें। उन्होंने 24 साल की उम्र में घर छोड़ दिया और इलाके में घूम-घूम कर विदेशी वस्त्रों को जलाने लगे। स्वाधीनता आंदोलन में शामिल होने के कारण उन्हें जेल भी जाना पड़ा था। 96 वर्ष का आयु में भागवत सिंह ने अंतिम साँस ली थी।

श्याम सुंदर शुक्ल

पट्टी तहसील के ही बीबियाकरनपुर निवासी श्याम सुंदर शुक्ल को भी बचपन से ही देश की गुलामी को लकर घुटन थी। वह 1921 में असहयोग आंदोलन में शामिल हुए तो उन्हें एक साल कैद की सज़ा सुलाई गई। इसके बाद उन्होंने नमक सत्याग्रह में भाग लिया तो 1930 में चार साल के कठोर कारावास की सज़ा मिली। हालाँकि बाद में परिवार के जीविकोपार्जन के लिए 1938 में वह ब्रिटिश शासन में दरोगा बन गए। अकबरपुर के बसखारी थाने में तैनाती के दौरान महात्मा गांधी से मुलाकात के बाद श्याम सुंदर ने ब्रिटिश हुकूमत में बगावत कर नौकरी छोड़ दी। यही नहीं अपनी वर्दी भी फूँक दी। इसके बाद वह सात बार जेल गए। 1974 में तत्कालीन प्रधानमंत्री इंदिरा गांधी ने उन्हें सम्मानित भी किया। सन 1979 में श्याम सुंदर शुक्ल का स्वर्गवास हो गया।

कालूराम गुप्ता

सांगीपुर के कुभापुर निवासी कालूराम गुप्ता भी भारत माँ की आजादी के लिए मचल उठे। सत्याग्रही आंदोलन में जेल जाने की वजह से वर्षों जेल में कैद रहे। इसके बाद भी उन्होंने अपना रास्ता नहीं बदला और भारत माँ को आजाद कराकर ही दम लिया। कालूराम गुप्ता का जन्म सनू 1918 में अजगरा में हुआ था। दो भाइयों में बड़े कालूराम गांधी जी के सत्याग्रह से प्रभावित हुए।

सत्याग्रह आंदोलन में शामिल होने के लिए कालूराम ने अपनी जिंदगी के पंद्रह साल विभिन्न जेल में काटे। इसके बाद जेल से बाहर आए तो उनके पिता भगवानदीन ने उन्हें घर से ही निकाल दिया। घर से निकाले जाने के बाद भी कालूराम गुप्ता ने स्वतंत्रता आंदोलन की राह नहीं छोड़ी। वह घर से घुइसरनाथ धाम कुंभापुर आए और यही के होकर रह गए। आज कुंभापुर में स्थापित उनकी प्रतिमा पर पुष्प अर्पित कर लोग स्वाधीनता दिवस पर उन्हें याद करते है।

हरिहर सिंह व हरिद्वारी सिंह

हरिहर सिंह का जन्म 05 मई 1919 को साँगीपुर के आमीशंकरपुर गाँव में हुआ था। इनके पिता हरिद्वारी सिंह स्वंय 1942 में अंग्रेजी हुकूमत के ख़िलाफ संगठन खड़ा करने के आरोप के चलते नैनी जेल में सजा काट रहे थे। इकलौती संतान होने के बावजूद हरिहर सिंह को इनके पिता हरिद्वारी सिंह ने ही अंग्रेजों की गुलामी के ख़िलाफ आंदोलन की राह पकड़ने के लिए प्रेरित किया। पिता पुत्र को एक साथ गिरफ़्तार करके प्रतापगढ़ जेल लाया गया। अदालत ने हरिहर सिंह से 100 रु. जुर्माने के भुगतान पर उनकी जेल की सज़ा माफ होने की बात कहीं लेकिन पिता पुत्र दोनों को यह मंजूर नहीं था। परिणामस्वरूप पिता-पुत्र दोनो को 4 महीने की सजा सुनाई गई। हरिद्वारी सिंह को नैनी और बेटे हरिहर सिंह को फैजाबाद जेल में डाल दिया गया। हरिहर सिंह का 31 दिसंबर 1991 को निधन हो गया।

लाला मथुरा प्रसाद सिंह और हरि प्रसाद सिंह

लाला मथुरा प्रसाद सिंह और हरि प्रसाद सिंह दोनों सगे भाई थे, जो मतुई नमक शायर गाँव के निवासी थे। दोनों भाई महान क्रांतिकारी थे। लाला मथुरा प्रसाद सिंह राजा पटियाला के मुंशी हुआ करते थे। देश की आजादी की जंग में दोनों भाई जाबाजों की आर्थिक मदद किया करते थे। चंद्रशेखर आजाद, रामप्रसाद बिस्मिल व अनेक आंदोलनकारियों को अपने घर में पनाह दी थी। इनके घर में ही अखबर छपता था और बम भी बनाए जाते थे। हरि प्रसाद सिंह खुद पैदल जगह-जगह अखबार पहुँचाने का कार्य करते थे। अखबार छापने के दौरान रास्ते में 10-12 लोग खड़े होकर निगरानी करते थे। पुलिस आने पर लोग इशारे से सूचना देते थे। हरि प्रसाद, मथुरा प्रसाद व उनके साथी सई नदी तैरकर पार कर लेते और दूसरी ओर जंगल में चले जाते थे।

लाला मथुरा प्रसाद सिंह और हरि प्रसाद सिंह का मकान आज भी गाँव में स्थित है। लेकिन अब उसमें कोई निवास नहीं करता मकान अत्यंत जीर्ण-शीर्ण अवस्था में है।

दोनों क्रांतिकारियों के याद में मतुई नमक शायर गाँव में शहीद स्मारक का निर्माण हुआ है।

अंबिका सिंह और राजमंगल सिंह

1942 ई. के भारत छोड़ो आंदोलन में प्रतापगढ़ जिले के अंबिका सिंह और राजमंगल सिंह का महत्त्वपूर्ण योगदान रहा। ये दोनों सेनानी पट्टी के रहने वाले थे।

दोनों आंदोलनकारियों की साँठ-गाँठ से ये अधिकारियों के आँख के किरकिरी बने हुए थे। लंबे समय तक अंग्रेज इनको खोजते रहे परंतु कभी भी अंग्रेजों के चंगुल में नहीं फँसे।

पुलिस ने ठाकुर अंबिका सिंह के धोखे में एक व्यक्ति झगडू को मार दिया। तब भी जिले के सिपाही उनको पकड़ने में असमर्थ रहे। उनकी गिरफ्तारी बंबई में हुई थी।

जय नारायण सिंह

जय नारायण सिंह का जन्म जेइवारा के सराय आनादेव ग्राम में सन् 1918 को ठाकुर ब्रह्मसिंह के घर हुआ था। भारतीय स्वतन्त्रता संग्राम की लड़ाई में इन्होंने बढ़कर हिस्सा लिया तथा महात्मा गांधी के आदर्शों पर चलते हुए स्वतन्त्रता आन्दोलन में अपना अमूल्य योगदान दिया। 1947 में भारत के स्वतन्त्र होने पर इन्हें भारत सरकार की ओर से पेंशन प्राप्त होती रही।। 2020 में 102 वर्ष की आयु में जय नारायण सिंह जी का देहावासन हो गया। समाचार पत्रों की खबर के अनुसार 2020 तक जीवित रहने वाले एक मात्र स्वतन्त्रता संग्राम सेनानी जय नारायण सिंह जी ही थे।

शोभनाथ पांडे

उडैयाडीह निवासी सोभनाथ पांडे भी आजादी के आंदोलन में शामिल होने से खुद को नहीं रोक सके। वह किसान आंदोलन के साथ ही भारत छोड़ो आंदोलन में इलाके के लोगों की अगुवाई करने लगे। इस पर अंग्रेजों ने उन्हें गिरफ़्तार कर बस्ती जेल भेज दिया। एक सात तक वह बस्ती जेल में रहे। इस दौरान घर वालो से कोई संपर्क भी नहीं हुआ। 24 जून 2006 को शोभनाथ पांडे का निधन हो गया।

स्वतंत्रता संग्राम से संबंधित प्रमुख गाँव उनकी वर्तमान स्थिति, स्मारकों का विवरण

प्रतापगढ़ के स्वतन्त्रता संग्राम से सम्बन्धित गाँव आज भी औपनिवेशिक हुकुमत की क्रूरता तथा स्वतन्त्रता संग्राम सेनानियों के गौरव गाथा के साक्षी है। इन सेनानियों में कुछ ने महात्मा गांधी के बताए सत्याग्रह के रास्ते को अपनाया तो कई चन्द्रशेखर आजाद, राजप्रसाद बिस्मिल और नेताजी सुभाषचन्द्र बोस की राह पर चल पड़े। चन्द्रशेखर आजाद से प्रातपगढ़ के मतुई नामक शायर गाँव में बम बनाया। काकोरी बम घटना की योजना भी मतुई नामक शायर ने आजाद की उपस्थिति में बनी।

काँपा मधुपुर

ब्रिटिश भारत में किसानों के खून पसीने से सींचकर तैयार किया जाता था नील। अवध राज्य के नवगठित जिला प्रतापगढ़ में पटसन एवं सनई की खेती और उसका उद्योग बुलंदियों पर था और यहाँ की बनी रस्सी का उपयोग बड़े जहाजों के लंगरों और रोजमर्रा के कामों में किया जाता रहा है।

18वीं एवं 19वीं शताब्दी में पट्टी तहसील क्षेत्र का काँपा मधुपुर गाँव ब्रिटिश हुकूमत के समय मधुपुर कोठी के नाम से जाना जाता था। आजादी के पहले अंग्रेज अधिकारी बेल्हा जिला मुख्यालय पर रहकर यहाँ के लोगों से जबरन नील की खेती कराते थे। अंग्रेज यहाँ की जनता को नील की खेती करने का फ़रमान सुनाकर गरीब किसानों को खेती के नाम पर कर्ज देते थे। कर्ज से दबे किसान जीवन भर बँधुआ मजदूरी करने और अंग्रेजों के कोड़े खाने के लिए विवश थे। उत्पादन बढ़ाने के लिए उस समय अंग्रेजों की ओर से काँपा मधुपुर में नील का कारखाना लगाया गया था, जिसमें लोगों को यातनाएँ देकर काम लिया जाता था।

क्षेत्र के बुजुर्ग द्वारिका प्रसाद यादव बताते हैं कि हिंदुस्तान में व्यापार के इरादे से आए अंग्रेजों का दिल पहले से ही काला था। व्यवसाय के नाम पर गोरे राजा-महाराजाओं और ज़मींदारों से जमीन को लीज पर लेकर उसमें नील और सदर क्षेत्र में अफीम की खेती कराने लगे। उसी दौरान अंग्रेजों ने प्रतापगढ़ स्टेट और यहाँ के ज़मींदारों से ज़मीन लीज़ पर लेकर गाँव में नील उत्पादन की फैक्ट्री लगा ली। आसपास की ज़मीन पर नील

की खेती करके कारखाने में उसके उत्पादन का कार्य जोर-शोर से करने लगे। धीरे-धीरे अंग्रेजों ने यहाँ के गरीब किसानों को लालच देकर खेती का कार्य शुरू कराने के साथ ही उनको कर्ज़ उपलब्ध कराना शुरू कर दिया। कर्ज़ देकर उन्होंने यहाँ के लोगों को ऐसे मकड़जाल में फंसाया कि जीवन भर उनकी गुलामी करने के बाद मौत के आगोश में चले गए। परिवार के मुखिया के बाद उसके परिवारीजनों को भी कर्ज़ के बोझ तले दबकर अंग्रेजों की गुलामी के लिए विवश होना पड़ा।

स्थानीय शोभनाथ बताते हैं कि अंग्रेजों का प्रभुत्व जब हिंदुस्तान में बढ़ा तो उन्होंने नील की खेती में मुनाफ़ा को देखते हुए यहाँ के किसानों को कम से कम तीन कट्ठा भूमि पर नील की खेती करने का कानून बना कर उसका पालन कराना शुरू कर दिया। जो किसान ऐसा करने से मना करते थे, उन्हें सबके सामने 100 कोड़े लगाकर ज़लील किया जाता था।

क्षेत्र के प्राइमरी स्कूल हेडमास्टर रमाकांत पांडेय ने बताया कि पूर्वजों ने नील की खेती कर रहे किसानों को उत्साहित करते हुए अंग्रेजों की बेगारी करने से मना किया तो अंग्रेजों ने उन्हें मुकदमे में फँसाकर सज़ा सुना दी थी।

अयोध्या-प्रयागराज राष्ट्रीय राजमार्ग पर चिलबिला से मदाफरपुर मार्ग पर छोटी सी बाजार प्रेम नगर पड़ती है। सड़क के पूर्व खड़ंजा मार्ग पर कुछ दूर जाने पर पेड़ों के झुरमुटों के बीच कुछ खंडहर के अवशेष दिखाई देते हैं! जानकार कहते हैं कि कभी किसी जमाने में मधुपुर कोट की हवेली यहाँ हुआ करती थी और यहीं से 2 दर्जन से अधिक गाँव की मालगुजारी वसूल करने के लिए जिल्ला भी बनाया गया था! जिसमें जमींदार के कारिंदे वगैरह रहा करते थे। पुरानी हवेली के खंडहरों के बगल गोदाम के खंडहरों के अवशेष हैं जिसके बीच में बड़े-बड़े हौज़ बनाए गए हैं बगल में ही एक पुराना हौज़ और लगभग 12 बड़े हौज़ हैं जिनमें नील बनाई जाती थी और इसी को नील की फैक्ट्री भी कहा जाता था। अब यहाँ उसकी कहानी मात्र के अवशेष ही बचे हुए हैं।

लोहंगपुर

यहाँ भी नील की खेती होती थी।

मतुई (नमकशायर)

मतुई गाँव का नाम मतुई माता के नाम पर मतुई नमक शायर पड़ा है। मतुई नमक शायर गाँव उ.प्र. में प्रतापगढ़ जिले के रानीगंज तहसील में स्थित है।

आर्थिक गतिविधियों के लिए रानीगंज, मतुई नमकशायर गाँव का निकटतम स्थल है। मतुई नमकशायर गाँव के दक्षिण में पृथ्वींगंज जंक्शन स्थित है। गाँव में चौहान, सोलंकी, राठौर, सरोज आदि जातियां निवास करती हैं।

ढलान से नीचे उतरने पर कुछ दूरी पर मतुई नमकशायर के दो महान क्रांतिकारी लाल मथुरा प्रसाद सिंह और हरि प्रसाद सिंह की समाधि स्थल है। लाला मथुरा प्रसाद की प्रतिमा भी बनी हुई है। हरि प्रसाद सिंह का सिर्फ समाधि स्थल ही है।

सजनलाल सिंह (हरि प्रसाद सिंह के नाती) से इस विषय में पूछने पर बताते हैं कि हरि प्रसाद सिंह की कोई तस्वीर उपलब्ध न होने के कारण उनकी प्रतिमा का निर्माण नहीं हो सका। समाधि स्थल से कुछ दूर आगे बढ़ने पर दोनों भाइयों (लाल मथुरा प्रसाद और हरि प्रसाद सिंह) का पुराना मकान आज भी स्थित है, जो पुरी तरह से जर्जर हो चुका है। उसमें कोई निवास नहीं करता है क्योंकि अब वह निवास करने लायक नहीं है।

लाल मथुरा प्रसाद के परिवार के संदर्भ में पूछने पर मूरत देवी (हरि प्रसाद सिंह की बहू) बताती हैं कि उनके परिवार के लोग पटियाला में निवास करते हैं। गाँव से कोई मतलब नहीं है। दस-पंद्रह सालों में कभी-कभार एक बार आ जाते हैं।

हरि प्रसाद सिंह के वंशज यहीं पर निवास करते हैं। बहुत ही लंबा परिवार है। सजनलाल सिंह (हरि प्रसाद सिंह के नाती) के मकान का निर्माण प्रधानमंत्री आवास योजना के तहत हुआ है। अभी छत नहीं लगी है। लोग मड़ई में निवास करते हैं।

लाल मथुरा प्रसाद, राजा पटियाला के मुंशी हुआ करते थे। देश के आजादी के लिए जंग छिड़ी तो मथुरा प्रसाद जांबाजों की आर्थिक मदद करने लगे। अंग्रेजों से मोर्चा ले रहे चंद्रशेखर आजाद, भगत सिंह, रामप्रसाद बिस्मिल जैसे देश के सच्चे भक्त यहाँ आकर रूके थे। सारा गाँव आजादी के दीवानों की मदद करता था। आजादी के समय चौरी-चौरा घटना की साजिश इसी गाँव में रची गई थी। नमक आंदोलन में बढ़-चढ़कर हिस्सा लेने वाले यहाँ के ग्रामीणों ने खुद नमक बनाने का कार्य शुरू कर दिया था। स्वतंत्रता संग्राम सेनानी हरिद्वार सिंह ने उस समय कई बार अंग्रेजों को दिग्भ्रमित कर उनके मंसूबे को नाकाम किया। अंग्रेजों ने उन्हें लालच देना चाहा मगर उन्होंने अंग्रेजों का साथ नहीं दिया।

देश आजाद होने के बाद 15 अगस्त को 1972 में तत्कालीन मुख्यमंत्री कमलापति त्रिपाठी, सेनानी हरि प्रसाद सिंह के घर पहुँचे। मुख्यमंत्री ने उन्हें ताम्रपत्र देकर सम्मानित किया। वह ताम्रपत्र आज भी हरि प्रसाद के नाती ब्रजेश सिंह के पास सुरक्षित है।

तरौल

उत्तर प्रदेश में प्रतापगढ़ जिले की सदर तहसील में स्थित है 'तरौल गाँव'। तरौल गाँव उप जिला मुख्यालय सदर (तहसीलदार कार्यालय) से 20 किमी. और जिला मुख्यालय प्रतापगढ़ से 28 किमी. दूर स्थित है। गाँव में सड़क, पक्की नालियाँ, शौचालय एवं आवास की व्यवस्था उत्तम है। लगभग सबके पास पक्के मकान तथा हर घरों में शौचालय का निर्माण हुआ है। रोड के किनारों पर पक्की नालियों का भी निर्माण हुआ है। गाँव का कुल भौगोलिक क्षेत्रफल 241.46 हेक्टेयर है। तरौल गाँव की कुल जनसंख्या 3,020

है, जबकि महिला जनसंख्या 1,503 है। प्रतापगढ़ सभी प्रमुख आर्थिक गतिविधियों के लिए तरौल गाँव का निकटतम शहर है।

तरौल गाँव का संबंध बाबू गुलाब सिंह से है। बाबू गुलाब सिंह का तरौल में किला था। स्वतंत्रता संग्राम के समय बाबू गुलाब सिंह यहाँ पर राज कर रहे थे। जिस समय विद्रोह प्रारंभ हुआ, सुल्तानपुर में 44 व्यक्तियों, जिसमें स्त्रियां और बच्चे भी थे, सुरक्षा के लिए इलाहाबाद भेजा रहा था। वे सभी प्रतापगढ़ के निकट लूट लिए गए। उस स्थान पर वे लेफ्टिनेंट ग्रांट असिस्टेंट कमिश्नर से मिले, ग्रांट उन लोगों को लेकर, बाबू गुलाब सिंह के किले तरौल पहुँचा। गुलाब सिंह ने सहायता देने से इंकार कर दिया। गुलाब सिंह के शरण न देने पर, सभी लोग भागने को तत्पर या विवश हुए। कुछ एक नालों के पार करने के बाद जब आराम करने के लिए रुके तो खतरनाक इरादों से युक्त एक भीड़ द्वारा घेर लिए गए। जब सारी स्थिति का विवरण अजित सिंह को मिला तो वह अपने सैनिकों के साथ नाले पर पहुँचे और सारे अंग्रेजों को बचाकर अपने घर मल्लूपुर ले आए। अजित सिंह बाबू गुलाब सिंह के भतीजे लगते थे, जो अंग्रेजों के बहुत बड़े ख़ैर-ख़्वाज थे। वहाँ उन्होंने उन सबको कुछ दिन रखा और गुलाब सिंह की धमकियों की कोई परवाह नहीं की। 300 साथियों को एकत्र कर उन्हें सुरक्षित इलाहाबाद पहुँचाया। गुलाब सिंह और अंग्रेजों के मध्य कई लड़ाइयाँ हुई। अंतिम युद्ध तरौल स्थित किले पर लड़ा गया। जिसमें हार जाने के बाद भी गुलाब सिंह अंग्रेजों के चंगुल में नहीं फंस सके। इस युद्ध में अंग्रेजों द्वारा तरौल का किला ध्वस्त कर दिया गया।

द्वारिकापुर (कर्मजीतपुर)

द्वारिकापुर (कर्मजीतपुर) उत्तर प्रदेश राज्य के प्रतापगढ़ जिले के गौरा प्रखंड में स्थित एक छोटा सा गाँव है। यह द्वारिकापुर पंचायत के अंतर्गत आता है। यह जिला मुख्यालय प्रतापगढ़ से दक्षिण की ओर 16 किमी. दूर स्थित है। द्वारिकापुर पूर्व की ओर शिवगढ़ ब्लाक, पश्चिम की ओर गौरा ब्लाक, उत्तर की ओर प्रतापगढ़ ब्लाक, दक्षिण की ओर मउआइमा ब्लाक से घिरा हुआ है।

द्वारिकापुर के लिए फूलपुर, लाल गोपालगंज, निंदौरा, इलाहाबाद, सुल्तानपुर शहर नजदीक है।

कर्मजीतपुर (द्वारिकापुर) की एक डकैती को अनिरुद्ध शुक्ल ने शहर से प्रकाशित होने वाले साप्ताहिक अखबार अवध में 13 जून, 1973 के अंक में विस्तार से प्रकाशित किया है–

24 मई 1625 प्रतापगढ़ जनपद का एक छोटा सा गाँव दिन रविवार समय 7 बजे, अभी दीपक जल ही रहे थे। 8, 9 व्यक्ति कर्मजीतपुर (द्वारिकापुर) गाँव में प्रवेश करते हैं। जब एक वृद्ध व्यक्ति ने इन लोगों से पूछा कि कहाँ जाओगे। दल के एक व्यक्ति ने कहा शिवरत्न बनिया के यहाँ जाना है। वृद्ध ने कहा वह सामने वाला मकान है।

दल झट से शिवरत्न बनिया के द्वार पर पहुँच गया। दल को देखते ही शिवरत्न बनिया घबरा कर पूछा भाई क्या बात है? दल के एक व्यक्ति जो दल के नेता थे पं. रामप्रसाद बिस्मिल ने कड़कती आवाज में पूछा, शिवरत्न तुम्हारा नाम है, उसने कहा हाँ। उसकी स्वीकृत सुनते ही चंद्रशेखर आजाद, मन्मथनाथ गुप्त व अन्य दो व्यक्ति मुकुंदी लाल व अशफाक उल्ला मकान के अंदर घुस गये। रामप्रसाद बिस्मिल, शचींद्रनाथ बक्शी व अन्य दो व्यक्ति बाहर दरवाजे पे ही खड़े रहे। इसी बीच बाहर खड़े व्यक्तियों के साथ शिव रत्न बनिया की झड़प हो गई और वह डाकू-डाका-डाका चिल्लाने लगा। आवाज सुनते ही रामपाल पांडेय जिनका घर शिवरत्न के बगल में ही था निकल पड़े। बिस्मिल ने तुरंत रायफल हाथ में ले गरजते हुए कहा दूर रहो नहीं तो गोली मार दूँगा। इसी बीच लाठी लेकर भागते हुए आये एक व्यक्ति ने रायफल पर बगल से लाठी मार दी और बिस्मिल की रायफल हाथ से छूट गई। इसी बीच शचींद्रनाथ ने रामपाल पांडेय पर रिवाल्वर चला दी, रामपाल वहीं गिर पड़े। गोली की आवाज सुनते ही पूरा गाँव उमड़ा पड़ा। रामपाल के खून को देखकर सबका खून खौल उठा। लोग बिस्मिल पर टूट पड़े, इसके पहले वे बिस्मिल पर हावी हो बक्सी की पिस्तौल दोबारा जाग उठी, सान नाम का व्यक्ति वही पर ढेर हो गया।

भीड़ बढ़ती जा रही थी। ईंट व पत्थर की बौछार हो रही थी। उधर अंदर की हालत तो और विचित्र थी। अंदर की हालत का वर्णन भुक्तभोगी मन्मथनाथ गुप्ता की ही भाषा में "घर के अंदर जो कुछ हुआ, वह और भी अजीब है, दो स्त्रियाँ जिनकी उम्र 20 और 30 के करीब थी। बहुत लड़ाकू थीं। हम लोगों पर बराबर आक्रमण करती रहीं। जब आजाद ने उन्हें डराने के लिए रिवाल्वर निकाली तो वह आजाद पर टूट पड़ी। वह रिवाल्वर को भी पकड़ी हुई थीं और हमें मार भी रही थीं। हम बिल्कुल असहाय थे। कारण कि कप्तांन बिस्मिल ने दल को सख्त आदेश दे रखा कि किसी भी हालत में स्त्री पर वार नहीं किया जावे। हम कर ही क्या सकते थे। मैंने अपना रिवाल्वर किसी भी तरह छुड़ा लिया। परंतु आजाद की रिवाल्वर छिनकर औरतें गायब हो गई। उन बहादुर औरतों ने अपनी बहादुरी से हम लोगों को मात दे दी। शर्म के मारे रिवाल्वर छिन जाने का रिपोर्ट वे कप्तान बिस्मिल से भी न कर पाए।"

बाहर की हालत और भी खराब थी। गाँव वालों का दबाव और भी बढ़ता चला जा रहा था। इस बीच बिस्मिल ने चिल्लाकर अंदर वालों को आवाज दी। तुम लोग बगैर एक क्षण भी खोए बाहर निकल आओ। बिस्मिल की इसी आवाज ने क्रांतिकारियों को एक प्रकार से जीवन दान दिया। दस-बारह व्यक्तियों ने इस आवाज को सुना और आवाज पहचान गए कि यह बिस्मिल की आवाज है। जिन व्यक्तियों ने बिस्मिल की आवाज पहचान ली वह शांत हो गए उन्होंने किसी भी प्रकार का कोई नुकसान नहीं पहुँचाया। किसी भी प्रकार क्रांतिकारी गाँव से बाहर निकल पाये। क्रांतिकारी भागते हुए एक कुएं में जा गिरे। मन्मथ नाथ गुप्ता की भाषा में "हम लोगों को पूरे देश में ऐसा

सफल प्रतिशोध और निराशा तथा संकट का अवसर नहीं मिला।''

सारा लूटा हुआ सामान, जूते, कपड़े और चाकू व अन्य सारे चीज कुएँ में छोड़ किसी भी प्रकार से बाहर निकले। गाँव वालों का पीछा जारी था। दल ने गाँव वालों से कहा कि "हमारा पीछा बंद करो, तुम्हारा माल कुएँ में पड़ा है।" गाँव वालों ने कहा तुम लोगों ने गाँव वालों पर गोलियाँ चलाई हैं, जाने ली हैं। अब बचकर नहीं जा सकते। इतना कहकर वह तेजी से बिस्मिल की ओर लपके, पर इधर भी रायफल दब चुकी था। रामसहाय नामक व्यक्ति की जांघों को चिरती हुई गोलियाँ पार हो गई। रायफल तड़कते हुए कइयों को जमीन पर सुलाती गई।

मन्मथनाथ के शब्दों में ''गाँव वालों का यह आक्रमण इतना अप्रत्याशित था, कि हम लोग हक्के-बक्के रह गए। गाँव वाले लाठियों से हाथ-पैर तोड़ डालते अगर शचींद्रनाथ बक्शी की रिवाल्वर न गरज उठती। लगभग 200 गाँव वाले पीछा कर रहे थे। यह घटना आदि से अंत तक एक दुखद घटना या दुर्घटना के रूप में रही। इस घटना ने पार्टी को झकझोर दिया और यह निर्णय लिया गया तथा आदेशात्मक निर्णय पार्टी के सदस्यों को सारे देश में भेजे गए कि किसी भी परिस्थिति में देहात में डाके न डाले जावे। चंद्रशेखर आजाद रिवाल्वर कांड से बहुत दुःखी थे और इस घटना के बाद ही 6 अगस्त को काकोरी की घटना घटी।

करमजीतपुर (द्वारिकापुर) की डकैती ने भारतीय क्रांति के सशस्त्र इतिहास को एक नया मोड़ दिया।

कहला

कहला गाँव उ.प्र. के प्रतापगढ़ जिले के रानीगंज तहसील में स्थित है। यह उप जिला मुख्यालय (तहसीलदार कार्यालय) से 15 कि.मी. दूर और जिला मुख्यालय प्रतापगढ़ से 33 किमी. दूर स्थित है। गाँजी का बाग चौराहे से दायीं तरफ मुड़कर 5 किमी. अंदर प्रवेश करने पर पवित्र शहीद स्थल 'कहला' स्थित है। इसी रास्ते में कहला में ही स्थित बड़ा सा सामुदायिक स्वास्थ्य केंद्र भी पड़ता है। जिला मुख्यालय प्रतापगढ़ से कहला तक जाने वाली सड़क बहुत ही उत्तम है। गाँव तक पहुँचने वाली सड़क तारकोल और मिट्टी से निर्मित शुद्ध है। गाँव में सड़क के किनारों पर पक्की नालियों का भी निर्माण हुआ है। शौचालय और आवास की व्यवस्था कहला ग्राम में बहुत ही उत्तम है। लगभग पक्के मकान सबके पास है। हर घर में शौचालयों का निर्माण हुआ है।

शहीद स्थल कहला के ठीक पीछे ही कहला का प्राथमिक विद्यालय भी स्थित है। स्मारक स्थल के गेट से प्रवेश करके कुछ कदम चलने पर बाईं और कहला शहीद स्थल के नाम से लाइब्रेरी और हाल का भी निर्माण हुआ है, जो बंद पड़ा था। उसे देखने से यही लगता था कि लंबे समय से बंद ही पड़ा है। प्रयागराज, सभी प्रमुख आर्थिक गतिविधियों

के लिए कहला का निकटम शहर है, जो लगभग 60 किमी. दूर है।

कहला गाँव का स्वतंत्रता संग्राम से बहुत ही गहरा संबंध रहा है। 16 फरवरी 1931 को आजादी की लड़ाई में वहाँ तीन किसान कालिका प्रसाद विश्वकर्मा, रामदास तथा मथुरा प्रसाद शहीद हुए थे। इसी स्थान पर 16 फरवरी 1973 में तत्कालीन प्रधानमंत्री इंदिरा गांधी ने पहुँचकर शहीद स्मारक का शिलान्यास किया था। वर्तमान में यहाँ 11 मीटर ऊँचा शहीद स्मारक बना हुआ है।

16 फरवरी 1973 को स्वतन्त्रता की 25वीं वर्षगांठ पर कहला के आदोलनकारियों में से कुछ लोग जीवित थें उन्होंने तत्कालीन प्रधानमंत्री श्रीमती इनिदिरा गांधी को पत्र लिखते हुए कहा की घटना का वर्णन इस प्रकार से किया—

"16 फरवरी 1931 शाम चार बजे, जनपद के किसान नेता बाबा रामचन्द्र की प्रेरणा व आशीर्वाद से महात्मा गाँधी के आदेशानुसार लगान बन्दी के क्रम में इसी स्थान पर विशाल जनसभा का आयोजन हुआ। सभा के नेतृत्व के लिए माताचरण जी आनन्दभवन में पं. नेहरू से आग्रह किया था। किन्तु आनन्द भवन में उस समय गाँधी जी आए थे अतः पंडित नेहरू कहला नहीं आसके। सभा में करीब 50,000 जनता उपस्थित थी। रामजतन (अर्थात् मैं) अपने साथियों के साथ राष्ट्रीय गान व ध्वज गान गा रहा था कि अचानक पुलिस व शासन के अधिकारियों ने ध्वज उतारने व गाना बन्द करने का आदेश दिया। उसकी अवज्ञा पर पुलिस ने गोलियां बरसाना आरम्भ कर दिया।

आजादी के दिवानों ने ध्वज दंड को हाथों में मजबूती से पकड़ भारत माता का जयघोष किया और प्रत्युत्तर में मिली सीने को भेदती पुलिस की रायफल की गोलियाँ। ध्वज को सँभाले साक्षात काल को चुनौती देने वाला कालिका प्रसाद विश्वकर्मा भारत माता की जय के नारे के साथ भूमि पर गिर पड़े। तुरंत गिरते हुए ध्वज को लपक कर मथुरा प्रसाद ने थामा और गोलियों से बिंध कर तुरंत गिरते हुए ध्वज के नारे के साथ भूमि पर गिर पड़े। अब ध्वज दंड रामदास के हाथों में था, पर उसकी भी वही गति हुई। गोलियों की तड़तड़ाहट से न जाने कितने ज्ञात-अज्ञात रणबाँकुरे लहू-लुहान, रक्त रंजित भूमि में छटपटा रहे थे। शहीदों के रक्त से कहला पवित्र हो उठा। दूसरे ही दिन कहला के शहीदों के बलिदान की कहानी आनंद भवन पहुँची। कमला नेहरू, नेहरू जी, मालवीय जी आदि ने 8 फरवरी 1931 को कहला पहुँचकर, कहला की पवित्र भूमि के रण को शीश पर फूल चढ़ा, अवरुद्ध कंठों से कहला के शहीदों को श्रद्धांजलि दी।

रामसुन्दर, भैरवदीन, बैजनाथ, गोकुल, मथुरा, झुरहु, जुगनु, सुद्धन, कथई इत्यादि जाने कितने गोलियों और लाठी से घायल हो गए। घटना की भयंकरता व नौकरशाही ने क्रूर दमन से आतंकित सारा गाँव उजाड़ हो गया। माताचरण दुबारा पैदर ही आनन्द भवन पहुँचे। तीनों लाशें पुलिस वाले शहर प्रतापगढ़ ले गए। पंडित नेहरू ने तीनों शवों

को पुलिस से लेकर वीराचित सम्मान के साथ प्रयाग में अन्त्योष्टि करवायी।

माताचरण, रामजतन (मैं) कनई, जानकी, शिवराम, झुरहू, रामस्वरूप सात जनों पर पुलिस ने उल्टा ही बन्दूर छीनने का मुकदमा चलाया।

आज घटना के पूरे 42 वर्ष बाद (1973) तक कहला की भारी का बलिदान व्यर्थ सा गया। अतः जनपद के स्वतन्त्रता संग्राम सेनानी संघ ने निश्चय किया कि आपको पुनः निमन्त्रण दे। और आप घटना की पुण्यतिथि पर शहीदों को श्रद्धांजलि दें।"

हम है आपके-कहला निवासी रामजतन, कथई, रामप्रसाद, बाबूलाल, रामस्वरूप, बिन्देश्वरी सुत माताचरण, अननत बहादुर सिंह (16.2.1973)

स्वतंत्रता संग्राम सेनानियों तथा शहीदों की सूची

(कहला शहीद स्मारक पर 1973 में अंकित शिला लेख से उद्‌धृत)

विकास खंड-गौरा (कहला), तहसील-पट्टी, जिला-प्रतापगढ़

1.	स्वतन्त्रता संग्राम सेनानी	आत्मज
2.	श्री कालिका प्रसाद उर्फ कालीदन	अज्ञात
3.	श्री मथुरा प्रसाद	रामअधीन
4.	श्री रामदास	गुलाम उर्फ दंतु

मृतक (स्वतन्त्रता संग्राम सेनानी जिनकी मृत्यु 1973 में शिलालेख स्थापित होने के समय हो चुकी थी।)

1.	श्री कालीदीन	हरख
2.	श्री कालू	अज्ञात
3.	श्री खेताऊ	शीतलदीन
4.	श्री जगेश्वर	बुद्‌धू
5.	श्री ग्लादीन	दर्शन
6.	श्री जगन्नाथ	शिवनारायण
7.	श्री पूदी	ओरी
8.	श्री देवदत्त	हंस राज
9.	श्री बुद्‌धू	दन्तू
10.	श्री भगवान दास	रामऔतार
11.	श्री निसरी	मुसई
12.	श्री माताचरन	प्रसाद
13.	श्री रामनरायन	राम पदारथ
14.	श्री रामदीन	भोला

15.	श्री रामसुंदर	मातबदल
16.	श्री रामभीख	कुंज बिहारी

जीवित (शिलालेख, 1973 में स्थापित हुआ, उस समय जीवित नाम स्वतन्त्रता संग्राम सेनानियों की सूची)

1.	श्री नंदबिहारी सिंह	दर्शन सिंह
2.	श्री अंबिका प्रसाद	नसुरी
3.	श्री दत्त पाल	राम प्रवार तिवारी
4.	श्री रामप्रसाद	सरजू प्रसाद
5.	श्री गोकुल प्रसाद	रामअधीन
6.	श्री जयकरन	बैजू
7.	श्री विजयकरन	सवन
8.	श्री पारसनाथ	अति
9.	श्री माता प्रसाद	मथुरा प्रसाद
10.	मगरू	महेस
11.	श्री राजाराम	गोकुल
12.	श्री राजमनी	रामदेव
13.	श्री राम खेलावन	बैजू
14.	श्री राम जनक	मातामीख
15.	श्री राम सुमेर	शिवपाल
16.	श्री बाबू लाल	महावीर
17.	बुद्धू	मगह
18.	भगवानदास	स्वम्बर
19.	श्री भोला	विशेसर
20.	श्री माता प्रसाद	महादेव
21.	भगवानदास	विंधेश्वरी
22.	श्री रामनारायन तेरिया	रघुनाथ
23.	श्री राम अधार	रामकिशुन
24.	श्री लक्ष्मी कांत तिवारी	अज्ञात
25.	श्री सूर्यमणी	बैजनाथ
26.	श्री श्रीपति	महादेव
27.	श्री सीताराम	खुनखुन

राष्ट्रपिता महात्मा गांधी ने आह्वान किया कि स्वतन्त्रता की लड़ाई गाँवों से शुरू की जाए, क्योंकि गाँवो में भारत की आत्मा बसती है। इसी संदेश से प्रेरित होकर बाता जानकीदास, ठा. झिंगुरी सिंह, अद्वैवर सिंह तथा भगवान दीन कुर्मी इत्यादि ने स्वतंत्रता के आन्दोलन में बढ-चढ़ कर हिस्सा लिया। इतिहास में कहला को गाँवों में स्वतन्त्रता आन्दोलन का जन्मस्थान होने का गौरव प्राप्त है।

रूरे

रूरे उत्तर प्रदेश के प्रतापगढ़ जिले के आसपुर देवसरा ब्लाक में एक छोटा-सा गाँव है। यह जिला मुख्यालय प्रतापगढ़ से पूर्व की ओर 43 किमी. दूर स्थित है। रूरे पश्चिम की ओर से पट्टी ब्लाक से घिरा हुआ है। कोईरीपुर रेलवे स्टेशन रूरे गाँव के सबसे करीब पड़ने वाला स्टेशन है।

रूरे गाँव में वर्मा, ब्राह्मण, क्षत्रिय, हरिजन, गुप्ता इत्यादि जातियाँ निवास करती हैं। रूरे गाँव तक पहुचने वाली सड़क तारकोल और गिट्टी से बनी बहुत ही उत्तम है। गाँव तक पहुँचने में सड़क के कारण कोई भी समस्या नहीं आती है। गाँव में पक्की नालियाँ, आवास और शौचालयों की व्यवस्था बहुत ही अच्छी है। गाँव के प्रारंभ में ही रूरे शहीद स्मारक पड़ता है। शहीद स्थल रूरे का निर्माण कार्य महात्मा गांधी राष्ट्रीय ग्रामीण रोजगार गारंटी योजना के तहत हुआ है जिसका शिलान्यास माननीय श्री राजेंद्र प्रताप सिंह (मोती सिंह जी) तत्कालीन कैबिनेट मंत्री-ग्राम्य विकास एवं समग्र ग्राम विकास उत्तर प्रदेश सरकार के कर-कमलों द्वारा दिनांक 15.10.2020 दिन बृहस्पतिवार को हुआ है।

शहीद स्मारक रूरे गाँव में हुए स्वतंत्रता एवं किसान आंदोलन की गाथाओं का वर्णन करता है। शहीद स्थल चारों ओर से ऊँचे दीवारों से घिरा हुआ है और एक बड़ा सा गेट बना हुआ है जिस पर बाबा रामचंद्र, ठाकुर झिंगुरी सिंह, शहीद स्थल रूरे लिखा हुआ है। शहीद स्थल के सटे हुए दायीं ओर होम्योपैथिक चिकित्सालय, पुलिस चौकी और सामुदायिक शौचालय स्थित है। शहीद स्थल के भीतर एक भी वृक्षों का रोपण नहीं किया गया।

रूरे ग्राम को किसान आंदोलन का जन्मस्थान होने का गौरव प्राप्त है। यह वह पुण्यस्थल है जिसकी माटी चन्दन है, यह नमन योग्य है।

जिला प्रतापगढ़, तहसील पट्टी के ग्राम रूरे में दो भू-स्वामियों, झिंगुरी सिंह और सहदेव सिंह ने किसान सभा का गठन किया था। दोनों राजपूत थे। झिंगुरी सिंह को जौनपुर जिले की उन भू-स्वामित्व से बेदखल किया गया था और वह रूरे में एक छोटी सी भूमि के गैर-वैधानिक स्वामी थे। सहदेव सिंह भी किसी भू-स्वामी के अधीन काम

करनेवाले किसान थे और उनका स्वामित्व भी समाप्त कर दिया गया था। इस प्रकार दोनों पीड़ितों ने किसान सभा की नींव रखी।

"यह स्थल उन लोगों की याद संजोये है जिन्होंने दिखाया कि छोटे-छोटे मामूली लोग किस तरह बड़े-बड़े गैर-मामूली काम कर सकते हैं। यह स्थल उन कई हजार गरीब मेहनतकश किसानों तथा अत्याचारों से पीड़ित ग्रामीणों के आत्म विश्वास को सँजोये है जो भारतीय स्वतंत्रता इतिहास का अध्याय बन गया। उसने भारी संगठन शक्ति का परिचय दिया। किसानों को आपसे में एकजुट होकर संघर्ष करना सिखलाया। यह था अवध किसान आंदोलन। इसके अगुआ थे विलक्षण व्यक्तित्व अवध के तूफान बाबा रामचंद्र। (रूरे शहीद स्थल पर अंकित शिलापट्ट)

पं. नेहरू अपनी आत्मकथा में लिखते हैं—"पट्टी से रूरे पैदल चलकर आया तो बाबा रामचंद्र सार्वजनिक सभा में भाषण दिलवाने लगे तो मेरे पैरों में कंपन हो रही थी। बार-बार अंग्रेजी के शब्द निकाला करते थे, तो बाबा रामचंद्र ने कहा अवधी में भाषण दें तो भीड़ आपकी तरफ आकर्षित होगी। किसानों के बीच पैदल चलकर कई सभाएँ की, किसानों में जोश था, गर्मी के दिन थे। इलाहाबाद वापस लौटा तो चेहरे पर साँवलापन जरूर था लेकिन शरीर में स्फूर्ति थी। जय जय सीता राम के नारे से एक गाँव दूसरे गाँव से जुड़ता सभास्थल की ओर चल पड़ता था। फटे चिथड़े पहने किसानों की तस्वीर आजीवन मेरे दिमाग में छाई रहेगी।

"अवध क्षेत्र में आए इस विचित्र वेशभूषा वाले विलक्षण बाबा का वास्तविक नाम रामचंद्र नहीं था। ग्वालियर के एक छोटे से गाँव के महाराष्ट्रियन ब्राह्मण थे। इस व्यक्ति का वास्तविक नाम श्रीधर बलवंत जोधपुरकर था। अपनी सौतेली माँ के बुरे व्यवहार के कारण छोटी उम्र में घर छोड़ दिया था। इसके बाद भारत के विभिन्न हिस्सों में घुमक्कड जिंदगी बिताते हुए। गिरमिटिया मजदूर के रूप में ये फ़िजी भेज दिए गए। इनकी विद्रोही गतिविधियों के कारण 1913 ई. में फ़िजी से निकाला गया। कलकत्ता होते हुए घूमते-फिरते अवध क्षेत्र में आ गए तथा जौनपुर, प्रतापगढ़, सुल्तानपुर की सीमा कसईपुर की एक गाँव में ठहरे। एक दिन ठा. झिंगुरी सिंह, सहदेव सिंह (रूरे के जमींदार) 40-50 किसानों के साथ कसईपुर पहुँचे तथा रूरे चलने को कहा जहाँ दोनों की मुलाकात देश के प्रथम किसान आंदोलन के इतिहास में मील का पत्थर बन गई बाबा रामचंद्र की हस्तलिखित डायरी नेहरू जी का कहना था कि मुझे उस वक्त ताज्जुब तो इस बात पर हुआ कि बिना शहर वालों की मदद अथवा राजनैतिक पुरुषों या ऐसे ही दूसरे लोगों की प्रेरणा के अपने आप यह किसान आंदोलन इतना कैसे बढ़ गया। प्रतापगढ़ के पट्टी तहसील का 'रूरे' आज भी किसान आन्दोलन के नायकों की गौरवगाथा लोगों को सुना रहा है।

कालाकाँकर

कालाकाँकर गाँव उत्तर प्रदेश के प्रतापगढ़ जनपद के पश्चिम-दक्षिणी भाग में स्थित है। जनपदीय मुख्यालय से इसकी दूरी लगभग 72 किमी. दूर है। प्रयागराज (इलाहाबाद) से उन्नाव जाने वाले रेल-पथ पर स्थित परियावाँ स्टेशन से सीधे यह 5 किमी. दूर है किंतु राजमार्ग से यह स्थान लगभग 8 किमी. है। इस स्थान की महत्ता के ही कारण इस स्टेशन का नाम परियावाँ-कालाकाँकर रोड हो गया है। प्रयागराज (इलाहाबाद)-ऊँचाहार राजमार्ग पर लगभग 7. किमी पर स्थित आलापुर से यह दक्षिण की ओर 3 किमी. दूर है। यहाँ से एक सड़क आलापुर होते हुए इसे जनपद मुख्यालय से जोड़ती है।

इसके पूर्व, दक्षिण तथा पश्चिम तीनों ओर से गंगा नदी घेरी हुई है। इसका क्षेत्र 995 एकड़ है। इसमें 486 एकड़ उपरहार तथा 3.9 एकड़ कछार का भाग है।

आम के बगीचे यहाँ अत्यधिक मात्रा में दिखाई पड़ते हैं। इस गाँव का नाम राजस्व अभिलेखों में आज भी मोहम्मदाबाद लिखा जाता है। कालाकाँकर उपनाम के रूप में जोड़ा जाता है।

यह प्राचीन नामकरण पास में स्थित गोतनी ग्राम के रईस मोहम्मद हयात खाँ के नाम पर आधारित है। इस गोतनी के पास ही खमसरा गाँव है। बताया जाता है कि यही पर अलाउद्दीन खिलज़ी ने अपने चाचा जलालुद्दीन की हत्या की थी। 1899 में पश्चिमोत्तर प्रांत एवं अवध प्रांत द्वारा तैयार की गई गाँवों की तालिका में इसका नाम मोहम्मदाबाद या कालाकाँकर लिखा गया है। विभिन्न अभिलेखों में इसका अन्य नाम भले ही हो किंतु सामान्य व्यवहार में यह कालाकाँकर ही है। जिस स्थान पर यह स्थित है, वहाँ गंगा जी के उत्तरीय तट पर एक विस्तृत क्षेत्र में फैली हुई कंकड़ों की एक विशाल पट्टी है, जो गंगा नदी के कटाव को रोके हुए है। काले कंकड़ों की इस पट्टी के कारण ही इसका नाम कालाकाँकर पड़ा। (अवधी भाषा में कांकर का अर्थ है कंकड़)

जनपद देवरिया में मझौली नाम का एक स्थान है। यहाँ बिसेन क्षत्रियों का एक अच्छा खासा परिवार है। कालाकाँकर के बिसेन क्षत्रिय इसी वंश के हैं।

मझौली राजवंश की 101वीं पीढ़ी में नारायण मल्ल नामक राजा हुए थे। इनके तीन पुत्रों में रूपमल्ल बड़े थे। इसी समय वाराणसी के केरा परगना के मगरौरा ग्राम के राजा देवदत्त थे। उनके छोटे भाई का नाम गुदन देव था। उनकी कन्या से रूपमल्ल का विवाह हुआ था और उन्हें हेममल्ल नाम का पुत्र हुआ। सन् 1401 में हेममल्ल अपने पिता के साथ गूदनदेव के पास आये। उस समय उनकी अवस्था दो वर्ष की होगी। कालांतर में यह मानिकपुर से उत्तर 6 मील पर स्थित बड़गाँव में बस गये। यहाँ रहकर यह मानिकपुर के शासकों के संपर्क में रहे और अपना प्रभाव क्षेत्र बढ़ाते रहे।

सन् 1451 में इब्राहिम शर्की जौनपुर का शासक था। उसने कड़ा मानिकपुर पर अपना पूर्ण अधिकार स्थापित कर गवर्नर नियुक्त किया। इब्राहिम शर्की के मृत्यु के बाद शासन पर नियंत्रण न रहा और समस्त हिंदू राजाओं ने अपना स्वत्व स्थापित करना शुरू कर दिया। इसी समय हेममल्ल ने भी आस-पास में अपना आधिपत्य जमाना और मानिकपुर को अपने नाना की जायदाद कहकर अपना स्वत्व दिखाना प्रारंभ किया। शर्की राजवंश से भी उनका संबंध बना रहा और वे इब्राहिम शर्की के पुत्र सुल्तान महमूद को भी समयानुसार सहायता देते रहे।

सन् 1489 ई. में मानिकपुर पर दिल्ली के सुल्तान बहलोल लोधी का अधिकार हो गया। उसके पुत्र मुबारक खाँ तथा शेर खाँ यहाँ के हाकिम बनाये गये। बहलोल लोदी के बाद सिकन्दर लोधी शासक बना। राय हेममल्ल के साथ अनेक राजाओं ने मिलकर मानिकपुर पर आक्रमण कर दिया। शेर खाँ मारा गया और मुबारक खाँ गिरफ्तार कर लिया गया। मानिकपुर हेममल्ल को मिल गया। इसी के बाद ही हेममल्ल का देहांत हो गया और उनके पुत्र रायपुरंदर शासन करने लगे। परंतु सन् 1498 में सिकंदर लोदी डलमऊ पहुँचा और उसने मानिकपुर तथा कड़े पर पुनः अधिकार कर मुबाव खाँ को मानिकपुर तथा बारबक को कड़े का शासक नियुक्त किया।

राज्य विहीन होकर रायपुरंदर इधर-उधर भटकते रहे और उन्हें और जहाँ अवसर मिला प्रजा से मिलकर अधिकार जमाते रहे और गाँव बसाते रहे। उनका बसाया प्रमुख गाँव पुरवारा आज भी विद्यमान है। उनके पुत्र रामगोपाल को यद्यपि राज्य उत्तराधिकार में नहीं मिला था किंतु जंगलों को काटकर वह भी गाँव बसाते रहे। भटनी, रामपुर, रायगढ़, गोपालपुर आदि उनके बसाये गाँव हैं। वह अत्यंत उदार तथा प्रजापालक थे। जब प्रतापगढ़ के सोमवंशियों ने मानिकपुर की व्यवस्था में गड़बड़ी देखकर आतंक मचाना शुरू किया तो उन्होंने उनकी सहायता की और आक्रांताओं को मार भगाया। इसके लिए उन्हें दोनों के स्थानों के बीच में डेरा डालना पड़ा। बाद में उस स्थान का नाम ही डेरा पड़ गया। वही स्थान आज डेरवा कहलाता है। सन् 1543 में रामगोपाल का देहांत हो गया।

रामगोपाल के देहांत के पश्चात् राय राघव ने कार्य सम्हाला और अपने बाहुबल से वह अपने क्षेत्र का विस्तार करने लगे। सन् 1580 ई. में अकबर ने इलाहाबाद विजय कर मानिकपुर के स्थान पर इलाहाबाद को सूबा बना दिया।

इस पर भी राय राघव अपनी प्रथम पत्नी के पुत्रों राय असकरन, राय काशी और राय खेमकरन के सहयोग से राज्य के विस्तार में लगे रहे। शांति स्थापित करने के लिए अकबर ने राय राघव को ही मानिकपुर का चौधरी बना दिया। उनके सुप्रबंध से प्रसन्न होकर सम्राट अकबर ने उन्हें सदा के लिए राय राया की उपाधि प्रदान की।

मानिकपुर का चौधरी बनने के पश्चात् डेरा छोड़कर उन्हें हवेली मानिकपुर में रहना आवश्यक हो गया और वह यहाँ चले आये। पत्नी के देहांत के बाद अपना पूरा राज्य तीनों पुत्रों में बांट दिया।

कालाकाँकर स्थित बाल क्रीड़ा स्थल

कालाकाँकर राजघराने के अधिकार क्षेत्र में स्थित यह स्थल जवाहरलाल नेहरू बाल क्रीड़ा स्थल के रूप में प्रसिद्ध है। यह एक प्राइमरी विद्यालय है। दिनांक 15 अगस्त 2015 को उक्त स्थल के जीर्णोद्धार के उपरांत जनता को समर्पित कर दिया गया। यहाँ पर 14 नवंबर, सन् 1929 को राष्ट्रपिता महात्मा गांधी आए और राजा अवधेश सिंह के नेतृत्व में विदेशी वस्त्रों की होली जलाई और सभा को संबोधित किया। इसके बाद से ही पूरे देश में अंग्रेजी हुकूमत के विरोध में विदेशी वस्त्रों की होली जलाने का सिलसिला शुरू हुआ। यह स्थल आज भी लोगों की आस्था का केंद्र है। यहाँ प्रत्येक वर्ष 14 नवंबर को बाल दिवस के अवसर पर मेले का आयोजन होता है।

नक्षत्र

कालाकाँकर में एक टीले पर स्थिति 'नक्षत्र' कालाकाँकर महल जाने वाले रास्ते पर महल से कुछ पहले दाईं ओर एक लोहे के गेट से होकर बड़े से आम के बाग में प्रवेश करके कुछ कदम चलने पर सीमेंट की बनी सीढ़ियाँ दिखाई पड़ती हैं। इन सीढ़ियों पर चढ़कर दायीं तरफ मुड़ने पर कुछ कदम पर नक्षत्र स्थित है। नक्षत्र, दो कमरों, एक हाल और बरामदा की पक्की इमारत है। मुख्य दरवाजा लकड़ी का है, जो टूटा हुआ है। नक्षत्र के आस-पास इतनी गंदगी है कि वहाँ पर एक मिनट भी रुकना दुर्लभ हो जाता है। ऐसी महान तपोस्थली जहाँ प्रकृति के सुकुमार कवि पं. सुमित्रानंदन पंत ने 1930-1941 तक रहकर ज्योत्सना, ग्राम्या, गुंजन, पतझर, स्वर्ण किरण आदि कालजयी रचनाएँ लिखीं, उसकी यह दुर्दशा देखकर हृदय द्रवित हो उठता है।

कालाकाँकर स्थित गांधी चबूतरा

गांधी चबूतरा सफेद संगमरमर से निर्मित छोटे से गोलाकार आकार का है। कालाकाँकर किले के एकदम पिछले हिस्से में एक कोने पर जहाँ से गंगा नदी बहुत दूर तक दिखाई पड़ती है; यह स्थित है। इस चबूतरे से गंगा नदी का शाम के समय का दृश्य बड़ा ही मनमोहक होता हैं

14 नवंबर 1929 में दो दिवसीय प्रवास पर जब गांधी जी कालाकाँकर पधारे थे, तो वह शाम के समय इसी चबूतरे पर विराजते थे और गंगा की लहरों को निहारते रहते थे। तभी से इस चबूतरे का नाम 'गांधी चबूतरे' के नाम से विख्यात हो गया।

कटरा गुलाब सिंह

कटरा गुलाब सिंह का नाम महान क्रांतिकारी बाबू गुलाब सिंह के नाम पर रखा गया है। कटरा गुलाब सिंह बकुलाही नदी के तट पर स्थित है। यहाँ का सबसे प्रसिद्ध मंदिर भयहरण नाथ धाम मंदिर महत्त्वपूर्ण पर्यटन स्थलों में से एक है। पौराणिक कथाओं के अनुसार भयहरण नाथ धाम शिवालिंग की स्थापना पांडवों के द्वारा की गई है। कटरा गुलाब सिंह में बकुलाही नदी का किनारा बहुत ही मनमोहक है। बकुलाही एक पवित्र नदी है। जो शहर से होकर बहती है। नदी का उल्लेख कई पुरानी लिपियों एवं वाल्मीकि रामायण में भी प्राप्त होता है। कटरा गुलाब सिंह प्रतापगढ़ जिले का एक कस्बा और क्षेत्रीय बाजार है। यह प्रतापगढ़ मुख्यालय से लगभग 30 किमी. दूर है। यह अच्छी सड़कों के साथ सभी बुनियादी सुविधाओं वाला एक शहर है।

इस क्षेत्र में बाबू गुलाब सिंह से संबंधित किसी भी प्रकार का कोई स्मारक स्थल नहीं है। भयहरण नाथ धाम मंदिर के बगल में बाबू गुलाब सिंह की यादों को जीवंत रखने के लिए एक छोटे से अभिलेखागार की स्थापना की गई है, जिसमें एक लोहे की अलमारी में बाबू गुलाब सिंह से संबंधित दस्तावेज रखे गए हैं।

कटरा मेदनीगंज

महान स्वतंत्रता सेनानी बाबू गुलाब सिंह के भाई श्री बाबू मेदनी सिंह के नाम पर इस जगह का नाम कटरा मेदनीगंज रखा गया।

कटरा मेदनीगंज प्रतापगढ़ जिले में स्थित एक नगर पंचायत है। यहाँ की सड़के बहुत ही अच्छी है तथा ये एक बुनियादी सुविधाओं वाला क्षेत्र है।

मेदनी सिंह स्वतंत्रता सेनानी थे। स्वतंत्रता संग्राम के समय अंग्रेजों से मोर्चा लिया था। कटरा मेदनीगंज में मेदनी सिंह से संबंधित किसी भी प्रकार का कोई साक्ष्य प्राप्त नहीं होता है।

स्व. ठा. लाला मथुरा प्रसाद सिंह एवं स्व.ठा. हरि प्रसाद सिंह स्वतंत्रता संग्राम सेनानी पार्क प्रतापगढ़ जिले के मतुई नमक शायर गाँव में स्व. ठा. लाला मथुरा प्रसाद सिंह एवं स्व. ठा. हरि प्रसाद सिंह स्वतंत्रता संग्राम सेनानी पार्क स्थित है। इसका निर्माण विधायक निधि योजनांतर्गत निर्मित हुआ है।

पार्क में स्व. ठा. लाला मथुरा प्रसाद सिंह की प्रतिमा लगी हुई है। उसी के बगल में स्व. ठा. हरि प्रसाद सिंह की समाधि बनी हुई है। हरि प्रसाद सिंह की कोई तस्वीर प्राप्त न होने के कारण उनकी प्रतिमा का निर्माण नहीं हो सका।

स्व. ठा. लाला मथुरा प्रसाद सिंह और स्व. ठा. हरि प्रसाद सिंह दोनों सगे भाई थे, जो मतुई नमक शायर गाँव के ही निवासी थे। स्वतंत्रता संग्राम में दोनों भाइयों की

महत्त्वपूर्ण भूमिका रही। आज भी इनका पुराना घर, जिस घर में चंद्रशेखर आजाद जैसे महान क्रांतिकारी आकर ठहरे थे, जीर्ण-शीर्ण अवस्था में पड़ा हुआ है।

बभनमई

रानीगंज तहसील क्षेत्र का बभनमई गाँव स्वतंत्रता संग्राम की लड़ाई में अग्रणी रहा। यहाँ पंडित श्याम नारायण उपाध्याय ने गांधी चरखा केंद्र की स्थापना की थी। इस प्रकार की 45 शाखाएँ जिले के विभिन्न स्थानों पर स्थापित की गई। यहाँ आचार्य कृपलानी और धीरेंद्र भाई के निर्देशन में लाखों की संख्या में चरखे एक साथ रखे गए थे।

महडौरा का शिव मंदिर

पट्टी तहसील के आसपुर देवसरा ब्लाक के महडौरा गाँव में प्राचीन शिव मंदिर है। स्थानीय लोगों के अनुसार इस शिव मंदिर को औरंगज़ेब के काल में नष्ट कर दिया गया था तथा शिवलिंग को आरे से काटने का प्रयास किया गया। आज भी मंदिर के शिवलिंग पर काटने के निशान स्पष्ट दिखाई पड़ते हैं। (सिंह, 2018:88) बाद में ग्रामवासियों ने मंदिर का जीर्णोद्धार कराया। 2017 में मंदिर का सौंदर्यीकरण किया गया।

इस शिव मंदिर पर बैठकर बाबा रामचंद्र किसानों की समस्या को सुलझाते थे। मानशाही रियासत के पास सिन्धरामऊ, अमरगढ़, रामगंज जैसी छोटी रियासतें थीं जो किसानों पर जुल्म ढाती थी। बाबा रामचन्द्र इसी मानशाही में गोमती तट पर मल्डौरा मौजे के प्राचीन शिव मन्दिर में बैठकर पंचायती फैसले करने लगे। (कुशवाहा, 2018:60)

आजादी के बाद स्वतंत्रता की रक्षा करनेवाले वरिष्ठजनों की भूमिका

स्वामी करपात्री जी

धर्म संस्कृत और अध्यात्म के क्षेत्र में दुनिया भर में प्रतापगढ़ जनपद का नाम रोशन करनेवाले स्वामी करपात्री का जन्म सन् 1907 में प्रतापगढ़ जिले के भटनी ग्राम में हुआ था। प्रतापगढ़ का भटनी गाँव स्वामी जी का ननिहाल है। मूल रूप से इनके पूर्वज गोरखपुर जिले के ओझॉली गाँव के निवासी थे।

युवा अवस्था में ही करपात्री जी का मन सांसारिक मोह से विरक्त होने लगा। घर छोड़ने के बाद केवल ब्राह्मणों के यहाँ हाथ में भिक्षा लेकर पाते थे। इसलिए उनका नाम करपात्री पड़ा। ज्योतिष पीठ के शंकराचार्य श्री ब्रह्मानंद सरस्वती जी महाराज से उन्होंने संन्यास की शिक्षा ली थी। वे संस्कृत वांग्मय के दिग्गज विद्वान थे और जो भी वैदिक वांग्मय है–श्रुती, स्मृति, पुराण और इतिहास सबमें उनकी महानता हासिल थी। कुशल लेखक, कुशल वक्ता, वेद आदि शास्त्रों को पढ़ाने में दक्ष, बहुत उत्तम विद्या से शास्त्रार्थ करने में भी दक्ष थे। सनातन धर्म के संरक्षण के लिए संघर्ष करना उनका स्वभाव था। कभी भी उन्होंने समृद्ध व्यक्ति या शासन तंत्र के आगे घुटने नहीं टेके।

रात्रि को 1:30 बजे सदैव उठ जाते थे। आठ घंटे तक ध्यानस्थ रहते थे। उसके बाद स्नान आदि क्रिया करके घूमने चले जाते थे। तीनों काल में वह स्नान करते और पूजन करते थे। सावन और भादों के महीनों में हर वर्ष दिन में 9-12 बजे तक विद्यार्थियों को पढ़ाते थे। हर साल यह क्रिया करते थे। जहाँ से छूटा रहता था, फिर अगले वर्ष पुनः वहीं से पढ़ाना प्रारंभ करते थे। सावन और भादों के महीनों में ही लगभग 1:30 घंटा तक शीर्षासन पर संपुट सहित दुर्गा सप्तशती का पाठ करते थे। बचे अतिरिक्त समय में ग्रंथ लेखन करते थे।

आदि शंकराचार्य जी ने जिन मार्गों को प्रस्तुत किया उसका पूर्ण रूप से करपात्री जी ने अनुगमन किया।

करपात्री जी ने सनातन धर्म के लिए 'धर्म की जय हो, अधर्म का नाश हो, प्राणियों में सद्भावना हो, विश्व का कल्याण हो का नारा दिया।

स्वामी जी ने 24000 श्लोकों वाले और 1100 पृष्ठों में समाहित रामायण मीमांसा नामक ग्रंथ की रचना की थी। इसके अतिरिक्त स्वामी जी ने वेदार्थ पारिजात, राय पंचाध्यायी, भागवत सुधा, रामराज्य और मार्क्सवाद, धर्म का रहस्य, शास्त्र ही प्रमाण, भक्ति सुधा, भक्ति रसार्णव, विचार पीयूष आदि ग्रंथों की रचना की। गोहत्या बंदी के प्रबल समर्थक स्वामी करपात्री जी महाराज का 7 फरवरी 1982 में निधन हो गया। जून 2022 में भारत सरकार ने स्वामी करपात्री जी महाराज के नाम पर डाक टिकट जारी किया।

नाजिश प्रतापगढ़ी

नाजिश प्रतापगढ़ी, प्रतापगढ़ के प्रथम कवि हैं; जिन्हें प्रतापगढ़ के कवि/शायर के रूप में राष्ट्रीय एवं अंतर्राष्ट्रीय स्तर पर ख्याति प्राप्त है।

नाजिश से पहले प्रतापगढ़ के किसी कवि या शायर को चाहे उसका संबंध किसी भी भाषा या साहित्य से हो, उसे यह गौरव प्राप्त नहीं हुआ।

उर्दू शायरी में कौमी एकता और गंगा जमुनी तहजीब के अलंबदार प्रतापगढ़ के गौरव एवं राष्ट्रपति पुरस्कार से सम्मानित नाजिश प्रतापगढ़ी का जन्म 22 जुलाई 1924 को कस्बा प्रतापगढ़ सिटी के एक बड़े जमींदार परिवार में हुआ। इनके पिता मो. असगर एक प्रतिष्ठित जमींदार थे। प्रारंभ में इनका नाम मो. अहमद रखा गया लेकिन शायरी की दुनिया में ये नाजिश प्रतापगढ़ी के नाम से प्रसिद्ध हुए। अपनी कविताओं के माध्यम से देशभक्ति की रंगों में स्वतंत्रता की भावना का संचार करते रहे। इनकी कविताएँ राष्ट्रीय एकता, देशभक्ति, राष्ट्र प्रेम, सामाजिक समरसता एवं धर्म निरपेक्षता के लिए प्रेरणास्रोत है।

उन्होंने लिखा—

1. **"हम एक थे, हम एक हैं, हम एक रहेंगे।**
   भारत में किसी झगड़े उठने नहीं देंगे।
   मक्कारों की साजिश से खबरदार रहेंगे।
   एक साथ, एक आवाज से मिल-जुलकर कहेंगे।
   हम एक रहेंगे।"
2. **"हमनें अब कोई न हिंदू न मुसलमान रहे।**
   जान दे बढ़ के जो भारत पर वह इंसान रहे।"

नाजिश प्रतापगढ़ी बचपन से ही पिता का साया सर से उठ जाने से बहुत गंभीर रहा करते थे। कम उम्र में ही छतरपुर के जमींदार इकबाल अहमद की पुत्री अकिला बीबी से वैवाहिक सूत्र में बाँध दिए गए। नाजिश अपनी रचनाओं से देश आजाद कराने का प्रयत्न करते रहे। देश आजाद हो गया लेकिन दो टुकड़ों में बँट गया। नाजिश ने विभाजन का विरोध किया, किंतु इनका पूरा परिवार पाकिस्तान चला गया। ये अकेले यहाँ रह गए। फिर अपने आपा के साथ छतरपुर चले गए। जीविकोपार्जन का साधन

कोई भी न था। प्रतापगढ़ रेलवे स्टेशन पर ए.एच. व्हीलर कंपनी की बुक स्टाल पर नौकरी मिल गई। कमीशन के पैसे पाते ही उन्होंने बेगमबाई मुहल्ला प्रतापगढ़ में ही एक किराए का मकान लिया। जनता से लेकर देश के राष्ट्रपति और प्रधानमंत्री तक उनकी कविताओं के प्रशंसक थे।

नाजिश प्रतापगढ़ी की शख़्सियत सच्चाई, सादगी और शराफ़त का नमूना थी। 1984 में देश के तत्कालीन राष्ट्रपति महामहिम श्री ज्ञानी जैलसिंह ने नाजिश को उनकी सर्वश्रेष्ठ रचनाओं के लिए उर्दू साहित्य के सर्वश्रेष्ठ सम्मान 'गालिब सम्मान' से सम्मानित किया।

नाजिश मानवता व समाज के लिए रहनुमा वसूल बनाते रहे जिन पर चलकर मानवता अपनी मंजिल पा सके। 10 अप्रैल 1984 को लखनऊ के बलरामपुर अस्पताल में नाजिम ने अपने जीवन की अंतिम साँस ली।

राजा दिनेश सिंह

राजा अवधेश सिंह के पुत्र राजा दिनेश सिंह का जन्म सन् 1925 ई. में हुआ था।

राष्ट्रपिता महात्मा गांधी का कालाकाँकर आना और विदेशी वस्त्रों की होली जलाना बालक दिनेश सिंह के जीवन की प्रथम किंतु प्रभावशाली घटना थी।

राजा साहब ने विदेशी दूतावासों में आठ वर्षों तक अपनी सेवाएँ समर्पित कीं। तदन्तर 1957 में बाँदा से तथा सन् 1962 में सलोन, रायबरेली से सांसद बने। सन् 1967 में प्रतापगढ़ संसदीय क्षेत्र का प्रतिनिधित्व करते हुए उन्होंने विदेश मंत्री व नरसिम्हा राव की सरकार में वाणिज्य मंत्री बने। उन्होंने यू.एन.ओ. के 15वें अधिवेशन में भारत का प्रतिनिधित्व किया। बंदरगाह प्राधिकरण की स्थापना की। इंडियन कौंसिल ऑफ अफ्रीका के महासचिव बने तथा गोवा को स्वतंत्र कराने में महत्त्वपूर्ण भूमिका अदा की।

किसानों के लघु कृषक विकास, अभिकरण, नहरों का जाल, बिजली व्यवस्था, सड़क, नदियों पर पुल, ए.टी.एल. ट्रैक्टर फैक्ट्री की स्थापना, चीनी मिल की स्थापना आदि विकास के कार्यों द्वारा प्रतापगढ़ को समुन्नत करने का प्रयास करते रहे।

शैक्षिक स्तर उठाने के लिए उन्होंने विविध शिक्षण संस्थाओं की स्थापना की। उन्होंने स्वतंत्र भारत के निर्माण एवं नीतिगत निर्णयों में गांधी एवं नेहरू को भी अपने विवेक का लोहा मनवाया। राजा दिनेश सिंह का 13 जुलाई 1995 को देहावसान हो गया।

प्रो. वासुदेव सिंह

हिंदी के पुरोधा प्रो. वासुदेव सिंह का जन्म पट्टी के उतरास गाँव में एक साधारण परिवार में हुआ था। साधारण परिवार में जन्म लेने के बावजूद अपनी कर्तव्यनिष्ठा और साधना के

बल पर विधायक, विधानसभा उपाध्यक्ष, प्रदेश सरकार के वरिष्ठ कैबिनेट मंत्री, उत्तर प्रदेश विधान सभा के अध्यक्ष, उत्तर प्रदेश हिंदी साहित्य सम्मेलन के पदाधिकारी, अखिल भारतीय संयुक्त सोशलिस्ट पार्टी (संसोया) के संयुक्त सचिव आदि पदों को सुशोभित किया।

1969 व 1971 में संसोपा से लक्ष्मणपुर के विधायक और कांग्रेस से 1974 में गड़वारा से 1980 तक 1985 में पट्टी से विधायक चुने गए। 1987 में लखनऊ में उनकी मृत्यु हो गई।

सांस्कृतिक चेतना के शिखर पुरुष प्रो. सिंह अंग्रेजी के विद्वान होते हुए भी आजीवन हिंदी के हितों की लड़ाई लड़ते रहे। पं. श्री नारायण चतुर्वेदी और महान कवियत्री महादेवी वर्मा ने उन्हें हिंदी का पुरोधा कहा और चतुर्वेदी जी ने हिंदी साहित्य सम्मेलन के अधिवेशन में घोषणा की कि हिंदी का जो झंडा राजर्षि टंडन ने हमें दिया था, मैं उसे प्रो. वासुदेव सिंह को सौंपता हूँ।

प्रो. सिंह विचार, कर्म से प्रगतिशील विचारधारा के संवाहक थे। वह जाग्रत पुरुषार्थ के प्रतीक थे। सरकार में रहते हुए भी उन्होंने उर्दू विधेयक का विरोध किया और सरकार को यह विधेयक वापस लेना पड़ा।

प्रो. वासुदेव सिंह द्वारा संस्कृति की स्थापित आधारशिला के प्रस्तर खंड हमें युगों-युगों तक प्रेरणा देते रहेंगे।

पं. जयंती प्रसाद उपाध्याय

पं. जयंती प्रसाद उपाध्याय का जन्म 28 जुलाई 1910 ई. को हुआ था। उन्होंने इलाहाबाद विश्वविद्यालय से राजनीतिशास्त्र से एम.ए. में टाप किया। इसके बाद इनकी नियुक्ति काशी हिंदू विश्वविद्यालय में राजनीतिशास्त्र के विभागाध्यक्ष के रूप में हुई लेकिन पिता की अस्वस्थता के कारण वे वहाँ नहीं गए। पंडित जी की रूचि होम्योपैथी में थी। इन्होंने स्वध्ययन के द्वारा इसमें महारत हासिल कर लिया और एक योग्य चिकित्सक के रूप में दूर-दूर तक मशहूर हो गए। पं. जी होम्योपैथिक एसोसिएशन के वाइस प्रेसीडेंट भी रहे। 13 वर्षों तक निर्विवाद रूप से प्रतापगढ़ म्युनिसिपल बोर्ड के अध्यक्ष रहे।

सादगी पसंद, दिखावा से दूर, महान पुरुष जयंती प्रसाद समय के बड़े पाबंद थे। अपना काम वह स्वयं करते थे और लोगों को भी ऐसा करने के लिए प्रेरित करते रहे। 7 दिसंबर 1987 को पं. जयंती प्रसाद उपाध्याय का देहावसान हो गया।

राजा अजीत प्रताप सिंह

राजा अजीत प्रताप सिंह राजा प्रताप बहादुर सिंह के दत्तक पुत्र थे। पितामह अजीत सिंह और पिता प्रताप बहादुर सिंह के नाम पर इनका नाम अजीत प्रताप सिंह रखा गया।

राजा अजीत प्रताप सिंह ने प्रतापगढ़ की राजनीति में सक्रिय रूप से भाग लिया। वह जिला परिषद के अध्यक्ष,राज्यसभा सदस्य, लोकसभा सदस्य, विधानसभा सदस्य, विधान परिषद के सदस्य रहे। लंबे समय तक प्रदेश मंत्रिमंडल में कैबिनेट मंत्री रहे। 1962 के चुनाव में क्रांग्रेसी दिग्गज पं. मुनीश्वर दत्त उपाध्याय को जनसंघ टिकट पर हराया और 1980 में कांग्रेस के टिकट पर राजा दिनेश सिंह को हराया।

आचार्य भिखारी दास

आचार्य भिखारीदास हिंदूपति सिंह के आश्रित कवि थे। वह टेऊंगा गाँव के निवासी थे। आचार्य भिखारी दास कायस्थ श्रीवास्तव थे। आज भिखारी दास के वंश का कोई नहीं है।

आचार्य भिखारीदास ने कई ग्रंथों की रचना की। उन्होंने सभी ग्रंथ राजा हिंदूपति सिंह को समर्पित किया था। उनके रचे ग्रंथ छंदार्णव, कात्य निर्णय, शृंगार निर्णय, रस सारांश, विष्णु पुराण, अमरकोश, शतरंज शतिका है।

काशी नागरी प्रचारिणी सभा ने बड़ी खोज के बाद अपनी ग्रंथमाला योजना के अंतर्गत इनके ग्रंथों को प्रमाणित ढंग से प्रकाशित किया है।

हिंदी साहित्य के रीतिकाल कवियों में भिखारी दास जी का प्रमुख स्थान है। वह इस काल के कवियों के आचार्य थे।

आद्या प्रसाद उन्मत्त

उन्मत्त जी अवधी के आचार्य कवि रहे। कहीं भी एक शब्द एक मात्रा इधर-उधर नहीं, सांचे में ढली हुई सी कविताएँ, शायद प्रतापगढ़ की धरती पर आचार्य भिखारी दास के बाद वे सर्वाधिक स्थापित कवि थे। अवधी कविता को जो ओज पं. वंशीधर शुक्ल ने दिया, उन्मत्त जी ने उसे और आगे बढ़ाया। 'माटी और महतारी' उन्मत्त जी की अवधी रचनाओं का पहला संग्रह है, जिसमें सुप्रसिद्ध कविता 'पाती' सहित पचासों रचनाएँ हैं।

विकास खंड मान्धाता के मल्लहपुर गाँव में किसान परिवार के यहाँ जन्में उन्मत्त जी ने साहित्य के क्षेत्र में जनपद को नई पहचान दी।

बाबू हरदेव सिंह

अंतर्मुखी प्रतिभा के धनी कविवर बाबू हरदेव सिंह जी कालाकाँकर राज्य के बिसेन वंशीय राजाओं की चतुर्थ पीढ़ी में गंगा तट पर स्थित पुराने कोट को (188-1975) अपने जन्म से गौरवान्वित किया। यह राजा रामपाल सिंह के अनुज बाबू नारायण के पुत्र थे।

साहित्यिक चेतना एवं काव्य प्रतिभा आपको इनको पूर्वजों से विरासत में मिली थी। इन्होंने उस परंपरा को आगे बढ़ाने के लिए 'गंग तरंग' नामक काव्य संग्रह की रचना की।

रघुवीर सिंह 'पवन'

छायावादी व कम्युनिज्म से प्रभावित रचनाकार रघुवीर सिंह 'पवन' का जन्म बाँदा के कर्वी गाँव में हुआ था। इसके बाद उनके पिता परिवार के लोगों को लेकर हमीरपुर (वर्तमान में महोबा) जिले के खरहिला गाँव में आ गए थे। इनकी प्रारंभिक शिक्षा-दीक्षा ननिहाल उन्नाव में हुई। आर्थिक तंगी के चलते सातवीं कक्षा तक ही पढ़ पाये थे। 27 जून 1957 को इनके पिता कामता सिंह की मृत्यु हो गई। घर की माली हालत ठीक न होने के कारण इनकी माँ गुलाब कुँवर अपने तीन बेटों व एक बेटी को लेकर प्रतापगढ़ पुलिस लाइन में तैनात अपने बहनोई के यहाँ आ गई। इसके बाद रघुवीर सिंह 'पवन' यहीं के होकर रह गए। प्रारंभ में यह कवि गोष्ठियों और छोटे-मोटे समारोहों में भाग लेते और वहाँ कही गई बातों को गौर से सुनते। घर लौटकर साहित्यिक पुस्तकों का भी अध्ययन करते। वर्ष 1962 में उन्होंने रचना करना प्रारंभ कर दिया। सबसे पहले रचना की पंक्तियाँ 'हो पिए तुम गीत हो मैं अमर संगीत, रूठ जाय जगत सारा तुम ना रूठो' है। श्री सिंह अविवाहित रहे। वर्ष 1964 में उनकी माँ का भी निधन हो गया। इसके बाद घर का बोझ उनके ऊपर आ गया। परिवार की जीविका चलाने के लिए प्रारंभिक दिनों में उन्होंने साहित्य सृजन के साथ ही पत्रकारिता करना भी प्रारंभ किया।

धीरे-धीरे ट्रेड यूनियन से भी जुड़ गये। समय-समय पर मजदूरों की समस्याओं को लेकर संघर्ष भी करते रहे। बाद में भारतीय कम्युनिस्ट पार्टी के सदस्य भी हुए और पार्टी में रचना के माध्यम से उसका दर्शन बताते रहे। उन्होंने अपनी रचनाओं में हर विषय को जोड़ा है। छोटे बच्चों से लेकर अनपढ़ समाज से जुड़ी रचना के अलावा अमेरिका के राष्ट्रपति तक की रचनाएँ लिखीं।

पं. मुनीश्वर दत्त उपाध्याय

पंडित मुनीश्वर दत्त उपाध्याय का जन्म 3 अगस्त 1898 को सदर तहसील के लक्ष्मणपुर ग्राम में हुआ। इनके पिता का नाम पंडित गजाधर प्रसाद उपाध्याय था। पंडित मुनीश्वर दत्त उपाध्याय बहुआयामी व्यक्तित्व के धनी थे। इन्हें प्रतापगढ़ का मालवीय भी कहा जाता है। आपने जनपद में दो महाविद्यालय तथा बाइस इण्टरमीडिएट कालेजों की स्थापना की।

परिशिष्ट-1
कारगिल युद्ध में शहीद विजय कुमार शुक्ल

निदेशालय, सैनिक कल्याण एवं पुनर्वास बोर्ड, प्रतापगढ़ की सूचना के अनुसार लांसनायक विजय कुमार शुक्ल, पाकिस्तानी सेना के विरुद्ध वीरता से लड़ते हुए कारगिल के युद्ध में शहीद हुए। आप कुंडा तहसील की बेधनपुर तहसील के पीथीपुर गाँव के निवासी थे।

परिशिष्ट-2
स्वतंत्रता संग्राम सेनानियों की सूची

क्रम सं.	नाम व पूरा पता	पी.पी.जी. नंबर
1.	श्री कुंज बिहारी शर्मा, ग्राम सराय महिमा, पोस्ट गोबरी, जनपद प्रतापगढ़	344
2.	श्री गया प्रसाद सिंह, ग्राम कोईला, पोस्ट विश्वनाथगंज, जनपद प्रतापगढ़	374
3.	श्री राम लखन पाठक, ग्राम व पोस्ट जेठवारा, जनपद प्रतापगढ़	443
4.	श्री धर्मपाल सिंह, ग्राम राजमतीपुर, पोस्ट सांगीपुर, जनपद प्रतापगढ़	607
5.	श्री नंद किशोर पुत्र बृजलाल, ग्राम चिलबिला, पोस्ट माधवगंज, जनपद प्रतापगढ़	474
6.	श्री रविदत्त, ग्राम शुकुलपुर, जनपद प्रतापगढ़	2196
7.	श्री हरिहर प्रसाद, ग्राम पूरे भैया, पोस्ट अंतू, जनपद प्रतापगढ़	2197
8.	श्री राम बरन पाडे पुत्र राम चरित्र, ग्राम पूरे बोधराम, तहसील पट्टी, जनपद प्रतापगढ़	2195
9.	श्री देवी प्रसाद पुत्र माता प्रसाद, ग्राम रामगढ़, पोस्ट रानीगंज, जनपद प्रतापगढ़	2194

1..	श्री गयादीन पुत्र हरिहर प्रताप पांडे, ग्राम व पोस्ट ऐंधा जनपद-प्रतापगढ़	6689
11.	श्री हरिहर प्रसाद, पुत्र बृजमोहन मोद्ग पल्टन बाजार, प्रतापगढ़	4612
12.	श्री राजाराम पुत्र सूर्यपाल, ग्राम घूसुरपुर, पोस्ट शंकरपट्टी, प्रतापगढ़	7413
13.	श्री बाबू लाल, ग्राम हरपुर सोंध, पोस्ट कैलीडीह प्रतापगढ़	7540
14.	श्रीमती राम पियारे देवी पत्नी हर्षराम, ग्राम किलहनापुर, पोस्ट जहानाबाद, प्रतापगढ़	7657
15.	श्रीमती छविराजी देवी, ग्राम मकरी, पोस्ट सदर, प्रतापगढ़	7411
16.	श्री पारसनाथ पांडे, ग्राम व पोस्ट अजगरा, प्रतापगढ़	7410
17.	श्री जग नरायन पुत्र महावीर, ग्राम उमरी पोस्ट अंतू, प्रतापगढ़	7625
18.	श्रीमती रमदेगी पत्नी महावीर दूबे, ग्राम व पोस्ट रानीगंज, प्रतापगढ़	7414
19.	श्री राम नरेश सिंह पुत्र लालता प्रसाद, ग्राम नरायनपुर, पोस्ट धरौरा, प्रतापगढ़	7415
20.	श्री ओंकारनाथ पुत्र राम सुंदर, ग्राम झींगुर, पोस्ट संग्रामगढ़, प्रतापगढ़	7416
21.	श्रीमती सबुरानी पत्नी संत प्रसाद, ग्राम मुसाहिब, पोस्ट मुजाही बाजार, प्रतापगढ़	7630
22.	श्री राम हरख पुत्र भगवानदीन, ग्राम लाला बाजार, कुंडा प्रतापगढ़	7649
23.	श्री भगवती प्रसाद पुत्र देवतादीन, कुंडा, प्रतापगढ़	7650
24.	श्री शीतला प्रसाद पुत्र हरिप्रसाद, ग्राम व पोस्ट रामपुर गौरी, प्रतापगढ़	7652

25.	श्री अनंत राम पुत्र रामनाथ, ग्राम अशोकपुर, पोस्ट पट्टी, प्रतापगढ़	7626
26.	श्री माता भीख पुत्र सूर्यपाल, ग्राम रामपुर कोटवा पट्टी, प्रतापगढ़	7627
27.	श्री सूर्यबली सिंह, ग्राम जगदीशपुर, पोस्ट पूरेमाधव सिंह, प्रतापगढ़	445
28.	श्री राजबली सिंह, ग्राम राजापुर, पोस्ट गड़वारा, प्रतापगढ़	7643
29.	श्री मोनु पुत्र सुखदेव, ग्राम कतवार, पोस्ट दुल्हेपुर, प्रतापगढ़	7647
30.	श्री झीगुरी राम, ग्राम वनपुरवा, पोस्ट सैफाबाद, प्रतापगढ़	7645
31.	श्री गंगा दवी पत्नी बेचूराम, ग्राम बांसी, पोस्ट जामातली, प्रतापगढ़	7653
32.	श्री ओकारनाथ पुत्र राजेश्वर, ग्राम पश्चिम देउम, पोस्ट लक्ष्मीकांत गंज, प्रतापगढ	7641
33.	श्री माता प्रसाद पुत्र अयोध्या सिंह, गाम पंडरीखास, पोस्ट पूरे माधव सिंह, प्रतापगढ़	7646
34.	श्री राज बहादुर सिंह पुत्र राम औतार सिंह, ग्राम व पोस्ट कुंडा, प्रतागपढ़	9902
35.	श्री जगदीश प्रसाद पुत्र रामेश्वर, ग्राम व पोस्ट कुंडा, प्रतापगढ़	7642
36.	श्री रामशरण ग्राम व पो. रेडी प्रतापगढ़	11395
37.	श्री शिव कुमार पुत्र नरेश प्रसाद, 210 पल्टन बाजार, प्रतापगढ़	11576
38.	श्री शिव कुमार पुत्र सुज्वीतन लाल, ग्राम धारूपुर, जगेसरगंज, प्रतापगढ़	11583
39.	श्री शिव शक्ति पुत्र नीमर, ग्राम सराय महिमा, पोस्ट गौरा, प्रतापगढ़	11392
40.	श्री राम समुझ पुत्र रंगनाथ, ग्राम बिबियाकरनपुर, पोस्ट रानीगंज, प्रतापगढ़	7436

41.	श्री विशेषर, ग्राम शीतलागंज, प्रतापगढ़	11409
42.	श्री राजाराम शुक्ल, ग्राम पूरब देउम, पोस्ट सांगीपुर, प्रतापगढ़	7632
43.	श्री उदय नारायण सिंह पुत्र राम सरन, ग्राम सलाहपुर, प्रतापगढ़	11402
44.	श्री राम दुलार सिंह पुत्र बच्चा प्रसाद, ग्राम सलाहपुर, पोस्ट गतरौली, प्रतापगढ़	11401
45.	श्री शिवराम सिंह पुत्र भगवान दास, मोद्र बाबागंज कोतवाली, प्रतापगढ़	11407
46.	श्री कालूराम, ग्राम धुईसरनाथ, पोस्ट लक्ष्मीकांतगंज सदर, प्रतापगढ	11581
47.	श्री भोला पुत्र नीमर, ग्राम पूरे रायजित, मोहनगंज, प्रतापगढ़	11597
48.	श्री राम अजोर पुत्र गंगादीन, ग्राम व पोस्ट रामपुर बेला, प्रतापगढ़	7635
49.	गजाधर, प्रतापगढ़	7640
50.	विश्वनाथ, ग्राम कोवड़िया, पो. अब्दुल वाहिदगंज, प्रतापगढ़	11410
51.	लहुरी राम पुत्र माता बक्स, गाम डिघवट, पोस्ट अरो, प्रतापगढ़	11382
52.	भृगेंटा बक्स पुत्र माता बक्स, गाम डिघवट, पोस्ट अरो, प्रतापगढ़	7023
53.	श्री बाबू लाल पुत्र सुखदेव, ग्राम अकोढ़िया, पोस्ट मानधाता प्रतापगढ़	11545
54.	श्री राम नरायन दूबे, ग्राम पनियारी, पोस्ट बलिकरनगंज, प्रतागपढ़	11379
55.	रामनाथ पुत्र भगवानदीन, निवासी महोखरी, पोस्ट उडैयाडीह, प्रतापगढ़	7633
56.	श्री अंबिका प्रसाद, ग्राम व पोस्ट नौडेरा, रानीगंज प्रतापगढ़	11580
57.	श्री कुंज बिहारी लाल श्रीवास्तव, सहोदरपुर पश्चिमी, प्रतागपढ़	11581

58.	श्री राम जतन पुत्र कौशल, ग्राम कहला, प्रतापगढ़	11577
59.	श्री भगवान पुत्र मनबोध, ग्राम उमाशंकरपुर, पोस्ट सांगीपुर प्रतापगढ़	11390
60.	श्री राजरोग, ग्राम भानपुर, पोस्ट रानीगंज, प्रतापगढ़	11389
61.	श्री रामानंद सिंह, ग्राम पूरे रायजरज, पोस्ट मोहनगंज, प्रतापगढ़	11387
62.	श्री गंगा शिव, ग्राम संडवादुबान साहबगंज, प्रतापगढ़	7654
63.	श्री शिव बहादुर सिंह, ग्राम गौरा, पोस्ट कोटिला, प्रतापगढ़	114.6
64.	श्री हरिहर प्रसाद, ग्राम आमीशंकरपुर, पोस्ट सांगीपुर, प्रतापगढ़	74.9
65.	श्री राज मंगल सिंह पुत्र राम नाथ ग्राम व पोस्ट भोजेमऊ, प्रतापगढ़	11383
66.	श्री रामसुत पुत्र गाजीदीन, ग्राम व पोस्ट रामपुरबेला, प्रतापगढ़	7631
67.	श्रीमती बलराजी पत्नी अयोध्या प्रसाद दुबे, ग्राम व पोस्ट जामताली, प्रतापगढ़	11367
68.	श्री पारसनाथ पुत्र मथुरा प्रसाद, ग्राम रोहखुर्दकला, पोस्ट नौडेरा, प्रतापगढ़	7628
69.	श्रीमती केवलापति पत्नी माताभीख, ग्राम व पोस्ट सगरा, सुंदरपुर प्रतापगढ़	11397
70.	श्री जय नरायन सिंह पुत्र ब्रम्हसिंह, ग्राम व पोस्ट सराय, आनादेव, प्रतापगढ़	11384
71.	श्री राम सुमेर पुत्र कड़ेदीन, ग्राम तरदहा, पोस्ट पट्टी,प्रतापगढ़	11971
72.	श्री रामप्रसाद	11373
73.	श्री राम तीरथ पुत्र राम चरित्र, ग्राम मिश्रपुर मानधाता, प्रतापगढ़	11593

74.	श्री शचींद्र नाथ, ग्राम पुरेकोलाहल, प्रतापगढ़	11429
75.	श्री सूरज मणि पुत्र बुद्ध सिंह, प्रतापगढ़	11370
76.	श्री जय नरायन पुत्र बच्चा उपाध्याय, सांठ बलवन कुंडा, प्रतापगढ़	11396
77.	श्रीमती वितनो पत्नी अयोध्या प्रसाद, ग्राम वजीपुर, प्रतापगढ़	11377
78.	श्री भगवत प्रसाद, ग्राम भीभोर पोस्ट सिया, प्रतापगढ़	11428
79.	श्रीमती कमला देवी पत्नी मिश्रीलाल, द्वीगुड, प्रतापगढ़	11391
80.	श्रीमती सुखराजी देवी, ग्राम बदौना कंधई, प्रतापगढ़	11578
81.	श्री रामराज, मो. पुराना माल गोदाम रोड, प्रतापगढ़	114.4
82.	श्री सुरेश सिंह, कालाकाँकर, प्रतापगढ़	11596
83.	श्रीमती रामराजी देवी, ग्राम गौरा, प्रतापगढ़	7634
84.	श्री दयाराम, ग्राम साठडीहा, कुंडा, प्रतापगढ़	11413
85.	श्री चंद्रिका प्रसाद, ग्राम नरसिहपुर, पोस्ट टिहरी कुंडा, प्रतापगढ़	11375
86.	श्री रामनाथ गाम, राजपुर, कुंडा, प्रतापगढ़	11405
87.	श्री राजेश्वर सहाय त्रिपाठी, निकेतन सदर, प्रतापगढ़	11399
88.	श्री शंभूनाथ सा. सोनपुर, पट्टी, प्रतापगढ़	12662
89.	श्री रामटहल पुत्र दाना, ग्राम ताल सरिस्ताबाद, चंद्रिता प्रतापगढ़	11377
90.	श्री ओंकारनाथ, ग्राम बदगवां संग्रामगढ़, प्रतापगढ़	12524
91.	श्री राम आधार, ग्राम बेहतोलखुर्द, पोस्ट रामापुर, प्रतापगढ़	12511
92.	श्रीमती भगवंती देवी, ग्राम बेहदौलखुर्द रामापुर, प्रतापगढ़	12503
93.	श्री मौजी इटारा, कनधरसराय गुलामी, प्रतापगढ़	12507

94.	श्री राजधनी, ग्राम पुरे घनश्याम, पोस्ट सिलौंध, प्रतापगढ़	12665
95.	श्री महादेव, ग्राम संग्रागढ़ कुंडा, प्रतापगढ़	11775
96.	श्री प्रदीप सिंह, ग्राम सगरा सुंदरपुर, प्रतापगढ़	12806
97.	श्री जगदेव, ग्राम पटहटिया कला, पोस्ट गौरा, प्रतापगढ़	12812
98.	श्री सरवजीत सिंह, ग्राम शेषपुर, बारीकला, प्रतापगढ़	12813
99.	श्रीमती वंशराजी, प्रतापगढ़	125.8
100.	श्रीमती सुंदरी देवी, आसपुर देवसरा, प्रतापगढ़	12510
101.	श्री विजय कृष्ण शर्मा, ग्राम करमाही दिलीपपुर, प्रतापगढ़	12502
102.	श्रीमती जग्मी, ग्राम गोगहर, थाना बाघराय, प्रतापगढ़	7638
103.	श्री सीताराम, ग्राम कलीमुरादपुर, उसरौली, प्रतापगढ़	7601
104.	श्री कोयली, ग्राम पूरे मुस्तफा सदर, प्रतापगढ़	12801
105.	श्री हरीराम गुप्ता, ग्राम झुरापुर, कटरागुलाब सिंह, प्रतापगढ़	13031
106.	श्री मूल नरायन, ग्राम चमारपुर, जेठवारा, प्रतापगढ़	13028
107.	श्री सत्य नारायण, ग्राम भटान शेस्वा, कोठियारी, प्रतापगढ़	13026
108.	श्री उमागिरि, ग्राम दयालपुर, भवानीगंज, प्रतापगढ़	13030
109.	श्री रामेश्वर नाथ, ग्राम जमेठी, सिया, प्रतापगढ़	12807
110.	श्रीमती बबना देवी, ग्राम रहेटुवा, गौरा, प्रतापगढ़	12808
111.	श्री जीत सिंह भंडारी, 63/सी न्यू कालोनी, माल गोदाम, प्रतापगढ़	13879
112.	श्री राम किशोर, कायस्थ पट्टी रानीगंज, प्रतापगढ़	14200
113.	श्री राजाराम, सिलौंधी, रानीगंज, प्रतापगढ़	14201

114.	श्रीमती आशा देवी, जोगीपुर किशनगंज, प्रतापगढ़	15604
115.	श्रीमती रामराजी, दाउदपुर सराय मधई, प्रतापगढ़	15694
116.	श्री सुरेंद्र बहादुर सिंह, औवार पृथ्वीगंज, प्रतापगढ़	15631
117.	श्री तजमूल सैफ, सिकोहाबाद, सगरा सुंदरपुर, प्रतापगढ़	15625
118.	मो. सादिक, बाउद्दीन नगर, लालगंज, प्रतापगढ़	15632
119.	श्री ईश्वरदीन, ईशीपुर ढेकाही, प्रतापगढ़	15622
120.	मोहतिम, मिसिरपुर, मानधाता, प्रतापगढ़	15627
121.	श्री गंगा सिंह, सराय भीमसेन पंडरी मुस्तम, प्रतापगढ़	15629
122.	श्री सूर्य नारायन, चौरास, ढिंगवंस, प्रतापगढ़	1563.
123.	श्री शिव नरायन, रूद्रपुरवा कोतवाली, सदर प्रतापगढ़	15683
124.	श्री अनन्त पाल सिंह, मोरी सांगीपुर, प्रतापगढ़	1533
125.	श्रीमती उमराई देवी, मिसिरपुर का पुरवा विश्वनाथगंज, प्रतापगढ़	15624
126.	श्री जोखू सिंह, गड़वारा, प्रतापगढ़	15623
127.	श्री विजय बहादुर सिंह, सोवसियान, साहबगंज, प्रतापगढ़	--
128.	श्री वंशी देवी, विरियां, कनावां, प्रतापगढ़	17647
129.	श्री श्याम सुंदर पांडे, टांडा संग्रामगढ़, प्रतापगढ़	17919
130.	श्री खिलारीराम, पुरे ओरा, पाडे, सगरा सुंदरपुर, प्रतापगढ़	17916
131.	श्रीमती धन्तासरी देवी	17913
132.	श्री सियाराम शर्मा, बभनमई, रानीगंज पट्टी, प्रतापगढ़	17941
133.	श्री ईश्वरदीन, शिव का तारा, दर्रा, प्रतापगढ़	18183

134.	श्री मनबोध सिंह, सराय नरायान सिंह, पुरवारी, प्रतापगढ़	17914
135.	श्री भगवत प्रसाद, लौवार, पट्टी, प्रतापगढ़	18116
136.	श्री राम नरेश, खभोर तांता, प्रतापगढ़	18756
137.	श्री दिलदार, डोडपुर, पोस्ट मानधाता, प्रतापगढ़	18615
138.	श्री शोभनाथ, उडैयाडीह, प्रतापगढ़	15680
139.	श्री इमाम अली, कादीपुर, प्रतापगढ़	158.8
140.	श्री जोत सिंह, जलपूर्ति, जामताली, प्रतापगढ़	18729
141.	श्री शोभनाथ, अकोढ़िया, असुढ़ी प्रतापगढ़।	18685
142.	श्री जमीलुद्दीन, मनेहा कटरा गुलाब सिंह, प्रतापगढ़	18898
143.	श्री हरिहर प्रसाद, हरीपुर प्रतापगढ़	18334
144.	श्रीमती मुन्नी देवी, भेजेमऊ, रानीगंज, प्रतापगढ़	18916
145.	श्री राम आधार, सिसौरी .6 पल्टन बाजार, प्रतापगढ़	18973
146.	श्रीमती पेशावरी, सुर्यगढ़, कधंई, प्रतापगढ़	19257
147.	श्री हरि प्रसाद गुप्ता, गौरा माफी, अमरगढ़, प्रतापगढ़	19253
148.	श्री भगवान दास, नरायनपुर,खुर्द, रामगंज, प्रतापगढ़	19252
149.	श्री भवानी दान, पूरबपट्टी, जगेसरगं, प्रतापगढ़	19256
150.	श्री बी.सी. कोड, वसीरपुर, रायपुर, प्रतापगढ़	12508
151.	श्रीमती इंद्र देवी, भूलवापुर मोहनगंज, प्रतापगढ़	19286
152.	श्रीमती बसराजी देवी, सुरवारपुर रानीगंज, प्रतापगढ़	12508
153.	श्रीमती सुनंदना, वसीरपुर, टंडा, प्रतापगढ़	19303

154.	श्री भैरो प्रसाद, रोमतीपुर, बदगवां, प्रतापगढ़	19464
155.	श्री रामदास, उसरार, कुंडा, प्रतापगढ़	19711
156.	श्रीमती इसराजी, पट्टी, प्रतापगढ़	19709
157.	श्री राम औतार, सराय गोविंदराय, विश्वनाथगंज, प्रतापगढ़	19830
158.	श्री इसहाक सोनपुर जेठवारा, प्रतापगढ़	20226
159.	श्रीमती शिवपत्ती देवी, किलहनापुर जहानाबाद, प्रतापगढ़	20081
160.	श्रीमती बधनादेवी बेसंड, कंधई, प्रतापगढ़	20439
161.	श्री भोला मंशागंज, रानीगंज, प्रतापगढ़	20559
162.	श्रीमती सूर्यपति, रायपुर करनपुर, झींगुर, प्रतापगढ़	20938
163.	श्रीमती रामरती, लाला बाजार, संग्रामगंढ, प्रतापगढ़	20939
164.	श्री वली हातिम खॉ, बेशारी मानधाता, प्रतापगढ़	20957
165.	श्रीमती महादेवी, बिसुहिया कुंडा, प्रतापगढ़	20940
166.	श्रीमती सहदेई, बदगवां, संग्रामगढ़, प्रतापगढ़	21238
167.	श्री भगवत प्रसाद, सूखदेव, गलगली, मलावास जईपुर, प्रतापगढ़	21295
168.	श्री लाल, कचेहरी रोड़, प्रतापगढ़	21137
169.	श्री बलभद्र, बलीपुर बेंती, प्रतापगढ़	21234
170.	श्री हरिप्रताप सिंह, भटक पृथ्वीगंज, प्रतापगढ़	19710
171.	श्रीमती बचना, मल्हूपुर, सदर, प्रतापगढ़	21720
172.	श्री सहदेव, धनापुर, गौरापुर, प्रतापगढ़	21780
173.	श्री सरदार पुरो, अलीपुर, प्रतापगढ़	21903

174.	श्रीमती रियातुल निशा पत्नी शकुर, पूरे आचार्य तेजगढ़ प्रतापगढ़	21904
175.	श्रीमती अभिराजी, ज्ञानीपुर पंडरी मुस्ता, प्रतापगढ़	21755
176.	श्री बद्री नाथ, मुलनापुर, गजरिया, प्रतापगढ़	22412
177.	श्री फरूकउद्दीन, हैंसी, छितपालगढ़, प्रतापगढ़	22626
178.	श्रीमती शकुंतला, सराय नाहराय, प्रतापगढ़	22795
179.	श्रीमती पारकती देवी, झींगुर, संग्रामगढ़, प्रतापगढ़	22899
180.	श्री विद्याशंकर, श्रीपुर, जामताली, प्रतापगढ़	23729
181.	श्री भगवन सिंह, सराय गोपाल, कुंडा, प्रतापगढ़	23884
182.	श्रीमती बसंत देवी, आशापुर, बारीकला, प्रतापगढ़	23883
183.	श्रीमती रामराजी देवी, आमीशंकरपुर, सांगीपुर, प्रतापगढ़	23941
184.	श्रीमती महदेई, लरू, कुंडा, प्रतापगढ़	24242
185.	श्रीमती देवराजी देवी, कतरौली, प्रतापगढ़	24169
186.	श्री इन्द्रजीत शर्मा, रेडवीर, सदर प्रतापगढ़	24168
187.	श्री माता प्रसाद, छींटपर, दलीपपुर, प्रतापगढ़	24109
188.	श्रीमती बूधना देवी, गोधनी, सदेला, प्रतापगढ़	23892
189.	श्रीमती महुवारी, परेदत्तू, पूरे लौका, प्रतापगढ़	24276
190.	श्री शिव प्रसाद, 88/2, भदरी हाउस, प्रतापगढ़	24339
191.	श्री जगन्नाथ, दांदूपुर, अंतू, प्रतापगढ़	16383
192.	श्रीमती जगन्नाथी, नौरिया, संग्रागढ़, प्रतापगढ़	24503

प्रतापगढ़ जनपद के कोषागार से उपर्युक्त सूची प्राप्त हुई। प्राप्त सूची में 204 स्वतन्त्रता संग्राम सेनानियों के नाम प्राप्त हुए। जिन्हें भारत सरकार से पेंशन प्राप्त होती थी। किन्तु सूची से 192 नाम ही पठनीय थे। शेष नाम सूची की जीर्ण शीष होने से अपठनीय रहे।

सुझाव

- प्रत्येक थाने में उपलब्ध डायरी संख्या आठ से स्वतन्त्रता आन्दोलन की घटनाओं का विवरण एकत्र हो।
- स्वतन्त्रता संग्राम के सेनानी जिन्हें पेंशन प्राप्त होती रही उनके योगदानों का विस्तृत विवरण प्राप्त किया जाए।
- सभी ब्लाक मुख्यालयों में स्वतन्त्रता की 25वीं वर्षगांठ पर शहीदों के नामांकित शिलापट्ट लगाए गए थे। जिनके नाम अपठनीय हो गए हैं, उन्हें पुनः उत्कीण र्ा किया जाना चाहिए।
- विभिन्न अभिलेखागारों में उपलब्ध बितानी शासकों की पत्रावलियों को प्रकाशित किया जाय। ताकि आम भारतीय उससे परिचित हो सके।
- प्रत्येक जिला मुख्यालायों पर दिल्ली के -वॉर मेमोरियल' की तरह शहीदों की स्मृति में 'मेमोरियल स्थल' का निर्माण हो।

संदर्भ ग्रंथ

- अवध साप्ताहिक, 21 नवंबर, 1973 ई. प्रतापगढ़ से प्रकाशित।
- अवध, बुधवार, 14 जनवरी, 1973 ई.
- 'अभ्युदय', साप्ताहिक, 23 मार्च 1918
- अवध किसान सभा, प्रतापगढ़ की नियमावली, संदर्भ-फाइल नं. 573, रेवन्यू डिपार्टमेंट, वी.एन. मेहता रिपोर्ट, उत्तर प्रदेश शासकीय अभिलेखागार, लखनऊ
- इलिएट, एच.एम. और जे. डाउनसन, 1962, दि हिस्ट्री आफ इंडियाज एज ओल्ड बाई इट्स हिस्टोरियन्स, वाल्यूम 2, पुर्नमुद्रित किताब महला, इलाहाबाद।
- उत्तर प्रदेश, 2020, सूचना विभाग, भारत बुक सेंटर
- कुमार, कपिल, 2011, पीजेंट्स एसेज इन इंडियाज़ कोलोनियल हिस्ट्री, मनोहर पब्लिशर्स।
- कोनेल, चार्ल्स जेम्स, 1876, ओवर आल लैंड रेवन्यू पालिसी' इन नार्दन इंडिया, बंगाल सिविल सर्विस, थाकर स्पीक एंड कं., कलकत्ता।
- क्रुक, डब्लू, 1996, दि ट्राइब्स एंड कास्ट्स आफ दि नार्थ – बेस्टर्न प्राविंसेज एंड अवध अंक 1-5, कलकत्ता।
- गजेटियर आफ द प्राविंस आफ अवध, 1878, वाल्यूम 3, इलाहाबाद।
- देवसरे, हरिकृष्ण, 2018, 1857 का स्वतंत्रता संग्राम, डायमंड पाकेट बुक्स, दिल्ली।
- पाल, जे.एन., 1980, प्रतापगढ़ जनपद में पुरातात्विक अन्वेषण, मानव, अंक2-3।
- पाल, रामनरेश, 2005, प्रतापगढ़ जनपद का पुरातत्व, इलाहाबाद में डी.फील् की उपाधि हेतु प्रस्तुत शोध प्रबंध।
- प्रतापगढ़ दर्पण
- पार्जिटियर, एफ.ई., 1962, एंशेंट इंडियन हिस्टोरिकल ट्रेडीशन, नई दिल्ली।
- पार्जिरियर, एफ.ई., 1913, पुराण टेक्सट्स आफ दि डायनेस्टीज आफ दि कलि एज़ आक्सफोर्ड।
- पाठक, वी.एन., 1964, हिस्ट्री आफ कोसल अप टू राइज आफ दि मौर्याज़, बनारस।

- प्रगति के पथ पर बढ़ते कदम, 1996-97, जनपद प्रतापगढ़, जिला सूचना कार्यालय प्रतापगढ़ द्वारा प्रकाशित विकास पुस्तिका।
- प्रताप, महेंद्र, 1988, उत्तर प्रदेश में किसान आंदोलन, वाजी प्रकाशन, नई दिल्ली।
- फाइल नं. 1/फरवरी, 1921, होम डिपार्टमेंट, पोलिटिकल ब्रान्च, राष्ट्रीय अभिलेखाकार, नई दिल्ली।
- फाइन नं. 5./1921, सामान्य शाखा, उ.प्र. राजकीय अभिलेखाकार, लखनऊ।
- फोर्ब्स, डब्ल्यू.एफ., 1977, रिपोर्ट आन दि रेवेन्यू सेटलमेंट आफ प्रतापगढ़, इलाहाबाद।
- बख्शी, पवन, 2012, अवध के तालुकेदार, रूपा पब्लिकेशन।
- बाबा रामचंद्र पेपर्स-I, इंस्टालमेंट VIII व XI, स्पीचेज एंड राइटिंग, फाइल नं. 2ए, नेहरू स्मारक संग्रहालय एवं पुस्तकालय, तीन मूर्ति भवन, नई दिल्ली।
- मजूमदार, आर.सी. और ए.डी. पुसालकर (सम्पादक), 1951, द हिस्ट्री एंड कल्चर आफ दि इंडियन पीपुल : वैदिक एज, वाल्यूम 1, बंबई।
- मजूमदार, आर.सी. और ए.एस. अल्तेकर, 1967, द वाकाटक गुप्त एज, पुर्नमुद्रित 1986, मोतीलाल बनारसी दास, दिल्ली।
- मिश्र, कन्हैयालाल प्रभाकर, 1972, उत्तर प्रदेश स्वतंत्रता संग्राम की झाँकी, सूचना विभाग, उत्तर प्रदेश।
- मेहता रिपोर्ट, फाइल नं. 753/1920, उत्तर प्रदेश शासकीय अभिलेखागार, लखनऊ।
- लेथब्रिज, रोपर, 2005, दि गोल्डन बुक आफ इंडिया, मैकमिलियन, लंदन और न्यूयार्क।
- लाल, सुंदर, 1938, भारत में अंग्रेजी राज, ओंकार प्रेस, इलाहाबाद।
- वर्मा, आर.के., 2000, ए नोट आन सम आस्पेक्ट्स आफ सोसायटी ड्यूरिंग द मेसोलिथिक पिरीयड, बी.डी. मिश्र और जे.एन. पाल द्वारा संपादित सोशल हिंदी एवं सोशल थ्योरी में, इलाहाबाद विश्वविद्यालय, इलाहाबाद, पृष्ठ-16
- सरकार, सुमित, 1989, माडर्न इंडिया, 1885-1947, पीयर्सन।
- सहगल, नरेंद्र, 2018, भारतवर्ष की सर्वांग स्वतंत्रता, प्रभात प्रकाशन, दिल्ली।
- स्वतंत्रता संग्राम के सैनिक, 1970, जिला प्रतापगढ़, सूचना विभाग, उ.प्र. लखनऊ।
- सिंह, आर.एल., 1971, इंडिया : ए रीजनल जाग्रफी, वाराणसी।
- सिंह, अनिल शलभ, 2005, प्रतापगढ़ एक परिचय, अंकित प्रकाशन, इलाहाबाद।

- सिंह, पंचदेव, 1986, कालाकाँकर और भारत का स्वतंत्रता संघर्ष, राजा अवधेश सिंह मेमोरियल सोसायटी, प्रतापगढ़।
- सिंह, श्रीराम, 1985, रायबरेली किसान आंदोलन की यज्ञ-भूमि, वीरेंद्र प्रकाशन, सत्यनगर, रायबरेली।
- सिंह, नीतू, 2018, 'प्रतापगढ़ का सांस्कृतिक गजेटियर', अयोध्या शोध संस्थान द्वारा संचालित परियोजना का अप्रकाशित प्रतिवेदन।
- स्मिथ, एच.आर., 1865, रीयल स्टोरी आफ द तालुकेदार्स एंडटेनेंट्स राइट आफ आकूपेंसी इन अवध, लंदन।
- स्टील, सीडी 1884, स्टैटिस्टिकल डिस्किटिव एण्ड हिस्टोरिकल एकाउंट ऑफ द नार्थ, वेस्ट प्राविन्स ऑफ इंण्डिया वाल्यूम 3 पार्ट-2 इलाहाबाद।
- स्लीमर, डब्ल्यू.एच., 1858, ए जर्नी थ्रू किंगडम आफ अवध, एशियन एजुकेशनल सर्विसेज वाल्यूम-1, (1995 में पुर्नप्रकाशित)
- सावरकर, वीर, 2021, इंडियन वार आफ इंडिपेंडेंस, अभिषेक प्रकाशन, चंडीगढ़/नई दिल्ली (मूल पुस्तक 1909 का पुर्नप्रकाशित संस्करण)
- स्मारिका, 2015, जिला बार एशोसिएशन, प्रतापगढ़।
- शाह, घनश्याम, 2013, सोशल मूवमेंट इन इंडिया, सेज पब्लिकेशंस।
- शर्मा, जी.आर., 1978, प्रागैतिहासिक मानव की कहानी : गंगाधारी की प्राचीन संस्तुति पर नया प्रकाश, दिनमान, भाग 14, अंक 34, 20-26 अगस्त, 1978 ।
- शर्मा, जी.आर., 1960, एक्सकैवेशन एट कौशाम्बी, 1957-549, इलाहाबाद।
- हिंदोस्थान, दैनिक पत्र, कालाकाँकर, 24 नवंबर 1889 ई.।
- हिंदोस्थान, दैनिक पत्र, रविवार, 24 नवंबर 1986 ई. (शताब्दी समारोह की स्मारिका-कालांकर पुस्तकालय)
- बाबा रामचंद्र पेपर्स-५, इंस्टालमेंट टप्प् व ग्प, स्पीचेज एंड राइटिंग, फाइल नं. 2ए
- बेल्हा – मंजरी, 2018, स्मारिका, प्रतापगढ़ महोत्सव।
- बेनेट, लोनी, द ओरिजिन आफ द पीजेंट एजीटेशन इन अवध : द अवेकनिंग आफ द पीजेंट्स, ए थीसिस इन द डिपार्टमेंट आफ हिस्ट्री, कानकार्डियल यूनिवर्सिटी, माट्रियल क्यूबेक, कनाडा।
- मुखर्जी, रूद्रांश, 1980, द रिबेलियन इन अवध-1857-58, ए स्टडी इन पापुलर रेसिस्टेंस, सेंट एडमंड हाफ, थेसिस, आक्सफर्ड यूनिवर्सिटी
- तारचंद, 2011, भारतीय स्वतंत्रता आंदोलन का इतिहास, प्रकाशन विभाग, सूचना व प्रसारण मंत्रालय (तृतीय संस्करण)
- धनगरे, डी.एन., 1983, पीजेंट्स मूवमेंट इन इंडिया, 1920-50, आक्सफोर्ड इंडिया प्रेस, नई दिल्ली।

- नेहरू, जवाहरलाल, 2004, एन आटोबायोग्राफी, पेगुइन बुक्स।
- नागर मालती और वी.एन. मिश्र, 1989, हंटर गैदरर्स इन ऐन अग्रेरियरन सेटिंग : दि नाइनटींथ सेंचुरी सिचचुएशन इन दि गंगा प्लेंस, मैन एंड इंवायरमेंट, अंक-13, पृष्ठ 66-68।
- नेविले, एच.आर., 1904, प्रतापगढ़ : ए गजेटियर, डिस्ट्रिक्ट गज़ेटियर्स आफ यूनाइटेड प्राविंसेज आफ आगरा एंड अवध, इलाहाबाद।
- लाल, सुंदर, 2000, भारत में अंग्रेजी राज, द्वितीय खंड, प्रकाशन विभाग, नई दिल्ली।
- लाल, कृष्ण कुमार, 2018, गंगा के आँचल में, मित्र प्रकाशन, जौनपुर।
- ला, वी.सी., 1943, ट्राइब्स इन एशिएंट इंडिया, पूना।
- वरुन, डांगली प्रसारद, 1980, उत्तर प्रदेश डिस्ट्रिक्ट गज़ेटियर, प्रतापगढ़, लखनऊ।
- विंटरनिट्ज, एम. 1927, ए हिस्ट्री आफ इंडियन लिटरेचर, वाल्यूम 1, कलकत्ता।
- 'हिंदुस्तान', दैनिक समाचार पत्र, दिनांक 10, 11, 12 सितंबर, वर्ष 2014।
- त्रिपाठी, आर.एस., 1960, हिस्ट्री आफ द एंशियंट इंडिया, दिल्ली।
- त्रिपाठी, आर.एस., 1937, हिस्ट्री आफ कन्नौज टू मुस्लिम कांक्वेस्ट, बनारस।
- श्रीवास्तव, सुशील, 1995, कन्फ्लीक्ट इन एन अगरेरियन सोसायटी : अवध 1922-1939, रिनायसेंस पब्लिशिंग हाउस, नई दिल्ली।
- श्रीवास्तव, के.सी., 1991, प्राचीन भारत का इतिहास, इलाहाबाद।

चित्रावली

गाँव के शहीद स्मारक, सेनानियों, शहीदों के चित्र, आंदोलन से संबंधित अन्य चित्र, साहित्य, पांडुलिपि पत्र, फरमान।

राजा हनुमंत सिंह

लाल प्रताप सिंह

राजा रामपाल सिंह

राजा रमेश सिंह

राजा दिनेश सिंह

राजा अवधेश सिंह

लाल सुरेश सिंह

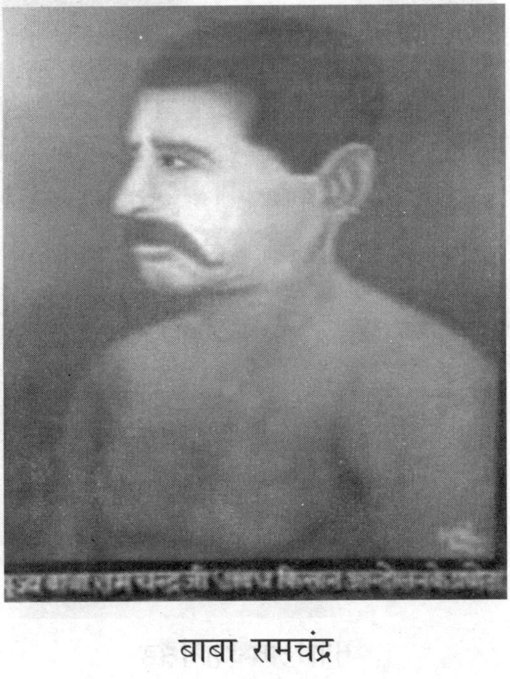

बाबा रामचंद्र

बाबा रामचंद्र का ताम्र पत्र

माता बदल पांडे

राजा राय बजरंग बहादुर सिंह

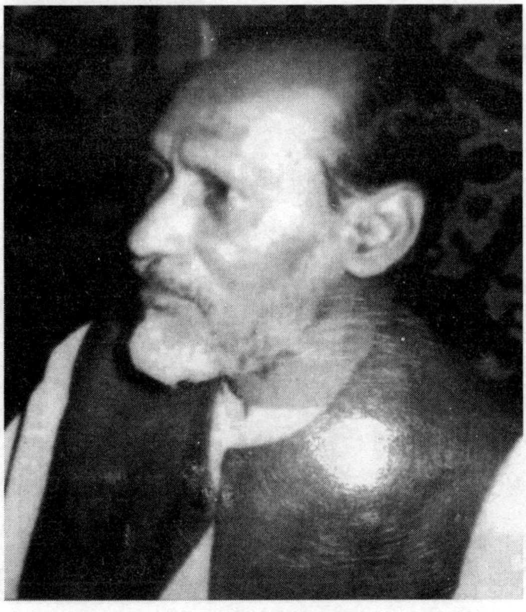

नाज़िश प्रतापगढ़ी

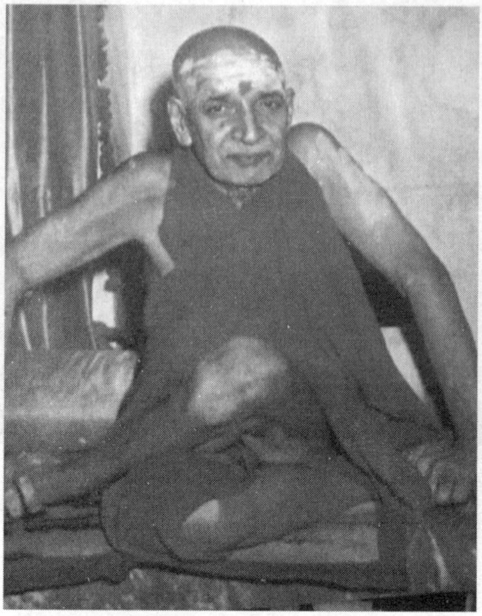

स्वामी करपात्रीजी पहाराज

जवाहर लाल नेहरू बाल क्रीड़ा स्थल, कालाकाँकर

भदरी किला

कालाकाँकर किला

प्रताप द्वार

महाकवि पंत जी के साथ कुँवर सुरेश सिह (सन् १९६८) (श्री पंत जी 'नक्षत्र' के नीचे प्रताप-द्वार पर कुँवर सुरेश सिह द्वारा संगमरमर पर उत्कीर्ण करायी गयी अपनी कविताओं का निरीक्षण करते हुए।)

गांधी चबूतरा

सुमित्रानंदन पंत जी कुटिया 'नक्षत्र'

शहीद स्थल रूरे

शहीदों का समाधि स्थल, कहला गाँव

लाला मथुरा प्रसाद सिंह और हरि प्रसाद सिंह का घर जो नमकशायर गाँव में स्थित है।

बभनमई स्थित गांधी चरखा केंद्र

महडौरा का शिव मंदिर, जहाँ बाबा रामचंद्र किसानों की समस्याओं को सुलझाते थे।

स्वतंत्रता संग्राम सेनानी नमकसायर पार्क

काँग्रेस के संस्थापक-श्री ए.ओ. ह्यूम के साथ राजा रामपाल सिंह
(बाएं से प्रथम) और महामना मदनमोहन मालवीय

महात्मा गांधी और राजा अवधेश सिंह, १४ नवम्बर, १९२९ ई० कालाकांकर